KATRIN SCHUHEN

REBELLIN DES WASSERS

Wie wir unser kostbarstes Lebensmittel retten

SCORPIO

IMPRESSUM

REBELLIN DES WASSERS
Wie wir unser kostbarstes Lebensmittel retten

AUTOR: Katrin Schuhen mit Martin Häusler
ILLUSTRATIONEN: Romina Rosa
GESTALTUNG: Till Schaffarczyk

Bildhinweise: Cover-Foto: © Sebastian Heck; Foto Seite 6: © Boris Herrmann/Team-Malizia.com; Foto Seite 9: © Sailing Energy/The Ocean Race; Foto Seite 10: © privat; Fotos Seite 13-17: © Wasser 3.0; Fotos Seite 18, 19: © Wasser 3.0/David Vogt; Fotos Seite 21-32: © privat; Illustrationsvorlage Seite 33: Mit freundlicher Genehmigung vom SV Waldhof Mannheim; Grafik Seite 37: Pieter Brueghel the Elder - The Alchemist (1558, Ink on paper) Engraved by Philipp Galle: Mit freundlicher Genehmigung der National Gallery of Art, Washington; Foto Seite 43: © Wasser 3.0/Sebastian Heck; Foto Seite 45: © TEDx Vienna; Grafik Seite 48: © Wasser 3.0; Fotos Seite 49: © Wasser 3.0; Foto Seite 51: © Richard Whitcombe/shutterstock.com; Grafik Seite 53: © Shiklomanov (1993), WDR (eigene Bearbeitung); Grafik Seite 58: © Potsdam Institute for Climate Impact Research; Foto Seite 67: © Sanit Fuangnakhon/shutterstock.com; Foto Seite 71: © Sansoen Saengsakaorat/shutterstock.com; Foto Seite 73: © Jack Mac/shutterstock.com; Foto Seite 74: © privat; Illustrationsvorlage Seite 84, 175: © MedUni Wien/feelimage; Grafik Seite 95: Forever Pollution Project © LeMonde; Foto Seite 106/107: © Wasser 3.0; Foto Seite 108: © R_Tee/shutterstock.com; Illustrationsvorlage Seite 144: © BNW e. V. | Caro Hoene; Grafik Seite 164: © Quelle: Braungart et al. (eigene Bearbeitung); Foto Seite 167: © Photo Smoothies/shutterstock.com; Illustrationsvorlage Seite 200: © Sofieke van Bilsen; Fotos Seite 220, 221: © privat; Foto Seite 221 unten: © Sebastian Heck; Foto Seite 224: © privat

PurePrint® by gugler® drucksinn.at

MIX Paper | Supporting responsible forestry FSC® C005108 www.fsc.org

print 4 climate® klimafreundlich gedruckt

UW-Nr. 609

Cover-Foto: Sebastian Heck, Karlsruhe
Umschlaggestaltung, Layout & Satz: Till Schaffarczyk, Dreieich
Illustrationen: Romina Rosa, Würzburg
Druck & Bindung: Gugler GmbH, Melk

ISBN 978-3-95803-617-8

 Redaktionsschluss 1. September 2024

Scorpio Newsletter: Mehr zu unseren Büchern und Autoren kostenlos per E-Mail!

www.scorpio-verlag.de

Wir haben uns dafür entschieden, in diesem Buch aufgrund der Lesbarkeit auf das Setzen von Gender-Sternchen oder Gender-Doppelpunkten innerhalb der Wörter zu verzichten. Sollten wir hier und da das generische Maskulin verwendet haben, möchten wir damit niemanden in ihrer oder seiner Identität verletzen, vergessen oder zurücksetzen. In den meisten Fällen von Berufs- oder Tätigkeitsbeschreibungen haben wir jedoch alternative Formulierungen gewählt.

FÜR ALLE.
WEIL WASSER UNS ALLE ANGEHT.

IN HALT

VORWORT Seite 6
VON BORIS HERRMANN

KAPITEL 1 Seite 10
DAS WASSER UND ICH

1.1 DER HEUREKA-MOMENT 12
oder: Jubeln in Landau

1.2 VON WÜNSCHELRUTEN UND KLARINETTEN 20
oder: Mit allen Wassern gewaschen

1.3 ZWISCHEN SILIZIUM UND GRÜNEM RASEN 31
oder: Lernen in verschiedenen Welten

1.4 ANGEKOMMEN! 40
oder: Ein Weg entsteht, wenn man ihn geht

KAPITEL 2
DIE SITUATION UNSERES WASSERS Seite 50

2.1 WASSERPLANET ERDE – EIN TRÜGERISCHES BILD	**52**
2.2 DIE VERÄNDERUNG DES GEWOHNTEN	**55**
2.3 DIE BELASTUNG DES WENIGEN	**61**
2.4 DIE BELASTUNG MIT MIKROPLASTIK	**66**
Interview mit Steffen Krones	71
Interview mit Prof. Dr. Lukas Kenner, Teil 1	84
2.5 DIE BELASTUNG MIT SCHADSTOFF-COCKTAILS	**92**
2.6 DIE LAGE DER KLÄRANLAGEN UND WASSERWERKE	**101**

KAPITEL 3
GROSSEINSATZ FÜRS WASSER Seite 108

3.1 DEZENTRALE LÖSUNGEN IM GRÜNEN	**110**
3.2 ZENTRALE LÖSUNGEN IN STÄDTEN UND GEMEINDEN	**128**
Interview mit Dr. Katharina Reuter	144

KAPITEL 4
WIE WIR DAS WASSER SCHONEN UND UNS SELBER SCHÜTZEN Seite 166

4.1 CHANCE KONSUM	**170**
Interview mit Prof. Dr. Lukas Kenner, Teil 2	175
4.2 CHANCE ENTSORGUNG	**187**
4.3 CHANCE WASSERSPAREN UND -SCHÜTZEN	**196**
Interview mit Felicitas Rauch	200

Quellenverzeichnis	210
Zusammen fürs Wasser – Das ist das Buchteam	220
Danksagungen	222

VORWORT

VON WELTUMSEGLER BORIS HERRMANN

Als Katrin mich bat, das Vorwort für ihr Buch zu schreiben, stand ich kurz vor dem Start einer Atlantiküberquerung. Das Rennen von New York bis Les Sables d'Olonne an der französischen Westküste sollte meine Generalprobe sein für die nächste Weltumrundung, die Vendée Globe 2024. Ich hatte nicht wirklich die Ruhe für klare Gedanken, aber als es dann losging, die Freiheitsstatue hinter mir am Horizont verschwand und ich mich entschied, die einsamere, eher nördliche Route zu nehmen, kam mir Katrins Bitte wieder in den Sinn. Denn ich sah hin und wieder Plastikmüll im Umfeld meiner IMOCA treiben. Genau dort, wo ich entlangsteuerte, befindet sich der sogenannte Nordatlantische Müllstrudel, eine Ansammlung zivilisatorischen Unrats, den die Meeresströmung beharrlich hierher transportiert. Nun dürfen wir uns diese Müllstrudel, über die schon so viel berichtet wurde, nicht als dichte Inseln aus Plastik vorstellen, sondern – zumindest auf meiner Route – eher als lockeren Flickenteppich. Reden wir über Mikroplastik und die es begleitenden Mikroschadstoffe, sieht es schon anders aus. Eine erdrückende Anzahl von Studien legt nahe, dass wir Wasserproben nehmen können, wo wir wollen: Das Zeug ist inzwischen überall.

Das erschüttert mich, denn natürlich liebe ich das Wasser und ganz besonders das Meer. Seit meiner Kindheit ist es für mich Symbol von Leben, Freiheit, Wildheit und heiler Welt. Jetzt jedoch könnte es zum Symbol für den Niedergang unseres Planeten werden – gäbe es nicht Menschen wie Katrin Schuhen, die ihren beruflichen Weg dem Wasserschutz gewidmet haben. Seit 2021 gehöre ich einer Jury an, die über die Preisträger der *Planet Hero Awards* entscheiden darf. Unter den Bewerbern 2023: Katrin und ihr Start-up Wasser 3.0. Die Technologie, die sie mitbrachte, hat mich sofort begeistert. Mit einer ungiftigen Chemikalie Wasser von giftigen Chemikalien – und eben auch Mikroplastik – zu befreien, darauf muss man erst einmal kommen. Sie will damit nicht in die Meere gehen, sondern dorthin, wo die großen Einträger sitzen. Das sind vor allem die Kläranlagen und Fabriken. Klar können wir unsere Ozeane und Strände geduldig vom Müll befreien, aber wir sollten vielleicht gleichzeitig mal den Zustrom neuer Gifte abstellen. Für mich ist Katrin einer der Gründe, warum wir alle Hoffnung haben dürfen, dass wir die großen Probleme unserer Zeit doch noch in den Griff bekommen können.

Obwohl ich so viel auf dem Wasser unterwegs bin, lag das Plastikthema bislang nicht so sehr in meinem Fokus. Ich hatte mich dem Wasser eher von der Klimaseite aus genähert. Wasser und Klima haben unmittelbar miteinander zu tun. Je wärmer es wird, desto unberechenbarer wird der globale Wasserkreislauf. Je wärmer es wird, desto mehr Energie können Stürme aus dem aufgewärmten Meerwasser ziehen. Je wärmer es wird, desto stärker geben die Meere Kohlendioxid ab, anstatt es aufzunehmen. Je wärmer es wird, desto mehr steigt der Meeresspiegel und desto angespannter wird die Verfügbarkeit trinkbaren Wassers an Land. Um mehr über den Klimapfad zu erfahren, auf dem unser Planet ist, habe ich an Bord meiner Rennjacht *Malizia – Seaexplorer* eine kleine Messstation installieren lassen, über die regelmäßig Temperatur, CO_2-Gehalt, pH-Wert und Salzgehalt des Meerwassers ermittelt werden. Diese Anlage bedeutet natürlich Zusatzgewicht, und sie verbraucht überdurchschnittlich viel Energie, aber es stand nie zur Debatte, sie wieder abzuschrauben. Denn sie gibt mir ein gutes Gefühl: Sollte ich während eines Rennens tatsächlich mal Probleme bekommen, kentern, krank werden, an Land gehen müssen, ausscheiden, hätte mein Abenteuer trotzdem etwas Sinnvolles gebracht – jede Menge Klimadaten, mit denen die Forschung weiterarbeiten kann, hier im speziellen Fall das Max-Planck-Institut für Meteorologie.

Sie, die Forschung, ist das Alarmsystem unseres Planeten. Dazu gehört auch Katrin, die ich als sehr klare und kritische Wissenschaftlerin kennengelernt habe. Sie liebt Daten, denn sie sind Grundlage für alles Weitere. Wenn wir auf Leute, die diese Daten objektiv und unbeeinflusst lesen können, nicht hören, auf wen dann? Maßnahmen, die wir aus der Auswertung von Klima- oder auch Wasserdaten ableiten, haben nichts mit Politik zu tun, auch wenn das manchmal so rüberkommt. Mit den wissenschaftlichen Empfehlungen zu mehr Klima- oder Wasserschutz folgen wir der Vernunft, die sich aus Naturgesetzen ableitet. Und die sind nicht verhandelbar. Wenn man sich als Krone der Schöpfung sieht, ist das schwer zu akzeptieren. Aber der Mensch ist nicht die Krone der Schöpfung, beileibe nicht. Wir haben uns einzugliedern in die Kreisläufe der Natur.

Diese Demut, die man wohl nirgends so eindrücklich lernt wie inmitten der erbarmungslosen Kräfte der Ozeane, sollten wir schon früh unseren Kindern mit auf den Weg geben – zusammen mit den grundsätzlichen Funktionsweisen unseres

Boris Herrmann hat dem Segelsport in Deutschland einen großen Push verliehen. Nicht nur, weil er neben vielen anderen Erfolgen die anspruchsvolle Nonstop-Einhand-Regatta Vendée Globe 2020/2021 als Fünfter und das Ocean Race 2022/2023 als Dritter bewältigte. Er setzt seinen Sport auch immer wieder in den Kontext des Klima-, Wasser- und Umweltschutzes. Etwa 2019, als er Greta Thunberg öffentlichkeitswirksam zur UN-Generalversammlung nach New York segelte.

Planeten. Darum geht es mir mit dem Bildungsprogramm *My Ocean Challenge,* das ich vor einigen Jahren zusammen mit meiner Frau ins Leben gerufen habe. Darum geht es auch Katrin Schuhen, die die Arbeit von Wasser 3.0 ganz eng mit einem Bildungsauftrag verknüpft. Diese Aufklärung betreibt sie ohne Anspruch auf Alleinstellung. In diesem Buch werden Sie zwar ihre Erfindung, Mikroplastik und Schadstoffe aus dem Wasser zu beseitigen, kennenlernen, aber eben nicht nur. Es geht um viele andere Lösungen, die es braucht, um unsere so bedrohte Ressource zu retten. Wie Katrin es mir beschrieben hat, könnte dieses Buch hier fast so eine Art Schulbuch für alle werden, aber eines, das Spaß macht und uns auf jeder Doppelseite staunen lässt. Ich bin sehr gespannt auf das Ergebnis, das ich hoffentlich noch vor dem Start der Vendée Globe in den Händen halten kann. Denn die führt mich erst mal wieder „in 80 Tagen um die Welt".

Viel Freude beim Lesen,
Ihr Boris Herrmann

KAPITEL 1

DAS WASSER UND ICH

1.1

DER HEUREKA-MOMENT

ODER: JUBELN IN LANDAU

Die Kläranlage von Landau-Mörlheim liegt idyllisch in der Ebene des Rheingrabens, nur wenige Kilometer vom Fuße des Pfälzer Waldes entfernt. Auf der einen Seite schließt sich ein kleines Industriegebiet an, auf der anderen ein großer Golfplatz. Bei trockenem Wetter passieren jeden Tag durchschnittlich 10.000 Kubikmeter Abwasser die drei Reinigungsstufen des Werks, bei Regen kann sich der Tageszulauf vervierfachen. 5,6 Millionen Kubikmeter werden hier jedes Jahr geklärt. Sie stammen aus den Haushalten der knapp 47.000 Einwohner Landaus sowie einiger kleiner benachbarter Gemeinden. Am Ende des Prozesses fließt das Wasser in die Queich, die sich durch die Weinbauregion schlängelt und schließlich bei Germersheim in den Rhein mündet. Landau hat eine Standard-Kläranlage mittlerer Größe, so wie man sie tausendfach in Deutschland findet, doch für mich hat sie eine riesige Bedeutung.

Denn genau dort geschah es. An einem Tag im Mai 2016, einem recht warmen Tag mit über 20 Grad. Ich war nicht vor Ort in Landau, sondern saß bereits frühmorgens in meiner Wohnung in Heidelberg am Rechner und arbeitete wie so häufig parallel an einem Förderantrag und meinen Vorlesungen im Bereich Organische Chemie für den nächsten Tag. Das Handy vibrierte. Dennis Schober. Aha. Was will mein Mitarbeiter denn um diese Uhrzeit von mir?

„Was gibt's so Dringendes?", fragte ich.
„Wir machen's jetzt!", antwortete er.
„Was macht ihr jetzt?"
„Na den Versuch! Ich lasse gerade schon das Wasser in den Reaktor laufen."

Okay, Dennis hatte sich also in den Kopf gesetzt, das Experiment, auf das wir alle so lange hingearbeitet hatten und das entscheidend sein würde für die Zukunft meiner Technologie, mal eben an diesem schönen Maimorgen durchzuführen. Aber warum eigentlich nicht? Ich bin keine Chefin, die immer und überall dabei sein muss, um ihren Senf dazuzugeben. Ich vertraue meinen Leuten und gebe gern Verantwortung an sie ab. Also, ja, Dennis:

Hier passierte es: Auf der Kläranlage von Landau-Mörlheim bot man mir die Möglichkeit, meine Technologie „am lebenden Patienten" zu testen. Die Großzügigkeit wurde belohnt. Wir konnten dem Abwasser helfen. Die Kläranlage ist daher für immer mit mir und meinem Start-up Wasser 3.0 verknüpft. Unteres Bild: Der entscheidende Tag im Mai 2016. Dennis bereitet den Reaktor für unseren Versuch vor.

„DANN MACHT!"

Dennis hatte sich spontan für diesen Tag entschieden, weil er endlich alles beisammen hatte, was er brauchte. Den riesigen Edelstahlzylinder, der seit einigen Jahren auf dem Gelände der Kläranlage ungenutzt herumstand, hatte er umgebaut und um eine Rührmechanik ergänzt. Von meinem anderen Mitarbeiter Adrian hatte er sowohl einen kleinen Beutel weißes Mikroplastik erhalten als auch einige Milliliter unserer damals erfolgversprechendsten Hybridkieselgel-Komposition. Und Abwasser gab es vor Ort genug. Mehr brauchte es nicht. Im Laborversuch hatte das alles schon mehrfach wunderbar funktioniert, nur hatten wir dort in kleineren Dimensionen gearbeitet und mit Trinkwasser aus der Leitung. Worum ging es dabei nun genau?

Ich hatte über viele Jahre die besonderen Eigenschaften von Hybridkieselgelen erforscht. Schon während meiner Doktorarbeit waren sie Thema gewesen. Eine faszinierende chemische Verbindungsklasse, die absolut unterschätzt wird. Unter Kieselgelen fasst man fein verteiltes Siliziumdioxid zusammen, besser bekannt als Quarz, Granit oder Sand. Die Vorsilbe *Hybrid* zeigt an, dass die Gele auf vielfältige Arten und Weisen verändert werden können, in unserem Fall zu einer Art Klebstoff für andere Verbindungen. Sie riechen nicht, sind nicht giftig. Sie erinnern in ihrer Konsistenz an Honig, ziehen Fäden, wenn man versucht, sie aus einem Gefäß in ein neues zu überführen. Gibt man nun unser speziell formuliertes Hybridkieselgel in Wasser, geht das recht träge erscheinende Substanzgemisch mit ihm eine interagierende und reagierende Wechselwirkung ein. Je nach Zusammensetzung des Gels verklumpt es mal mit im Wasser enthaltenem Mikroplastik, mal lagern sich Pestizide, mal Medikamentenrückstände an der Oberfläche an. Die unterschiedlichsten Schadstoffklassen im Wasser können so in eine unreaktive Form überführt werden. Die gebildeten Feststoffe steigen an die Wasseroberfläche und können abgeschöpft werden. Ich gebe nachher noch genauere Einblicke hierzu, aber in den Grundzügen ist es das. Hybridkieselgele könnten – neben anderen Lösungen – ein entscheidender Faktor sein, um unser inzwischen schwer belastetes Wasser von Mikroplastik, Nanoplastik und einer Vielzahl chemischer Schadstoffe zu befreien, die wir täglich unbewusst und ungewollt zu uns nehmen. Rufen wir uns ins Bewusstsein, dass das wenige direkt verfügbare Trinkwasser auf der Erde angesichts des Klimawandels noch viel knapper wird, sollten wir diese lebenswichtige Ressource mehr und umfangreicher schützen, schonen und sauber halten. Und das am besten immer und überall. Auch auf die verschiedenen Bedrohungen unserer Wassersphäre gehe ich später genauer ein. Aber jetzt erst mal wieder zurück zur Kläranlage in Landau.

Dort sollte sich an jenem Maitag zeigen, ob alles, was wir im Labor herausgefunden hatten, auch im großen Maßstab funktioniert. Dennis pumpte also 2.000 Liter Abwasser aus der letzten Reinigungsstufe der Kläranlage in den Edelstahlzylinder. Gegen 14 Uhr stieg er zusammen mit meinem damaligen Doktoranden Adrian die Metallstufen hoch, um in den etwa drei Meter hohen und einen Meter breiten Reaktorkessel zu schauen, setzte den Rührer in Bewegung und gab etwa 100 Gramm Mikroplastikgranulat hinzu. Das klingt vielleicht wenig, wir hatten uns damals jedoch für diese Menge entscheiden, weil es uns wichtig war, dass wir auf der einen Seite keinen unrealistischen Versuch abliefern und auf der anderen Seite unmittelbar und sichtbar zeigen, dass es auch funktioniert.

Die Rotation des Wassers brauchen wir aus zwei Gründen. Zum einen verteilt sich damit das Mikroplastik erst einmal in der gesamten Wassersäule, zum anderen bildet sich zentral ein tiefer Strudel aus, eine sogenannte Trombe. Dort hinein gab Dennis wenige Milliliter des Hybridkieselgels. Das Experiment hatte begonnen. Bis Dienstschluss würde sich noch nicht so viel getan haben, vermutete er. Dienstschluss? Dazu muss ich erklären, dass Dennis gelernter Abwassertechniker ist und vor und neben dem Studium der Umweltwissenschaften, das er noch draufsetzte, in der Kläranlage Landau tätig war. So ein Mitarbeiter ist für mich als Gründerin eines Unternehmens

Unsere Pilotanlage zur Mikroplastikentfernung, wie sie auch heute noch auf der Kläranlage Landau-Mörlheim steht und arbeitet – wie genau, werden Sie später im Buch erfahren …

für innovative Wasserreinigung natürlich Gold wert. Er kennt die Unzulänglichkeiten normaler Kläranlagen und ist gleichzeitig beseelt von der kniffligen Frage, wie wir mit kreativen Konzepten das Wasser, unsere Lebensgrundlage, aufbereiten und immer wieder guten Gewissens in die Umwelt entlassen können.

Es war seine Neugier, die Dennis kurz vor dem Heimweg noch einmal zum Kessel trieb. Er kletterte hoch, schaute hinein und: tatsächlich! Das Mikroplastik hatte in der Rotation eine kleine Galaxie entstehen lassen. Zumindest fühlte sich Dennis bei dem Anblick daran erinnert. Die Partikel hatten diese galaktischen Spiralarme entstehen lassen, und innerhalb dieser Arme begannen sich erste größere Agglomerationen zu bilden, Ansammlungen, an denen sich die Partikel verdichteten. Etwa so, wie sich in einer jungen Galaxie Planeten aus herumfliegenden Gesteinsbrocken bilden. Das war faszinierend, aber noch kein Grund zum Jubeln. Zumindest konnte Dennis mit einem guten Gefühl zu Bett gehen. Insgeheim hoffte er nur, dass der Motor der Rührmechanik die ganze Nacht durchlaufen und nicht durchbrennen würde.

Am nächsten Morgen war ich schon auf dem Sprung zum nächsten Termin, und wieder meldete sich mein Handy. Wieder war es Dennis, und es war erst acht Uhr. Dieses Mal jedoch wollte er nicht telefonieren. Er hatte ein Foto in unsere WhatsApp-Gruppe geschickt. Es zeigte die Sicht in den Reaktorkessel. Die Galaxie mit ihren Spiralarmen war verschwunden. Aus den Tausenden Partikeln hatten sich über Nacht die Planeten fertig ausgebildet. Tischtennisball-große Agglomerate aus weißem Mikroplastik rotierten im Wasser. Drumherum waren nur noch vereinzelt einige wenige weiße Partikelchen zu erkennen. In der Textzeile der Nachricht stand nüchtern und unemotional:

„FUNK
TION
IERT!"

Für manche mag das der Heureka-Moment sein. Eine dieser seltenen Situationen, in denen die Forscherseele überläuft. Natürlich freute ich mich, aber ich flippte nicht aus. Zum einen, weil ich nicht der extrovertierte Partytyp bin. Zum anderen denke ich, dass der Arbeitsalltag einer Wissenschaftlerin aus vielen kleinen Heureka-Momenten besteht. Ja, für mich war an diesem Tag klar, dass unsere Lösung auch im gereinigten Abwasser genau dieser kommunalen Kläranlage greift. Auf das Rundum-sorglos-Paket, das wir uns alle stets erhoffen, ein System also, das überall auf der Welt immer gleich funktioniert, waren wir nicht gestoßen, dafür ist die

Erst sah Dennis „galaktische Spiralarme" (o.), dann formten sich die Partikel zu „Planeten" (u.): Blicke in den Reaktor während des allerersten Versuchs in Landau.

Wasserzusammensetzung von Messpunkt zu Messpunkt zu unterschiedlich. Aber immerhin: Das hier in Landau war schon mal was! Jedes Wasser, für das wir eine Lösung anbieten können, ist ein Erfolg, ein kleines Heureka! Auch jede Zusage für eine Förderung ist ein „Heureka!" wert, jede Verlängerung einer Umweltzertifizierung ohne weitere Schleifen mit Rückfragen ebenso. Ich kann mich gut an meine Reaktion erinnern an diesem Maimorgen. Ich schrieb zurück: „Ihr wisst, was jetzt zu tun ist!" Denn darüber hatten wir vorher genau gesprochen. Probe nehmen, Wasser raus, Wasser rein, wiederholen, länger laufen lassen, kürzer laufen lassen. Es war klar, dass uns das niemand glaubt, sollten wir keine validen Daten liefern. Wir mussten dem ersten Experiment sofort eine wissenschaftlich fundierte Versuchsreihe

folgen lassen. Aber natürlich textete ich noch hinterher: „Hoch die Kaffeetassen! Da kann man ruhig drauf anstoßen!"

Dennis und Adrian, die gemeinsam vor Ort waren, beließen es bei einem der typischen Handshakes, mit denen sich Sportler nach einem erfolgreichen Wettkampf beglückwünschen – denn wir sind hier alle Sportler. „Klar, Versuchsreihe, machen wir, Katrin", sagte Dennis, als er mich dann doch anrief. „Aber du weißt schon, dass das nicht so schnell geht wie im Labor, wo man mal eben den Becherinhalt auskippen kann." In der Tat: Man musste mich ein wenig bremsen. Die

Beim Tag der offenen Tür zeigt mein Kollege Dennis Schober unseren neugierigen Gästen gern die abgeschöpften Plastik-Agglomerate – erst im Sieb, dann in der Hand.

Versuchsreihe lief dann mehrere Wochen, und es kristallisierte sich schnell heraus, dass das erste geglückte Experiment kein Zufallsereignis gewesen ist, das nur schön ausgesehen hatte. Auch die Werte stimmten. Sie stimmten auch beim dritten und vierten Mal. Die Menge Mikroplastik, die wir hineingaben, holten wir auch heraus. Nur in handlichen Klumpen. Je länger die Versuchsreihe auch mit der Veränderung verschiedener Stellgrößen lief, desto mehr schlich sich bei meinem Team der Verdacht ein, dass wir hier mit etwas Außergewöhnlichem, fast Revolutionärem zu tun haben könnten. Dass eine recht einfache ungiftige Substanz tatsächlich in der Lage ist, eine große Menge komplexer, teils hochgiftiger Substanzen aus dem Wasser zu holen. Dass sie einen Dienst leisten kann, an dem viele andere vorher gescheitert waren, auch weil sie dachten, gegen dieses gewaltige Problem sei sowieso kein Kraut gewachsen.

Auch wenn wir noch viele Versuchsreihen in Landau brauchten: Dass wir Erfolg haben würden, war mir selbst schon lange klar. Zu viele Jahre schon hatte ich mich mit diesen wundersamen Hybridkieselgelen beschäftigt. Zuerst für meine Doktorarbeit. Dann als Polymerchemikerin in der Industrie sowie als Juniorprofessorin für Organische und Ökologische Chemie. Ich bin mit dieser unkonventionellen Lösung vom Start weg angeeckt, weil sie die bisherigen Vorstellungen von Wasserschutz sprengte und ich nicht in die traditionellen Strukturen passte – oder wir einfach zu schnell waren. Ich habe auch Begehrlichkeiten damit geweckt und wurde unter Druck gesetzt. All das hinderte mich jedoch nie, meinen Weg weiterzugehen. Es ist ein Weg fürs Wasser, der streng genommen vor etwa vier Jahrzehnten auf dem Grundstück meines Elternhauses begann.

1.2

VON WÜNSCHELRUTEN UND KLARINETTEN

ODER: MIT ALLEN WASSERN GEWASCHEN

Ich wurde 1980 im Westerwald geboren. Mein Vater Bruno war Maschinenbautechniker und bei einem Automobilzulieferer angestellt. Meine Mutter Margit arbeitete als Näherin, zog dann meinen Bruder und mich groß, zuletzt hat sie bei der Post gearbeitet. Mein Bruder Michael, vier Jahre älter als ich, war mein großes Vorbild. Auf den ersten Blick deutete nichts darauf hin, dass Wasser eine größere Rolle in meinem Leben spielen würde. Ich machte wie viele andere beim DLRG meine Abzeichen, Seepferdchen, Bronze, Silber, Gold, schließlich setzte ich die Rettungsschwimmerin drauf. Doch außer meinem Hund musste ich bis heute niemanden aus dem Wasser ziehen oder gar das Leben retten. Natürlich bin ich auch in den Sommerferien mit Wasser in Berührung gekommen. Meine Eltern sind mit uns regelmäßig an die deutschen Nord- und Ostseeküsten gefahren, ich war wohl viel in den Wellen unterwegs, wie man sich erinnert, aber auch das scheint mir noch relativ normal gewesen zu sein.

Aber da war eben noch mein Opa Leo, der Vater meines Vaters, Jahrgang 1906, einer, der sein Leben lang hart geschuftet hatte, erst als Bergmann, dann als Fabrikarbeiter, und der die Gabe besaß, mit der Wünschelrute Wasseradern aufzuspüren. Was für manche erst einmal esoterisch klingt, war damals in der Region ein durchaus respektiertes Talent und die Rute ein genauso nützliches Werkzeug wie ein Hammer. Zwischen den Kriegen war ein Unternehmer aus dem Ruhrgebiet in den Westerwald gekommen, um dort weitere Erzvorkommen zu erschließen. Mein Großvater gehörte wohl zu einer Gruppe von Männern, die ganz offiziell mit Wünschelruten ausgestattet die Landschaft abgingen, um die Erzadern zu lokalisieren. Diese Fertigkeit rettete mein Großvater aus dieser Zeit herüber. Er erzählte allerdings, dass man nie wissen könne, ob die Wünschelrute aufgrund einer Erzader oder einer Wasserader ausschlägt. Beides sei möglich. Das faszinierte mich und meinen Bruder natürlich. Immer wenn jemand bauen wollte in Molzhain, unserem Heimatdorf, hieß es vorher: „Leo, kannste nicht mal kommen …"

So verhielt es sich auch bei meinen Eltern. Die Position des geplanten Neubaus musste nach Opas Anweisungen um einige Meter verlegt werden, da sonst auf einer Wasserader gebaut worden wäre. Das war allerdings vor meiner Zeit. Direkt erinnern kann ich mich an andere spektakuläre Rutengänge, bei denen mein Großvater mit seiner Astgabel aus frischem Eichenholz in der Nachbarschaft nach dem idealen Ort für Brunnen suchte. Mein Bruder und ich standen oft neben den grabenden Männern und staunten, wenn es wirklich nass wurde.

Mein Bruder Michael und ich im Sommer 1989 beim Familienurlaub in Cuxhaven. Wir fuhren oft an die Nordseeküste.

Mein Großvater Leo griff gerne zur Wünschelrute. Da er meist richtig lag beim Aufspüren von Wasseradern, bewunderten wir Kinder ihn. Er starb 1991.

Welches Kind lässt so etwas kalt? Ich wollte herausfinden, wie so etwas funktionieren kann, doch im Gegensatz zu meinem Bruder schlug die Wünschelrute bei mir nie aus, was mich natürlich wurmte. Damals begründete man das damit, dass ich eben noch zu klein sei. Vielleicht ist es das, was all die Jahre unbewusst in mir schlummerte: die Suche meiner Familie nach Wasser. Ich weiß es nicht. Erst durch die Arbeit an diesem Buch habe ich mich wieder daran erinnert.

Damals jedoch hatten diese Erfahrungen weder Einfluss auf meine Interessen noch auf meine ersten Berufswünsche. Wenn ich so zurückdenke, war ich eine Schülerin, die polarisierte. Aus der Perspektive eines Erwachsenen kam ich in der Grundschulzeit sicher dickköpfig und aufmüpfig rüber. Aus meiner Perspektive heraus natürlich nicht. Ich hatte auch damals schon eine Meinung, fand manches gut und manches nicht und sagte das. Solche Klarheit erwartet man von Grundschulkindern nicht unbedingt. Die Aufmüpfigkeit bestand vor allem darin, Autoritäten zu hinterfragen, insbesondere dann, wenn mir etwas komisch vorkam. Oder auch darin, Gehorsam zu verweigern, wenn ich etwas als unsinnig empfand. Das kam nicht immer gut an. Auch zu Hause. Wenn mir meine Eltern mit neun Jahren nicht zutrauten, eine Pizza in den Ofen zu schieben, ohne das Haus abzufackeln, hatte ich dafür kein Verständnis. Ich wollte immer beweisen, dass ich etwas kann.

Meinen Einspruch bekamen auch und gerade die Lehrerinnen und Lehrer am Gymnasium zu spüren. Das wird wohl jeder erfahren haben: Manche Lehrkräfte mag man, weil sie einen erkennen und fördern, bei mir war es der Musiklehrer. Mit anderen muss man seine Kämpfe ausfechten, bei mir war es bis zur zehnten Klasse insbesondere die Biologielehrerin. Gerade in Biologie kam ich immer sehr gut vorbereitet in den Unterricht. Einerseits interessierte mich das Fach, andererseits hatte ich die Lehrerin als Schwachstelle erkannt. Ich fragte sie Fragen, die sie nicht beantworten konnte, und forderte damit das System Schule heraus. Manchmal kam der Widerspruch spontan, manchmal habe ich mich am Vorabend präpariert und meinen Widerspruch geplant. Die Abrissbirne schwang direkt zu mir zurück. Die Konsequenzen äußerten sich in schlechten Noten. Das war wohl mein generelles Hauptproblem in der neunten und zehnten Klasse: Ich habe zu tief gefragt bei Dingen, die mich wirklich interessierten, deren Vermittlung mir aber nicht logisch erschien. Ich versuchte dann erst einmal, die Puzzleteile selbst zusammenzusuchen. Wenn mir etwas unklar war, verlangte ich Antworten. Irgendwann wurde ich dann im Unterricht nicht mehr drangenommen, weshalb ich reinrufen musste. Das wurde mir wiederum als Renitenz ausgelegt. Meine Mitschülerinnen und Mitschüler rollten nur noch mit den Augen: „Ach Gott, jetzt kommt die wieder …"

Ich war wirklich nicht diejenige, die die Schulklasse hinter sich hatte. Eine Einzelgängerin war ich aber auch nicht. Ich habe mich mit Leuten umgeben, mit denen man reden konnte, die mich bereichert haben. Mit all denen, die nichts zu sagen hatten oder in meinen Augen Quatsch erzählten, musste ich nicht unbedingt meine Zeit verbringen. Meine Eltern bekamen das alles natürlich mit, sodass sie zur Mittleren Reife nur noch einen Abschluss von mir erwarteten. Es kam sogar die Diskussion auf, die Schule abzubrechen. Reicht es wohl noch bis zum Abitur? In der zehnten Klasse war es in meinen Augen noch nicht notwendig, bessere Leistungen zu erbringen. Welche Universität, welcher potenzielle Arbeitgeber möchte schon das Mittlere-Reife-Zeugnis sehen, wenn man das Abitur vorweisen kann! Also habe ich dann Leistung erbracht, wenn das System es von mir verlangte. Ich sprang immer nur so hoch, wie ich musste. Positiv ausgedrückt, könnte man sagen, dass ich energiesparend gearbeitet habe. Richtung Abitur kam mir ein Wettkampf in der eigenen Familie zugute, der von mir selbst angepfiffen wurde. Mein Bruder hatte einen 2,0-Schnitt hingelegt. Ich, die Problemschülerin, tönte bei seiner

MEINE AUFMÜPFIGKEIT BESTAND VOR ALLEM DARIN, ZU HINTERFRAGEN, WENN MIR ETWAS KOMISCH VORKAM.

Zeugnisübergabe, dass ich besser sein würde. Das hieß für mich in der zwölften und dreizehnten Klasse zwei Jahre Vollgas, um mit einem passablen Zielsprint auf 1,9 zu landen! Heute, 25 Jahre später, kann ich darüber schmunzeln, damals war es eine punktgenaue Energieleistung.

Im Nebenfach belegte ich Chemie. Hier stand ich zwar solide zwischen eins und zwei, aber die gesamte Schulzeit hatte im Hinblick auf die Laufbahn, die ich danach einschlug, nichts Wegbereitendes, nichts Bereicherndes. Ich erinnere mich nicht an spektakuläre Versuche, die mich in irgendeiner Weise gepackt hätten. Einmal durften wir Gummibärchen selbst herstellen, das war, glaube ich, in der neunten Klasse bei meinem damaligen Physik- und Chemielehrer. Er ließ sie uns tatsächlich auch verkosten. Ob ich das heute noch einmal machen würde, wage ich allerdings zu bezweifeln. Während der gesamten Schulzeit wurden Experimente mehr theoretisch besprochen als praktisch durchgeführt, und wenn, dann meistens vom Lehrer selbst. Gab es doch mal etwas zu sehen, führte es maximal zu emotionalen Ausbrüchen wie „Oh, blau!" oder „Ah, Strom!". Mehr aber auch nicht.

Insgesamt waren die meisten Lehrkräfte viel zu oft uninspirierende Menschen, bis auf den vorhin erwähnten Musiklehrer. Er hat mit Sicherheit dazu beigetragen, dass ich Musik studieren wollte. Wobei ich die musikalische Vorprägung meinem Vater zu verdanken habe. Er hatte den örtlichen Musikverein mitgegründet, spielte selbst Tenorhorn und war lange Dirigent. Ich suchte mir mit zehn Jahren die Klarinette aus, folgte meinem Bruder, der ebenfalls Klarinette spielte, und steckte mir mit dem Instrument immer höhere Ziele. Ich übte und übte und verbesserte mich kontinuierlich. Von Anfang an war mir klar, dass ich keine Lust haben würde, dauerhaft irgendwelche Ortsvereinsmusikständchen zu siebzigsten Geburtstagen zu spielen. Wenn, dann sollte es schon gescheite Musik sein. Mit 18 vermittelte mich mein Klarinettenlehrer zu den Philharmonikern des Bayer-Konzerns – wohl mein erster Kontakt mit dem Chemie-Business! Dort wurde ich als zweite Klarinettistin verpflichtet. Zweimal die Woche bin ich dafür mit dem Zug nach Leverkusen gefahren. Und zweimal im Jahr tourte ich als Konzertmeisterin des LandesJugendBlasOrchesters Rheinland-Pfalz durch die Republik. Nur logisch, dass ich mich nach dem Abitur bei den besten Professorinnen und Professoren anmeldete, die die deutschen Musikhochschulen zu bieten hatten. Darunter natürlich auch Sabine Meyer, eine der virtuosesten Klarinettistinnen des Landes. Damals lehrte sie in Lübeck. Hätte ich eine der Aufnahmeprüfungen geschafft, wäre das hier jetzt vielleicht ein Buch über die Klarinette und die Konzerthallen dieser Welt.

Wenn ich dieses Bild sehe, höre ich förmlich den Song „Music" von John Miles. Unzählige Male haben mein Bruder (2. v. l.) und ich (l.) dieses Werk mit dem Schulorchester geprobt und aufgeführt. Auch im Rahmen des Schülermusikwettbewerbs, den wir gewinnen konnten.

Mein Vater hielt mich von vornherein für größenwahnsinnig. Er meinte, man müsste mit Karajan verwandt sein, um einen der wenigen Studienplätze zu bekommen. Ich wollte einfach brillant sein und durch meine Brillanz überzeugen. Bei zehn bis 15 Hochschulen spielte ich vor. Mal gab es einen Studienplatz, mal zwei. Mal bewarben sich 60 Leute darum, mal 150. In Frankfurt schaffte ich bei zwei Plätzen den dritten Rang, was natürlich bitter war. Irgendwann muss man dann kapitulieren. Meinen Eltern war es wohl ganz recht. Denn sie befürchteten, dass ich mich als Konzertmusikerin kaputt mache und im schlimmsten Fall dem Alkohol verfalle. Die Bedenken waren nicht aus der Luft gegriffen. Ich hätte mich in der Musikbranche wohlgefühlt, auch weil ich mit Musikern prinzipiell gut kann. Aber es herrscht ein ständiges Hauen und Stechen, gerade auch, weil immer nur zwei Personen in einem Orchester die Klarinette spielen, in einem großen Orchester auch mal vier. Gleichzeitig warten mindestens 30 mit dem Instrument vor der Tür. Wie geht man mit dem ständigen Konkurrenzkampf um? Und mit dem Stress? Als Berufsmusiker steht man unter enormem Druck. Es muss immer jeder Ton stimmen. Triffst du ihn dreimal nicht, wirst du direkt infrage gestellt. Ich kannte Berufsmusiker, die schon vor dem Konzert fünf Bier brauchten, um ruhig zu werden. Andere schmissen Pillen ein. Löst sich der Stress nach dem Konzert, geht es ja weiter. Da achtet man nicht unbedingt auf seine Gesundheit, auf seine Ernährung. Es wird spät gegessen, und statt Wasser werden gern andere Flüssigkeiten zu sich genommen. Ich hatte damit nie ein Problem, aber meine Eltern befürchteten, dass ich abrutschen könnte. Die Katrin, nur unterwegs, kein festes Zuhause, kein festes Einkommen, immer nur Action, ständige Konkurrenz mit übersteigerten Egos. Zu Beruhigung aller kam es dann ganz anders.

Nach der ersten erfolglosen Bewerbungsrunde musste ich ein Jahr warten, um es noch einmal zu versuchen. In dieser Zeit passierten zwei entscheidende Dinge. Das erste war mein Entschluss für das Studium der Chemie. Nachdem ich meinen Eltern eröffnet hatte, dass ich erst in zwölf Monaten wieder würde vorspielen können, ahnten sie Böses. „Du kannst jetzt aber nicht so lange hier rumhocken und uns mit deiner Klarinette auf die Nerven gehen!" Mein Vater schlug vor, mir für die Zeit einen Job bei seinem Automobilzulieferer zu organisieren. Kam nicht infrage. Ich ging hoch in mein Zimmer.

Dort schnappte ich mir diesen dicken grünen Studienführer, in dem damals alle Fächer aufgelistet waren, die man in Deutschland studieren konnte, und nahm mir vor: Ich spiele jetzt Daumenkino! Ich blättere, stoppe bei irgendeiner Seite, tippe mit dem Finger hinein, und das Fach, auf das ich zeige, werde ich bis zur nächsten Bewerbungsrunde studieren! Letztlich war es mir egal, wo mein Finger landet, denn ich wusste ja, dass es schnell vorbei wäre und ich wieder den Lockrufen der Klarinette folgen würde. Ich ließ die Seiten also durch meine Finger rauschen und blieb bei „Chemie und Chemieingenieurwesen" hängen. Damit nicht genug, denn ich brauchte ja auch noch einen Studienort. Dazu zog ich den Diercke Weltatlas aus dem Regal, schlug die Deutschlandkarte auf und überlegte, wo man denn vielleicht studieren könnte. Ich ließ den Finger erneut kreisen – und landete in Heidelberg. Das war mir weit genug weg von zu Hause und schon damals eine trubelige Studentenstadt. Das klang erstmal nicht so schlecht, ohne Wissen und Einblick, was mich genau erwarten würde.

Und Chemie? Was hatte ich da schon vorzuweisen, was Basiswissen und Minimalinteresse überstieg? Immerhin hatte ich in der Schule für meine Facharbeit zum Kyoto-Protokoll des Weltklimagipfels von 1999 recherchiert und zum bevorstehenden Verbot von FCKW für den Schutz der Ozonschicht. Obwohl ich die Arbeit in Erdkunde schrieb, war ich doch mehr in der Chemie unterwegs, um die Reaktionsweisen und Abbauwege zu verstehen. Ich investierte damals sehr viel Zeit, um in die naturwissenschaftlichen Erklärungen einzutauchen. Deshalb war ich wahrscheinlich auch so erleichtert, dass ich in dem Studienführer das Fach Chemie aufblätterte und nicht Modern Art oder Philosophie oder so etwas. Wie der Zufall es wollte, konnte man Chemie in Heidelberg studieren. Ich rief dort an, fragte, was man denn bräuchte, um sich zu immatrikulieren, und bin dann kurz vor Ablauf der Anmeldefrist fürs Semester mit dem Zug nach Heidelberg gefahren und habe mich eingeschrieben.

DASS MEIN FINGER AUF DEM FACH CHEMIE LANDETE, HÄLT MEIN VATER FÜR EINE FÜGUNG.

KÖNNTE MAN HEUTE VIELLEICHT SO SEHEN. DAMALS KEINESWEGS.

Kurz nach bestandener Prüfung: Mein „Doktor-Opa" Prof. Dr. Walter Siebert schaute in Heidelberg auf der Feier vorbei. Ein wichtiger Mann, denn auch ihm war es zu verdanken, dass ich der Chemie treu geblieben bin.

Dass mein Finger bei der Chemie landete, hält mein Vater für eine Fügung. Könnte man heute vielleicht so sehen. Damals keineswegs. Schon zu Beginn des ersten Semesters hatte ich mir unter den Lehrenden und Studierenden eine gewisse Bekanntheit erarbeitet, weil ich in der Vorstellungsrunde zum Grundkurs „Allgemeine Chemie" ankündigte: „Ihr braucht euch nicht um mich zu kümmern. In zwei Semestern bin ich sowieso weg. Denn eigentlich möchte ich Musik studieren. Ich bin nur hier, weil meine Eltern wollen, dass ich nicht zu Hause rumhänge." Fortan wusste man in allen Seminaren, dass ich diese verrückte Katrin aus dem Westerwald war, die bald wieder weg ist. Unter denen, die sich wunderten, war aber auch genau der Professor, der meine Wege während meines Studiums immer wieder kreuzte, der dann emeritierte, aber es sich nicht nehmen ließ, auf meiner Promotionsfeier vorbeizuschauen. Dieser Mann hieß Prof. Dr. Walter Siebert. Im Anorganik-Bereich der Uni Heidelberg war er jemand, um den die meisten einen weiten Bogen machten. Er galt als harter Hund, viele hatten Angst vor ihm. In der Tat konnte er ziemlich kratzbürstig sein, aber im Herzen war er eine echte Frohnatur. Er hätte definitiv in der *Feuerzangenbowle* mitspielen können. Zwischen uns stimmte die Chemie.

Dass das Fach Chemie mehr sein könnte als ein Brückenstudium, wurde mir nach der ersten großen mündlichen

Prüfung klar, die ich bei Prof. Siebert ablegen musste. Ich saß mit schlotternden Knien vor ihm. Der Studentin, die vor mir aus seinem Büro gekommen war, war unmittelbar mitgeteilt worden, dass sie durchgefallen sei. Meine einstündige Befragung überstand ich mit einer Eins. Siebert schaute mir am Ende tief in die Augen und sagte: „Mein Sohn spielt auch Klarinette, und der hat nicht Musik studiert." Übersetzt: Überlegen Sie noch mal. Sie könnten vielleicht doch eine Bereicherung dieses Instituts werden!

Tatsächlich machte mir das Studium Spaß, und auch die menschliche Ebene stimmte. Wir Chemie-Rookies formten uns schnell zu einer eingeschworenen Truppe. Was ich in der Schulzeit nicht hatte, hatte ich jetzt. Ich genoss dieses Freiheitsfeeling des Studentenlebens. Aber was würde aus meinem Traum werden, dem Traum der Orchestermusikerin? Es wurde mir leicht gemacht, auch wenn es wehtat: Der Dirigent des JugendBlasOrchesters Rheinland-Pfalz benahm sich vor einem Konzert, das ich mitorganisiert hatte, mir gegenüber so daneben, dass es 2002 zum Bruch mit ihm, mit der Musik und mit meinem geliebten Instrument kam. Das komplette Orchester war auf meiner Seite und ging in den Streik, aber die Solidarität nutzte nichts. Es ist etwas nachhaltig kaputtgegangen, mein Gefühl für die Musik wurde für eine längere Zeit komplett zerstört. Ich nahm mir vor, dass das nächste Konzert mein letztes sein würde. Und so war es auch.

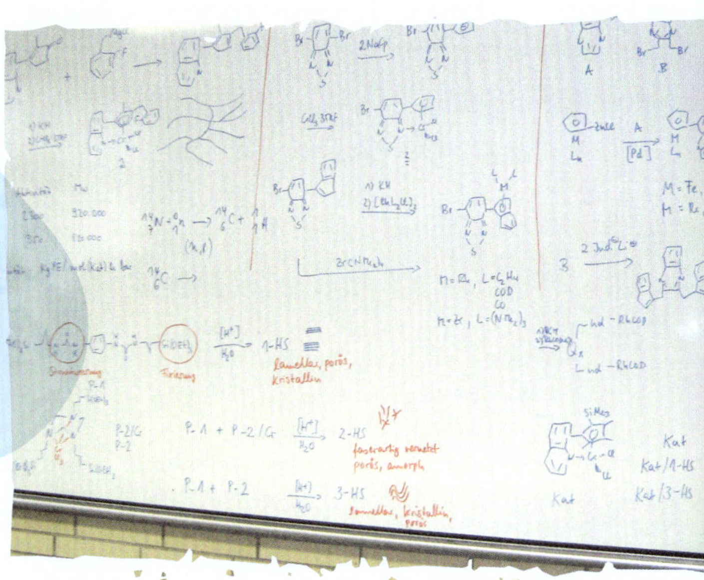

So sah die Tafel nach der Verteidigung der Doktorarbeit aus. Damals hatte ich mich auf die Suche nach neuen Katalysatoren gemacht – und war auch dem Hybridkieselgel begegnet.

Danach packte ich meine Sachen und reiste für ein Auslandssemester nach Lund in Schweden. Mein Instrument nahm ich zwar mit, ich habe es auch jeden Tag angeschaut, wie es da so in der Ecke stand, aber ich rührte es kein einziges Mal mehr an. Der Zugang zur Musik schien wie vernagelt. Heute kann ich darüber schreiben, damals war das alles sehr emotional.

Ich habe mir oft überlegt, wie diese Reaktion zu mir passt. Denn eigentlich bin ich ja ein Typ, der seine Ziele nie aus dem Blick verliert und mit einer gehörigen Portion Ehrgeiz versucht, diese Ziele auch zu erreichen. Ich hätte also der festen Überzeugung sein können, dass es dieser eine Mann nicht schafft, mich von meinem Weg abzubringen, von meiner Freude für die Musik. Aber wenn du über so viele Jahre auf etwas hinarbeitest, übst und übst und übst, besser wirst, dich aufs Vorspielen vorbereitest und dir dann jemand, den du über viele Jahre als herausragenden Dirigenten kennengelernt hast, Sachen deutlich unterhalb der Gürtellinie an den Kopf wirft, die dich musikalisch und menschlich zerstören, muss man damit irgendwie umgehen. Ich habe mich nicht für das „Jetzt erst recht!" entschieden. Ich entschied mich gegen die Welt der Kunst und für die Welt der Naturwissenschaften. Jemand beschrieb diesen Schritt einmal mit „Raus aus dem Schein, rein ins Sein". Dieses Bild finde ich noch immer sehr treffend. Damals war es einfach nur paradox. Die Kunst, die sonst beseelt und aufbaut, hatte durch diesen Dirigenten etwas Zerstörerisches erhalten. Und die Chemie, die leicht zerstören kann, empfand ich plötzlich als nährend und sinnstiftend.

ICH ENTSCHIED MICH GEGEN DIE WELT DER KUNST UND *FÜR* DIE WELT DER NATURWISSENSCHAFTEN.

1.3

ZWISCHEN SILIZIUM UND GRÜNEM RASEN

ODER: LERNEN IN VERSCHIEDENEN WELTEN

Während meines Studiums lernte ich nicht nur die Elemente der Chemie kennen und wie man sie zusammensetzt, um etwas Neues zu erhalten, sondern auch die Kunst, Menschen und Teams auf ein neues Aktivitätsniveau zu heben. Diese Skills wurden mir auf dem Fußballplatz beigebracht. Dazu muss ich erzählen, dass ich in meiner Jugend Torhüterin einer Jungsmannschaft gewesen war und nach dem musikalischen Eklat während meines Studiums wieder mit dem Kicken begann. Mein sportliches Zuhause wurde nach der Rückkehr aus Schweden die TSG Heidelberg-Rohrbach. Dort stellte ich mich wieder zwischen die Pfosten. Da mir das Training mit der Mannschaft nicht ausreichte und es keinen Torwarttrainer gab, suchte ich mir kurzerhand einen. Und fand ihn in Walter Pradt – ikonisch verehrt bei Waldhof Mannheim, in den Achtzigern mit zahlreichen Einsätzen in der ersten und zweiten Bundesliga. Während meine Kolleginnen und Kollegen ihren Mittag in der Mensa verbrachten, fuhr ich schnell

Ich war zehn, als ich bei der SG Molzhain als Torhüterin (l.) einstieg. Auf diesem Ascheplatz liegen die Wurzeln für meinen späteren Weg bis hinauf in die 2. Bundesliga. Dafür ließ ich mich von der Waldhof-Legende Walter Pradt (Seite rechts) trainieren. Er führte die deutschen Fußballfrauen mit zum WM-Titel 2003.

von Heidelberg nach Mannheim zum Training. Wir arbeiteten eine Stunde auf dem Platz, danach ging es in Heidelberg weiter. Manchmal war noch ein wenig Zeit für eine Tasse Kaffee, bei der ich bereichernde Gespräche mit Walter führen konnte. Über Gott und die Welt, aber auch darüber, wie man das Torwarttraining revolutionieren könnte. Ich lernte von ihm den 360-Grad-Blick. Was heißt das? Ein Torwart muss nicht nur einen Ball sicher halten können. Beim 360-Grad-Blick geht es um ganzheitliche Verbesserung. Es geht um Fußtechnik, Bewegung mit und ohne Ball, um das Absprungverhalten, es geht um Aufmerksamkeit für seine Mitspielerinnen, um Kommunikation, Motivation, Vertrauensbildung. Kurzum, es geht um eine sehr klare Präsenz auf dem Platz über die gesamten 90 Minuten und darüber hinaus. Ein Torwart hat ständige Anwesenheitspflicht mit ganz klaren Aufgaben, die ein sportlich-menschliches Gesamtpaket bilden. Bei meinem heutigen Job für Wasser 3.0 hilft mir das Verständnis für diese Ganzheitlichkeit, für diesen 360-Grad-Blick. Auch nutzt mir die Erfahrung, dass der Torwart eigentlich die einzige Person auf dem Feld ist, die permanent Wertschätzung verteilt und motiviert. Er ist derjenige, der die Leute pusht, der sie stellt, der anweist, zuordnet – und ein Spiel in seinem Ausgang in die oder andere Richtung beeinflussen kann.

Ganz interessant ist übrigens, welche Parallelen zwischen den Skills einer Torhüterin und denen einer Konzertmeisterin zu erkennen sind. In beiden Fällen geht es um Leadership, Umsichtigkeit, Besonnenheit, schnelle Auffassungsgabe und integrative Fähigkeiten. In einem symphonischen Blasorchester ist die Solo-Klarinettistin sowohl Konzertmeisterin und damit Sprachrohr des Orchesters als auch die Kontaktperson für den Dirigenten. Beide Typen, Torhüterin wie Konzertmeisterin, sind dafür verantwortlich, dass alle Mitspielerinnen und Mitspieler zusammenbleiben, eine Einheit bilden, auch wenn es mal Probleme gibt. Klarinette und Fußball sind heute nicht mehr aktive Teile meines Lebens, Musik und Sport aber schon.

Der Fußball bewahrte mich während meines Studiums auch davor, mich zu sehr in meiner Doktorarbeit zu vergraben. Ihre Abgabe war auf September 2007 terminiert, drei Monate später fand deren Verteidigung statt, danach kam der große Abschied aus dem Uni-Leben. Die Zeit zwischen Abgabe und Verteidigung nutzte ich für die Jobsuche. Eine der ersten drei Bewerbungen, die ich rausschickte, führte mich zu meinem allerersten Arbeitgeber in der Medizintechnik – zu einem Mittelständler im beschaulichen Tuttlingen. Ich übernahm dort einen Posten in der Forschungs- und Entwicklungsabteilung, war für Biomaterialien zuständig. Genauer gesagt ging es unter anderem darum, das ultimative

ES IST GANZ INTERESSANT, WELCHE PARALLELEN ZWISCHEN DEN **SKILLS** EINER

TORHÜTERIN

UND DENEN EINER

KONZERTMEISTERIN

ZU ERKENNEN SIND.

IN BEIDEN FÄLLEN GEHT ES UM

LEADERSHIP,

UMSICHTIGKEIT, BESONNENHEIT, SCHNELLE AUFFASSUNGSGABE UND INTEGRATIVE FÄHIGKEITEN.

DAS HILFT MIR

BIS HEUTE.

Material für Knie- und Hüftimplantate zu finden. Streng genommen hatte ich dabei schon mit dem Problemfeld zu tun, um das ich mich heute kümmere. Die Aufgabenstellung war nämlich, ein ultrahochmolekulares Polyethylen so zu optimieren, dass möglichst wenig Abrieb erzeugt wird. Die Implantate sollten einerseits länger halten, andererseits während der Nutzung keine Kunststoffpartikel in den Körper abgeben und Schaden anrichten. Die Suche danach machte großen Spaß, ich wurde auch fündig und konnte mit der Firma ein Patent anmelden. Es war eine herausfordernde Arbeit, sie war spannend, die Aufgaben waren vielfältig. Doch da sind ja auch noch die Stunden nach der Arbeit. Recht schnell zeigte sich, dass ich bei der Freizeitgestaltung und im täglichen Leben nicht an- und klarkam. Ich wurde immer unglücklicher im Niemandsland zwischen Konstanz und Stuttgart und zog die Reißleine. Noch während der Probezeit packte ich meine Koffer und folgte dem Ruf zurück in die Rhein-Neckar-Region.

Für meinen neuen Job bei der heutigen LyondellBasell, einer Firma, die aus der Fusion von Basell – ein Hybrid aus BASF und Shell – und dem US-Wettbewerber Lyondell Chemical entstand, durfte ich im Frankfurter Industriepark Hoechst antreten. Mit Basell hatte ich bereits während meiner Doktorarbeit zusammengearbeitet. Dabei war es vereinfacht gesagt um Katalysatoren für die Herstellung von Kunststoffen gegangen. Nur kurz zur Auffrischung, da Ihre letzte Chemiestunde wahrscheinlich etwas länger zurückliegt:

Ein Katalysator ist ein Stoff, der die Reaktionsgeschwindigkeit einer chemischen Reaktion beeinflusst, ohne dabei selbst verbraucht zu werden.

Ein Baustein meiner damaligen Forschung waren neben der Entwicklung neuer Katalysatoren mit verbesserten Eigenschaften auch schon die Untersuchungen der Silizium-basierten Trägermaterialien sowie deren Herstellung. Dabei entstand die Faszination für die Hybridkieselgele, die Bausteine modifizierter Trägermaterialien sein können und dafür sorgen, dass der Katalysator länger und effizienter arbeitet. Während der damaligen Versuche, diese Trägermaterialien zu funktionalisieren, landete ich beim sogenannten Sol-Gel-Prozess. So nennt man den Übergang vom flüssigen Zustand eines Stoffes zu einem festen unter Zuhilfenahme von Wasser. Man könnte es auch sehr vereinfacht so ausdrücken:

Ausgangsmaterial (A) + Wasser (B) = Reaktionsprodukt (C) + Wasser (B).

Wobei das Wasser dabei nicht dreckiger, sondern sauberer wird. Die eigentliche Genialität dabei ist, dass man Reaktionskinetik und Reaktionsführung so steuern kann, dass es möglich ist, dem Wasser die Schadstoffe zu entziehen. Das hätte niemand gedacht. Schon damals hat mich diese Chemie fest in den Bann gezogen – und mich bis heute nicht mehr losgelassen. Damals nahm ich mir vor: Sollte ich jemals die Chance bekommen, noch einmal mit Hybridkieselgelen zu arbeiten, egal in welchem Kontext, dann mache ich das!

Weiter auf Seite 38 →

ES LEBE DAS SILIZIUM!

Faszination eines Superelements

Das Hybridkieselgel ist in der Welt der Siliziumchemie zu Hause, die lange Zeit den Aufkleber „old school“ mit sich herumtrug und bei vielen Studierenden nicht selten das Vorurteil einer eher faden Chemie erzeugte. Dabei ist Silizium ein richtig geniales Element, mit dem man viel anstellen kann. Sämtliche Quarztechnologien, Mikrochips, Solarpaneele würden ohne Silizium nicht auskommen. Als Halbleiter ist es anderen Stoffen weit voraus, da sich auf einer Siliziumoberfläche im Handumdrehen Oxide erzeugen lassen. Das dabei entstehende Siliziumdioxid ist der perfekte elektrische Isolator. Auf der anderen Seite lässt sich die Leitfähigkeit von Silizium erhöhen, indem man gezielt Fremdatome einbringt. Ganz ehrlich: Die Welt, wie wir sie heute kennen, würde ohne Silizium stillstehen! In der Forschung ist Silizium trotzdem verpönt, weil es tatsächlich immer noch Chemikerinnen und Chemiker gibt, die, sobald sie nur das Wort hören, vor ihrem geistigen Auge alte Männer in Roben sehen, die in einem Zaubertrank rühren. „Willkommen in der Alchemie!“ wird gern gespottet. Ein anderer Grund könnte sein, dass Silizium auf unserem Planeten in riesigen Größenordnungen vorhanden und damit quasi unendlich ist. Silizium-Atome sind mit einem Massenanteil an der Erdkruste von knapp 26 Prozent nach Sauerstoff unser zweithäufigstes Element. Warum man in der Wissenschaft immer komplexer und komplizierter denkt und den Heiligen Gral der Erkenntnis im Elfenbeinturm sucht statt in der Welt draußen, habe ich bisher nicht verstanden. Muss ich aber auch nicht, denn diese Systemstruktur werde ich nicht verändern können.

Gerade die Menge und diese jahrtausendealte Tradition des Siliziums faszinieren mich. Man kann durchaus behaupten, dass Siliziumverbindungen das Fundament der Menschheit sind. Große Teile dessen, was unsere Vorfahren entwickelten, erfanden, ausprobierten und zur Blüte führten, bestanden aus Varianten von Siliziumdioxid: Pyramiden und Megalithbauten, großartige Skulpturen wie die auf den Osterinseln; die ersten Häuser, Tempel und Aquädukte, all die Kirchen mit ihren wunderschönen Fenstern; die ersten Behältnisse für Wasser oder Speisen – alles hergestellt auf Siliziumbasis. Die Radios, die vor 100 Jahren unsere Großeltern begeisterten, funktionierten nur mit sogenannten Schwingquarzen. Heute sind unsere Computer voll von Siliziumvarianten, und wenn wir uns einen Kaffee programmieren, läuft der anschließend durch einen Schlauch aus Silizium-basiertem Silikon. Auch mit dem Kaffeewasser und unserer Nahrung nehmen wir Silizium auf. Dort liegt es als gelöstes Spurenelement Kieselsäure vor. Besonders viel steckt davon im Hafer, in Hirse oder in Kartoffeln. Wir brauchen es für unseren Stoffwechsel, für die Bildung von Knochen, Knorpeln, Bindegewebe oder Haaren. Auf den Punkt gebracht: Ohne Silizium können wir nicht leben, und ich werde das Gefühl nicht los, dass in diesem Element immer noch großes Potenzial steckt.

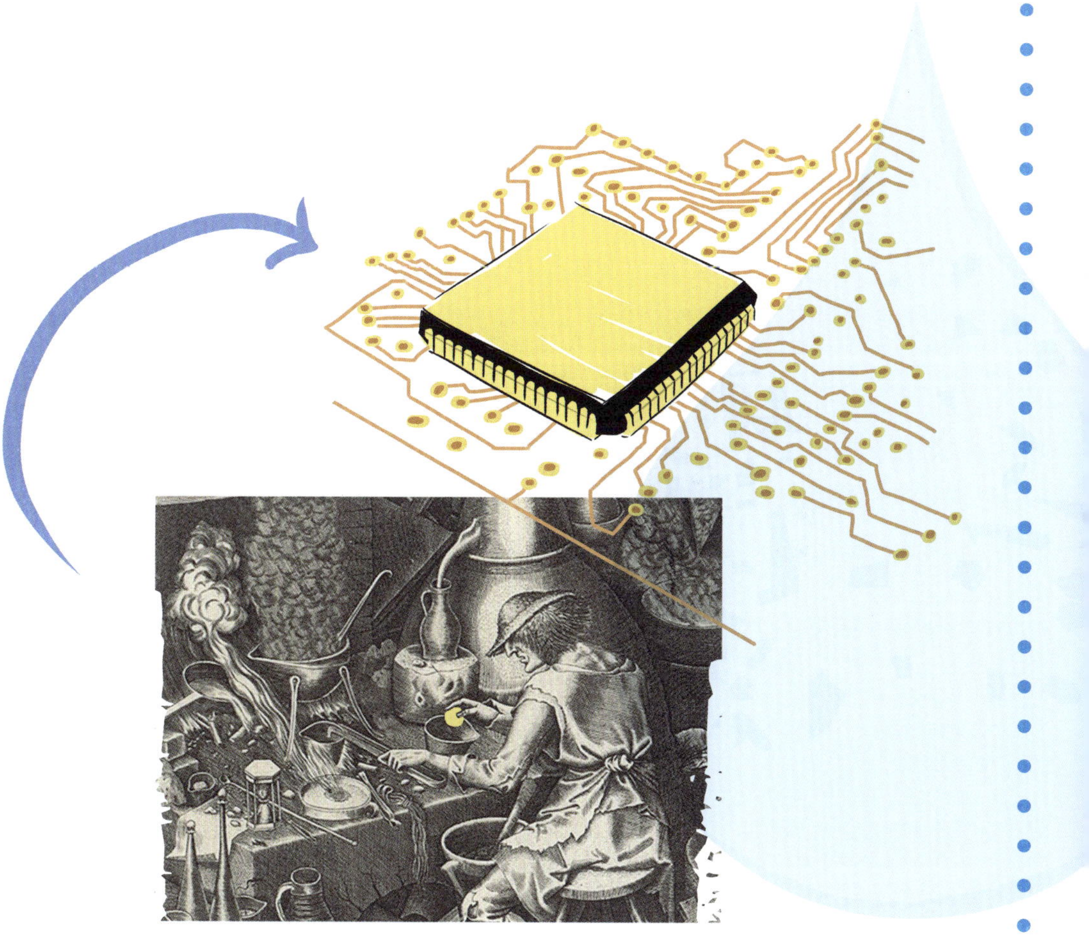

Zwischen Alchemie und Hightech: Silizium begleitet die Menschheit seit Jahrtausenden – und wurde dabei immer wieder anders genutzt.

→ Bei Basell konnte ich mich als Laborleiterin in der Polyethylen-Katalysatorforschung zumindest teilweise wieder den Fragestellungen rund um neue Trägermaterialien zuwenden. Der Forschungsansatz war darauf konzentriert, mit möglichst wenig Ressourcen (also Katalysator und Trägermaterial) viel Polyethylen zu produzieren. Letztlich ging es hier schon ums Ressourcensparen, Effizienz und ökonomischen Benefit. Je weniger Milligramm Katalysator als Input und je mehr Kilogramm Kunststoff als Output, desto wirtschaftlicher, desto besser! Das machte mir durchaus Spaß, doch das Hybridkieselgel konnte ich nicht in dem Maße weiter erforschen, wie ich es gerne getan hätte. Fast vier Jahre arbeitete ich dort – bis ich fremdverschuldet vom Rad geholt wurde. Ich wich einem urplötzlich auf dem Fahrradweg anhaltenden Fahrzeug aus, geriet in die Bahnschienen, hob ab und krachte auf die Wirbelsäule.

Dieser Sturz hat mich über ein halbes Jahr ausgeknockt. Ich war nicht mehr imstande, mit dem Auto nach Frankfurt zu pendeln. Ich konnte nicht mehr lange sitzen, weil mich dadurch wahnsinnige Kopfschmerzen plagten. Um während meiner Krankschreibung und der begleitenden Reha-Maßnahmen etwas Produktives zu leisten, legte ich ein Fernstudium für Gesundheitspädagogik ein. Ich musste mich einfach beschäftigen. Ich habe versucht, gesund zu werden, wurde auch wieder in den Job integriert, doch dann brach alles wieder auf, und ich musste von vorn anfangen. Ich wurde erneut krankgeschrieben, wieder musste ich in die Reha. Dieses Mal bekam man mich wieder ganz gut hin, aber mir wurde klar, dass ich etwas ändern muss. Ich kann nicht den ganzen Tag sitzen. Ich brauche die Freiheit, mich dann bewegen zu können, wenn ich muss, und nicht nur dann, wenn alle in die Kantine aufbrechen. Genau in dieser Zeit wurde ich darauf aufmerksam gemacht, dass die Universität Koblenz-Landau (heute Rheinland-Pfälzische Technische Universität Kaiserslautern-Landau) eine Juniorprofessur für Organische und Ökologische Chemie zu besetzen hatte. Zwar würde ich dabei auch sitzen müssen, aber ich erkannte meine Freiheitsgrade in der Gestaltung des Tagesablaufs. 2012 fing ich dort an, auch weil ich spürte, dass jetzt der Moment gekommen war, um wieder an Hybridkieselgelen forschen zu können. Nur mit dem Unterschied, dass ich Wasser als Umweltmedium wahrnahm, während es für mich in der wasserfreien Katalysatorforschung eher eine zerstörerische Kraft hatte. Nun konnte ich die beiden Welten von Natur- und Umweltwissenschaften miteinander verbinden und sie – anwendungsbasiert! – zu meiner neuen Heimat machen. Endlich! Mein Antrieb: eine verantwortungsvolle Forschung. Mein Metier: Wasser. Und mehr als das. Mir wurde immer deutlicher bewusst, dass Wasser einerseits erheblich verschmutzt wird, man andererseits mit sinnstiftenden Ansätzen aus den Naturwissenschaften die Möglichkeiten hat, Wasser zu reinigen. Anders gesagt:

CHEMIKALIEN SIND DAS PROBLEM, ABER DIE CHEMIE LIEFERT DIE LÖSUNG!

1.4

ANGEKOMMEN!

ODER: EIN WEG ENTSTEHT, WENN MAN IHN GEHT.

Sechs Jahre dauert in Deutschland eine Juniorprofessur. Mir war also klar: Entweder braucht es 2018 einen Ruf an eine andere Universität, oder man muss etwas geschafft haben, um danach allein klarzukommen. Schon am ersten Tag bekam ich zu spüren, dass ich als Forscherin zwar geduldet wurde, ich aber nicht mit Unterstützung rechnen konnte. Immerhin stand ein Tisch – ohne Stuhl – im Büro, und im Labor wurde eine Laborbank freigeräumt. Um den Rest musste ich mich selbst kümmern. Schon am zweiten Tag – beim Ausfüllen von einem Dutzend Formularen – sagte mir mein Bauch: „Katrin, verlasse dich nicht aufs System, es hat dich noch immer genarrt. Nimm die nächsten Jahre als Lehrjahre. Gehe deinen Weg und lass dich nicht bremsen, negativ beeinflussen oder schlimmstenfalls zerstören." Und ich wurde nicht enttäuscht – leider. Ich habe den Wissenschaftsapparat als Haifischbecken kennengelernt. Innovationen und das Einschlagen neuer Wege kommen hierzulande häufig semi-gut an, sowohl in der Professoren- und Professorinnenschaft als auch im Mittelbau. Ich traf auf die Behäbigkeit des Seins, auf unfassbar langsam mahlende Mühlen der Bürokratie, die den Fortschritt zu Trippelschritten zwangen. Ich erfuhr Neid, übersteigerte Egos und Eigeninteressen, und mein permanenter Drang, Lösungen für Problembeschreibungen zu entwickeln, wurde viel zu oft ausgebremst. Handlungsschnelligkeit war ich aus der Wirtschaft gewohnt. Insbesondere Kooperation hatte dort hoch im Kurs gestanden. An wirkungsvolle Zusammenarbeit war jedoch im neuen Dunstkreis nicht zu denken, obwohl das Potenzial auf der Hand lag: Ich würde mit meinem Wissen aus chemischen Prozessen und dem Blick in die Wirtschaft neue Impulse liefern, anwendungsbasiert der hoch belasteten Sphäre des Wassers helfen können. Dazu könnte man mit neuen Fragestellungen und Angeboten viele neue Studierende motivieren, sich den Themen der Zeit zu widmen.

Die Studierenden klopften in der Tat schnell an. Meine Leute suchte ich mir nach dem Motto „Teamwork makes the dream work" ganz gezielt zusammen, die wissenschaftlichen Hilfskräfte, meine Doktoranden, die Master- und Bachelor-Kandidaten. Zwischenzeitlich betreute ich 25 von ihnen. Noten spielten bei der Auswahl weniger eine Rolle. Vielmehr zählten Engagement, Wissbegierde, Menschlichkeit und Forschergeist. Mir war wichtig, dass meine Mitarbeitenden und Studierenden miteinander redeten, diskutierten, ausprobierten, skalierten. Es ging nicht darum, sich Stunde um Stunde die Beine im Labor in den Bauch zu stehen. Unsere Skala begann bei 1.000 Litern! Im Ein-Liter-Gefäß kann man zwar experimentieren und daraus wahnwitzige Hochrechnungen ableiten, aber das wahre Leben findet außerhalb des universitären Forschungsquadratmeters statt.

Eine monetäre und infrastrukturelle Grundausstattung bekam ich nicht. Ich hatte auch nicht damit gerechnet. Klar war jedoch: Ich brauche Unterstützung. Klar war auch: Schnell und unbürokratisch bekomme ich sie im Elfenbeinturm nicht. Ich zückte mein Telefon und schrieb einige E-Mails. Denn sollte es gelingen, eine Lösung für Wasser ohne Mikroplastik und Mikroschadstoffe auf Hybridkieselgel-Basis zu entwickeln, die anschließend Anwendung in der realen Abwasserreinigung finden soll, bräuchten wir einen Chemikalienhändler mit eigenen Syntheselaboren, einen Hersteller und einen Lieferanten. Warum also nicht gleich in der ersten Instanz schon jemanden suchen, der das alles auf einmal leisten kann. Mit abcr, einem Karlsruher Dienstleister für Spezialchemikalien in Forschung und Entwicklung, fand ich schnell einen Koopera-

„TEAMWORK MAKES THE DREAM WORK!"

tionspartner aus der Industrie und mit Dr. Jan Schuricht – damals noch COO, jetzt CEO der abcr GmbH – einen Fürsprecher und Supporter. Zusammen beantragten wir über das Zentrale Innovationsprogramm Mittelstand (ZIM) beim Bundesministerium für Wirtschaft die Fördermittel und lieferten Ergebnisse.

Bevor wir uns ans Mikroplastik machten, widmeten wir uns den Mikroschadstoffen und deren Entfernung aus belastetem Wasser. Das Forschungsprojekt lief so gut, dass ich auf die Idee kam, damit bei den GreenTec Awards 2015 ins Rennen zu gehen. Das ist ein Wettbewerb, der 2008 von den Ingenieuren Marco Voigt und Sven Krüger ins Leben gerufen wurde, um so etwas wie einen Oscar für Umwelttechnologien und ökologisches Engagement zu schaffen. In puncto öffentliche Wahrnehmung gelang uns damit der Durchbruch. Denn unsere Bewerbung führte uns in der Kategorie *Water & Wastewater* zuerst auf die Long List der besten zehn, dann auf die Short List der besten drei. Wir konkurrierten mit der damals schon extrem populären Plastikmüllinitiative The Ocean Cleanup des Holländers Boyan Slat und dem BioBind-Projekt der Uni Rostock, einer luftgestützten Beseitigung von Öl im Meer mit biogenen Bindemitteln – und gewannen! Es war der erste Moment, an dem ich dachte: Krass, wir schaffen es wirklich, uns durchzusetzen gegen andere, viel bekanntere Nominierte! Was den Ausschlag gegeben hatte, wurde mir am Abend der Verleihung zugeraunt: „Was ihr macht, hat die Welt noch nicht gesehen." Vor allem für mein Team freute es mich, das ich jetzt auch mal in Abendkleid und Anzug erleben konnte.

Und die Universität, damals ja mein Arbeitgeber? Die hätte doch glücklich sein müssen über mediale Aufmerksamkeit, denkt man sich. Aber die Gratulanten waren rar. Die Urkunde von den GreenTec Awards wurde im Treppenhaus des Instituts neben dem Poster meiner Arbeitsgruppe aufgehängt. Damit wurde ich zumindest tagtäglich an eine tolle Geschichte erinnert, und viele Studierende, die daran vorbeigingen, wurden dazu motiviert, ihre Bachelor- und Master-Arbeiten dem Wasser ohne Mikroplastik und Mikroschadstoffe zu widmen.

Drei Jahre vor dem Ende meiner Juniorprofessur konnten wir den Beweis erbringen, dass mit der sogenannten **Agglomerationsfixierung** Mikroplastik in großem Maßstab aus Abwasser entfernt werden kann. Es waren genau die Versuche im Kleinen, die wir nachher in der Landauer Kläranlage im Großen nachstellten, wie ich es zu Beginn des Buches beschrieben habe. Wir benötigten mehr als 400 Versuche, optimierten die Prozesse immer mehr, verbesserten die Mixturen des Hybridkieselgels und konnten in immer kürzerer Zeit immer mehr Mikroplastik einfangen. Als wir die Versuchsdauer auf 20 Minuten verkürzt hatten – und wir waren im Labor bei 24 Stunden Reaktionszeit gestartet! –, blieben von mehreren Tausend Partikeln nur noch ganz wenige übrig. Der Moment war gekommen, an dem wir behaupten und belegen konnten: Das Konzept funktioniert mit Leitungswasser im Labor! Im nächsten Schritt würden wir Wasser aus der Kläranlage brauchen. Dennis schaffte also 25 Liter Abwasser aus der letzten Reinigungsstufe der Landauer Kläranlage ins Labor, und wir wiederholten die Versuche damit im 5-Liter-Becherglas. In diesem Wasser funktionierte es auch! Erst danach folgte der Sprung in die Kläranlage. Wir schrieben ein Paper, und nach einigem Hin und Her mit den Gutachtern konnten wir unsere Ergebnisse im

Dr. Jan Schuricht (r.) war einer der Ersten, die an die Tragfähigkeit meiner Erfindung geglaubt haben. Wäre er in der Gründungsphase von Wasser 3.0 nicht gewesen, ich hätte vielleicht etwas ganz anderes gemacht.

„WAS IHR MACHT, HAT DIE WELT NOCH NICHT GESEHEN."

Sommer 2016 veröffentlichen. Folgenden Aspekt muss ich noch hinzufügen, weil er extrem wichtig ist: Obwohl schon die ersten Laborversuche erfolgreich verlaufen waren, meldete sich unmittelbar danach mein Gehirn mit einem lauten „Ja, aber!". Denn was wäre, wenn das Wasser nach der Reinigung mit Hybridkieselgel gelitten hätte? Wenn es sogar giftiger geworden wäre? Ich ließ also unmittelbar nach den vielversprechenden Experimenten immer auch das Wasser, die Agglomerate und den Ausgangsstoff ökotoxikologisch überprüfen. Die Ergebnisse waren genauso, wie ich es mir erhofft hatte: Wir wurden nicht von der Natur zurückgepfiffen!

Dass ich diese großartige Entdeckung mitnehmen konnte in die Selbstständigkeit, ist letztlich auch der Universität zu verdanken. Ich machte, wie vorgeschrieben, eine Erfindungsmeldung, stellte Fragen, wollte Antworten. Was tun wir jetzt? Arbeiten wir zusammen? Mache ich das allein? Brauchen wir eine Patentverwertungsgesellschaft? Irgendwann teilte mir die Universität mit, dass ich das Patent nehmen und gehen könne. Gut, das würde mir viele Freiheiten geben. Aber eine Erkenntnis traf mich doch wie ein Schlag: Ich hatte in den Augen der Universität während der Juniorprofessur nichts erreicht. Mein Vertrag als Beamtin auf Zeit lief aus, und ich befand mich im freien Fall durch das gesamte soziale Netz.

Nach dem Motto „aufstehen, Krone richten, weiter geht's" kam schnell die Überlegung auf, eine Firma zu gründen, die die Forschungsfreiheit garantiert, handlungsschnell und unabhängig ist, gemeinnützig handelt und Lösungen für sauberes Wasser entwickelt. Aus dem Projekt Wasser 3.0 wurde die Wasser 3.0 gGmbH. Im Rückblick war es genau die richtige Entscheidung. Auch weil diese Form des Arbeitens am besten zu mir passt. Warum? Weil wir alle Stakeholder einbinden: Bei Wasser 3.0 agieren wir in den Bereichen Wissenschaft, Gesellschaft, Wirtschaft, Politik und geben über alle Kanäle unser Wissen weiter.

Die **rein wissenschaftliche Umgebung** passte nicht zu mir, weil sie größtenteils im Elfenbeinturm stattfindet und ständig um Reputation und Fördergeld geschachert wird. Im Elfenbeinturm scheint alles erlaubt, wenig wird kontrolliert, und man muss sehr darauf achten, mit wem man redet. Es geht nicht immer um sinnvolle Lösungen. Hier fehlt mir ganz ehrlich die Transparenz in der Fördermittelvergabe und auch die Technologieoffenheit. Auch in manchen politisch eingesetzten Institutionen erkenne ich viel zu wenig Wissensdurst und anwendungsorientierte Wissenstiefe. Innovation schreibt man sich zwar auf die Fahnen wie auch Transparenz, insbesondere Datentransparenz. Echte Technologieoffenheit spielt an den entscheidenden Positionen aber oftmals kaum eine Rolle. Stattdessen bleibt es gerade in den umweltrelevanten Entwicklungsbereichen bei Inselförderungen, gepaart mit wenig Weitblick oder Vergleichbarkeit. Verwertbare oder auch bewertbare Ergebnisse sind leider immer noch Mangelware. Positiv ist jedoch, dass zumindest auf europäischer Ebene ein Wandel zu erkennen ist und immer mehr projektübergreifend und zielfokussiert gearbeitet wird.

Die **Industrie-Umgebung** passte nicht zu mir, weil ich Wasser mit einem Menschenrecht verbinde und nicht mit einem Wirtschaftsgut, das ausgebeutet werden kann – am besten noch kostenfrei. Mir wurde auch klar, dass in meinem Verständnis von sozial-ökologischer Transformation traditionelle Wirtschaftsstrukturen nicht funktionieren. Auch war klar, dass ich das Bewusstsein bezüglich unserer wichtigsten Ressource Wasser nicht mit einer klassischen Firmengründung, sondern nur in der Rechtsform einer **gemeinnützigen Gesellschaft** würde voranbringen können. Denn nur so entsteht ein Win-Win für alle Stakeholder bis tief in die Gesellschaft hinein.

Dass zwischen dem Ende meiner Juniorprofessur und der Gründung von Wasser 3.0 ganze zwei Jahre und eine beginnende Pandemie liegen würden, konnte niemand ahnen. Was mich über die Zeit rettete und eigentlich bis heute hilft, war die Erfahrung, die ich so früh mit den GreenTec Awards gemacht hatte. Durch unsere ständigen Teilnahmen an Kongressen, Konferenzen, öffentlichen Vorträgen, Festivals oder Wettbewerben als Marke, Projekt und dann auch als gemeinnütziges Unternehmen tauchten wir kontinuierlich in der Öffentlichkeit auf. Wir waren ständig präsent in der Nachhaltigkeits-Bubble. Wir konnten auf der *Woche der Umwelt* im Park von Schloss Bellevue ausstellen, waren Teil der Initiative *Deutschland: Land der Ideen,* wir standen auf den unterschiedlichsten Bühnen, mal mit dem nächsten Preis in der Hand, mal mit einem Mikrofon, um einen Vortrag zu halten wie beim TEDx Talk. Manche vermuten dahinter eine Strategie. Die Antwort darauf ist: Wir sind keine Marketingexperten, aber wir sind diejenigen, die auf den Bühnen, die man uns bietet, datenbasiert argumentieren, diskutieren und Antworten geben!

In dieser zweijährigen Übergangsphase konnten wir im gleichen Set-up weiterarbeiten – eine Handvoll Leute aus der Uni, verstärkt mit zwei, drei neuen Kräften, Studierenden und Neueinsteigern. Ich entschied mich, auf ein Gehalt zu verzichten, denn in erster Linie wollte ich das Personal halten und die Prozesse ins Laufen bringen. Unser Kooperationspartner abcr unterstützte an allen Ecken und Enden, und er half uns auch, dass wir weiterhin kostenfrei auf der Kläranlage in dem bisherigen Inventar forschen durften. Schon während der sechsjährigen Juniorprofessur haute ich rund 60 Anträge raus. Bewilligt wurden zwölf, also etwa 20 Prozent. Heute schreibe ich immer noch Förderanträge, aber es hat sich viel geändert. Die Anzahl ist geringer, die Bewilligungsquote höher. Ich steuere bestimmte Fördertöpfe seither gar nicht mehr an. Im Laufe der Zeit war mir klar geworden, dass ich aus manchen dieser Töpfe nie einen Cent sehen werde. Warum ich das weiß? Weil es mir genau so mitgeteilt wurde.

Bühne frei! Ich nutze Veranstaltungen wie 2019 die TEDx-Konferenz in Wien ganz gezielt, um einerseits auf die Bedrohung des Wassers, andererseits auf das Lösungspotenzial meiner Technologie hinzuweisen.

DIE DREI FELDER VON WASSER 3.0

Das erste Forschungsgeld, das an die Wasser 3.0 gGmbH nach Gründung floss, stammte von der Vector Stiftung. Sie fördert Projekte in den Bereichen Forschung, Bildung und soziales Engagement. Wir konnten mit dem Geld die Mikroplastik-Analytik über Schnelltests entwickeln und kontinuierlich optimieren. Weitere Forschungsgelder folgten im Zuge vieler anderer Projekte. Mit dieser Art von Aufträgen zu bestimmten Schwerpunkten konnten wir Kontinuität schaffen und Einnahmen generieren. Reden wir über Einnahmen aus der Wirtschaft, kam man erstmals mit Anfragen für Machbarkeitsstudien auf uns zu, nachdem 2019 ein reichweitenstarkes Medium über uns berichtet hatte. Die *Galileo*-Redaktion von ProSieben widmete dem Hybridkieselgel und uns genau 4 Minuten und 48 Sekunden. Das war ein großes Glück und von allen Fernsehbeiträgen wohl der, der am meisten gesehen wurde und am meisten Return on Invest brachte. Ähnlichen Impact hatte 2022 ein nur anderthalb Minuten kurzes Video des World Economic Forums über uns als sogenannter *Top Innovator*, das bis heute über eine Million Mal angeklickt wurde.

Heute, im vierten Jahr nach Gründung, verteilt sich die Arbeit von Wasser 3.0 auf drei Säulen. Im Bereich **Forschung und Entwicklung** beteiligen wir uns beispielsweise an europaweiten, durch die EU geförderten Projekten, die sich um die Reinhaltung unserer Flüsse und Meere bemühen. Verschiedene Technologien aus verschiedenen Ländern kommen dabei zum Einsatz, um das Ausmaß der Plastik- und Mikroplastikbelastungen zu erheben und weiteren Eintrag bereits in Kläranlagen zu verhindern. Im Bereich **Machbarkeitsstudien und Innovationstransfer** bieten wir sowohl Kläranlagenbetreibern als auch Unternehmen aus dem produzierenden Sektor die Möglichkeit, über unsere Analytik ihre Belastungen überhaupt erst einmal zu beziffern, um danach über Mietanlagen, die auf unserer Hybrid-

kieselgel-Technik basieren – wir nennen sie „Wasser 3.0 PE-X" –, Mikroplastik unmittelbar hinter den bisherigen Prozessstufen abzufangen. Im Bereich **Bildung** möchten wir vor allen Dingen Wissenslücken schließen. Den meisten Menschen ist die Omnipräsenz von Mikro- und Nanoplastik immer noch nicht bewusst. Es geht daher auch um den Bewusstseinstransfer darüber, dass harmlos scheinende Alltagshelfer aus Kunststoff während und am Ende ihrer Nutzung zu einem riesigen Umwelt- und Gesundheitsproblem werden. Dieser Schritt ist eines der großen Ziele, um auch gesellschaftlich ausreichend aktiv zu werden und auf diese Weise vielleicht sogar über den Bereich Spenden finanziell unabhängiger zu werden und dadurch mehr Reichweite und nachhaltigen Impact zu schaffen. Schulen, Instituten und Weiterbildungseinrichtungen bieten wir daher analoge wie digitale Workshops, Lernplattformen und Vor-Ort-Termine an. Besonders stolz sind wir auf unsere **Global Map of Microplastics,** die Sie mit Ihrem Smartphone über den QR-Code auf der folgenden Seite erreichen können. Auf dieser Weltkarte machen wir die globalen Mikroplastikbelastungen in unseren Gewässern sichtbar. Hier vereinen sich wissenschaftliche Daten und eigene Datenerhebung, bei der Sie uns unmittelbar unterstützen können. Sie folgt dem Prinzip der Kooperation und erweitert sich ständig dank neuer Wasserproben, die Sie mit unserem Analytik-Kit in allen Gewässern der Welt ziehen können. Hinterher werden diese Proben von uns auf Mikroplastik getestet und auf der digitalen Landkarte mit einem Datenpunkt versehen.

Unsere Technologie und Analytik werde ich in Kapitel 3 noch etwas genauer vorstellen. Jetzt soll es aber erst einmal grundlegend um den Zustand der globalen Wassersphäre gehen. Denn wir sollten verstehen, warum unser unverzügliches Handeln für mehr sauberes und sicheres Wasser überhaupt gefragt ist.

GLOBAL MAP OF MICROPLASTICS

Um die Weltkarte des Mikroplastiks mit neuen Daten zu erweitern, brauchen Sie drei Dinge:

1. Die Wasser-3.0-App, die den Weg von der Beschaffung des Analytik-Kits bis zum Datenpunkt genau beschreibt. Zur App führt Sie der nebenstehende QR-Code.

2. Das Analytik-Kit, um die standardisierte Probennahme durchzuführen.

3. Zugang zu Internet und Versandwegen, um die Daten im Probennahme-Formular einzutragen und die Probe ins Labor zu schicken.

Nachdem Sie sich die Wasser-3.0-App heruntergeladen haben, drücken Sie darin auf „Mitmachen beim Mikroplastik-Mapping“ und folgen der Anleitung. Die Schritte haben wir auf der rechten Buchseite schon mal für Sie zusammengefasst. Ist Ihre Probe bei uns eingegangen, dauert es zwei bis drei Wochen, bis der neue Datenpunkt auf der digitalen Weltkarte eingetragen werden kann.

VOM GEWÄSSER BIS ZUR POST

Prozess der Probennahme

1. Mit Analytik-Kit zum Gewässer

2. Probennahme-Flasche drei Mal vor Ort ausspülen

3. Bis zur Marke füllen

4. Wassertemperatur messen

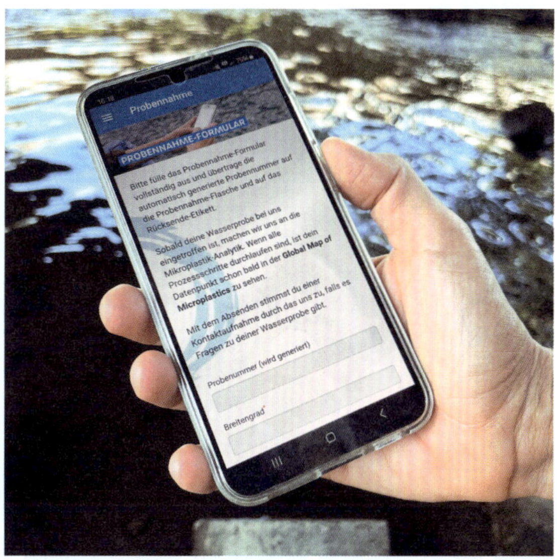

5. Daten in Probennahme-Formular eintragen

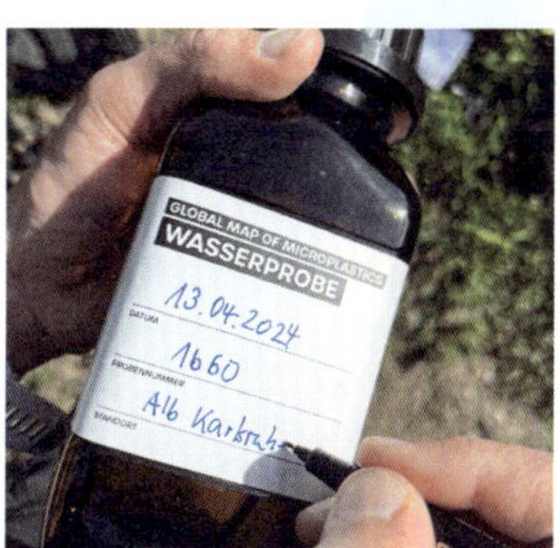

6. Etikett beschriften

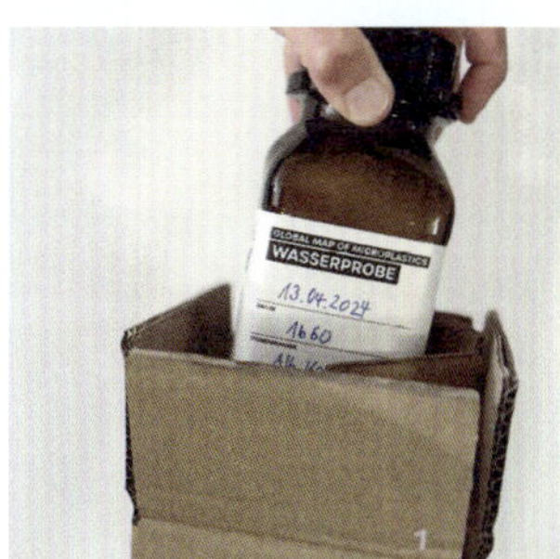

7. Alles zurück in den Karton

8. Empfänger eintragen

DIE SITUATION UNSERES WASSERS

KAPITEL 2

REBELLIN DES WASSERS

2.1

WASSERPLANET ERDE — EIN TRÜGERISCHES BILD

Dass die Erde ein Wasserplanet ist, lernen wir bereits früh in unserem Leben. Das stimmt auch insofern, als unser Lebensraum schlicht aufgrund von Wasser existiert und dieses Wasser die Erde aus dem All so wunderschön blau wirken lässt. Das ist jedoch in den unendlichen Weiten des Universums nicht selbstverständlich, daher, ja, wir leben auf einem Wasserplaneten, der eine einzigartige Biologie hervorgebracht hat, das Klima steuert, unser Leben ermöglicht. Auch wir selbst bestehen – je nach Alter – zu 50 bis 70 Prozent aus Wasser. Wir nehmen es auf, wir scheiden es aus und wir speichern es in unseren Körpern. Wir sind eine Spezies, die exakt auf diese Art von Planeten angepasst ist. Trotzdem führt die Bezeichnung Wasserplanet uns auch gerne mal in die Irre. Denn sie suggeriert eine Fülle, ein Übermaß, das beim näheren Hinschauen nicht gegeben ist. Dass gewaltige 71 Prozent der Erdoberfläche von Wasser bedeckt sind, täuscht darüber hinweg, dass die Menge des Wassers nur 0,13 Prozent des Erdvolumens ausmacht. Es verteilt sich geschickt um die Gesteinsmasse.

Hinzu kommt, dass diese Wassermenge – sie wird auf 1,39 Milliarden Kubikkilometer beziffert – aktuell nur zu knapp drei Prozent aus trinkbarem Süßwasser besteht. Machen wir uns jetzt noch bewusst, dass es nicht für jedermann ganz so leicht ist, sich sein Trinkwasser aus den Eisschilden von Antarktis oder denen Grönlands zu organisieren, müssen wir feststellen, dass wir lediglich auf 0,3 Prozent dieser drei Prozent Süßwasser problemlosen Zugriff haben. Diese mickrige Menge wird in unseren Talsperren verwahrt, in Seen, in Sümpfen, oder sie fließt die Flüsse entlang. In den unterirdischen Ressourcen, unserem Grundwasser, finden sich rund 30 Prozent des gesamten Süßwassers der Erde. Darauf können wir zwar für unsere Versorgung zurückgreifen, jedoch mit größerem Aufwand – und diese Reserven gehen zur Neige.

SO WENIG SÜẞWASSER STEHT UNS ZUR VERFÜGUNG

VOLUMEN DER ERDMASSE

1,1 Billionen km³

WASSER

1,39 Milliarden km³

SÜẞWASSER

35 Millionen km³

FÜR UNS SIND

0,3 %

ZUGÄNGLICH

1 km³ = 10^{12} Liter = 1 Billion Liter

Quelle: Shiklomanov (1993), WDR

Vergessen wir nicht unsere Atmosphäre, in der ständig knapp 13.000 Kubikkilometer Wasser unterwegs sind, was weniger als ein Tausendstel (0,0009) Prozent des Gesamtwassers ausmacht. Alle neun Tage, jedes Jahr also rund 40-mal, wird dieses Wasser in der Atmosphäre komplett ausgetauscht – und reinigt dabei ständig unsere Luft. Diese vergleichsweise kleine Wassermenge ist also eine Art durchlaufender Posten und erinnert daran, dass wir es auf der Erde mit einem gigantischen Wasserkreislauf zu tun haben, genauer gesagt: mit einer Vielzahl verschiedener Wasserkreisläufe. Wie sie funktionieren, haben wir schon in der Schule gelernt. Es ist die Sonne, die die Wasserkreisläufe antreibt – natürlich im Zusammenspiel mit der Rotation der Erde. Der Sonneneinstrahlung ausgesetztes Wasser erwärmt sich, verdunstet, steigt also auf, sorgt für Luftfeuchtigkeit, kondensiert weiter oben zu Wolken, aus denen das Wasser nach Abkühlung wieder als Niederschlag zu Boden geht. Dieser Prozess läuft so schon über Millionen von Jahren. Seit das Wasser auf die Erde kam – zur genauen Herkunft liefert die Forschung unterschiedliche Ansichten –, ist die Wassermenge jedoch stets gleich geblieben. Sie hat sich nur aufgrund veränderter Sonneneinstrahlung immer wieder anders verteilt.

Bislang hatte die menschliche Zivilisation, wie wir sie heute kennen, ziemliches Glück. Seit vor etwa 19.000 Jahren die riesigen Eisschilde der letzten Eiszeit zu schmelzen begannen, konnte sie es sich etwa im heutigen Europa Generation für Generation immer gemütlicher machen. Das humide Klima, das uns sogar im Sommer mit Regen verwöhnte, verlieh unserem Kontinent in den vergangenen Jahrhunderten sein Gesicht. Im Großen und Ganzen konnten wir uns bisher auf die Jahreszeiten verlassen, nach ihnen unsere Ernten planen. Mit wenigen Ausnahmen war Wasser lange Zeit ein Gut, mit dem man ohne jeden Zweifel rechnen konnte. Doch durch die Beschleunigung des Klimawandels bekommt das Gesamtkonstrukt – unsere Lebensumgebung – Risse. Der britische Naturforscher David Attenborough hat den Bruch mit dieser Verlässlichkeit auf der Klimakonferenz 2021 von Glasgow in einer bewegenden Rede so zusammengefasst: *„Everything we've achieved in the last 10.000 years was enabled by the stability during this time. The global temperature has not wavered over this period by more than plus or minus one degree Celsius, until now. Our burning of fossil fuels, our destruction of nature, our approach to industry, construction and learning, are releasing carbon into the atmosphere at an unprecedented pace and scale. (…) The stability we all depend on is breaking."*

„DIE STABILITÄT, AUF DIE WIR ALLE ANGEWIESEN SIND, BRICHT ZUSAMMEN."

DAVID ATTENBOROUGH

2.2

DIE VERÄNDERUNG DES GEWOHNTEN

In der Tat. Die Harmonien, auf die wir uns eingestellt haben, auf die wir unsere Versorgung, unsere Gesellschaft, unsere Wirtschaft bauen konnten, geraten immer häufiger in Dissonanz. Der menschengemachte Klimawandel bedroht die Grundlagen unserer Existenz, zuallererst genau diese kleine Menge nutzbaren Wassers.

Seit Beginn des 21. Jahrhunderts häufen sich die Schlagzeilen von entfesselten Wetterextremen, zerstörerischen Dürren, tödlichen Hitzewellen, verheerenden Waldbränden, sinkenden Grundwasserspiegeln, kaputten Ernten, Hungersnöten, die auf mangelndes Wasser zurückzuführen sind, oder verstorbenen Gletschern, an die nun Gedenktafeln erinnern. Es sind Schlagzeilen aus fast allen Winkeln der Welt, aber inzwischen reicht es schon aus, vor die eigene Haustür zu blicken. Gerade Europa erwärmt sich nach jüngster Studienlage weit schneller als der Rest des Planeten – seit den Achtzigerjahren des vergangenen Jahrhunderts etwa doppelt so schnell wie der globale Durchschnitt. Vor den Konsequenzen warnte im Frühjahr 2024 die Europäische Umweltagentur in ihrem Klimarisikobericht. Darin wird nicht verschwiegen, dass sich EU und Nationalstaaten wohl des Problems bewusst seien, aber sich viel zu wenig darauf vorbereiteten. Allein dass das Wort „Wasser" 59-mal in diesem nur 37-seitigen Report vorkommt, zeigt wohl, dass wir es mit einem der größten Zukunftsprobleme zu tun haben werden.

Schauen wir nur einmal kurz zurück auf den ungewöhnlich heißen Sommer 2022, von dem Clare Nullis Kapp von der Wetterorganisation der UN sagte, dieser sei nur ein kleiner „Vorgeschmack auf die Zukunft" gewesen. In Europa forderte er über 60.000 Hitzetote, hierzulande allein

50 %

UNSERER KOMMUNEN MELDETEN IM SOMMER 2022

WASSERKNAPPHEIT

über 8.000. In Rhein und Elbe tauchten bisher unbekannte Hungersteine auf, die auf seltene Dürren der Vergangenheit hindeuteten. 50 Prozent unserer Kommunen meldeten Wasserknappheit und regulierten den Verbrauch. In Italien trockneten Flüsse teils komplett aus. Der Pegel des Po etwa sank so stark, dass von der Mündung aus Salzwasser 40 Kilometer flussaufwärts lief. In England verschob sich die Quelle der Themse um acht Kilometer flussabwärts. In Frankreich war die Kühlung der Atomkraftwerke gefährdet, die sonst Rhône oder Loire übernehmen, sogar das Zähneputzen mit Leitungswasser wurde bei unserem Nachbarn regional verboten. Die europäische Getreideernte brach um zehn Prozent ein. 6.600 Quadratkilometer Wald verbrannten auf unserem Kontinent. Auch wenn wir viele Sonnenstunden hatten, erlebten wir einen grauenhaften Sommer. Davon wird es demnächst mehr geben, die Ökosysteme werden unter Dauerstress geraten und immer weniger Zeit haben, sich zu erholen. Das ist keine Übertreibung irgendeines Skandalmediums, derartige Prognosen basieren auf zahlreichen Berechnungen, wie sie etwa Friederike Otto oder Stefan Rahmstorf, zwei unserer bekanntesten Klimaforschenden, für die kommenden Jahre anstellen.

Aber es ist längst nicht nur der menschengemachte Klimawandel, der seit einiger Zeit den natürlichen Wasserkreislauf durcheinanderbringt. Der Mensch stört diesen auch direkt und unmittelbar am Boden. Die Umwandlung natürlicher Flächen in Äcker und Plantagen, die damit einhergehende Vernichtung von hochvitalem Humus, die Abholzung von Wäldern, die Entwässerung von Mooren, die Versiegelung für Bau- und Verkehrsflächen setzen den Wassersystemen schwer zu. Jeder einzelne Baum wirkt wie eine Klimaanlage. Unter ihm kann es im Sommer über zehn Grad kühler sein als unter einem Sonnenschirm. Im Kollektiv produzieren Bäume Niederschläge. Diese bleiben aus, wenn gerodet wird. Sollte es doch noch einmal regnen, kann der ramponierte Boden oft seine Funktion als Wasserspeicher nicht mehr erfüllen. Weltweit sind bereits 75 Prozent der Lebensräume an Land und 40 Prozent im Wasser durch den Menschen schwerwiegend verändert worden. In Deutschland gelten laut der Kriterien der Internationalen Union zur Bewahrung der Natur (IUCN) nur noch rund 0,4 Prozent der Landfläche als ursprünglich wild. Fast überflüssig zu sagen, dass das an keinem Ökosystem spurlos vorbeigeht.

Eine 2024 in *Nature Water* veröffentlichte Studie internationaler Forscherinnen und Forscher um die Finnin Miina Porkka kam zu dem Schluss, dass menschliches Handeln in starkem Maße die zahlreichen lebenserhaltenden Funktionen des Süßwasserkreislaufs über die Jahre hinweg in hohem Maße beeinflusst hat. Dafür kombinierten sie mehrere globale hydrologische Modelle, um abschätzen zu können, wie Wasserabfluss und Bodenfeuchte im industriellen Zeitraum (1861 bis 2005) von den vorindustriellen Ausgangsbedingungen (1661 bis 1860) abgewichen sind. Ergebnis: **Die Häufigkeit lokaler Abweichungen hat auf rund 45 Prozent der Landfläche zugenommen, und zwar hauptsächlich in Regionen, die unter starkem direktem oder indirektem menschlichen Druck stehen.** „Unsere Ergebnisse deuten auf eine erhebliche Verschiebung von den vorindustriellen Referenzbedingungen für Wasserläufe und Bodenfeuchte hin", heißt es in der Zusammenfassung der Studie. „Dies wiederum deutet auf eine Überschreitung der neuen planetaren Grenze für Süßwasserveränderungen hin, die mithilfe unseres Ansatzes definiert und quantifiziert wurde, und erfordert dringende Maßnahmen zur Verringerung der menschlichen Störungen des Süßwasserkreislaufs."

Eine neue planetare Grenze für Süßwasserveränderungen? **Was ist damit gemeint?** 2009 entwickelte ein Forschendenkollektiv rund um den schwedischen Resilienzforscher Johan Rockström das Modell der planetaren Grenzen. Es zeigt die menschengemachten Veränderungen der verschiedenen globale Sphären (siehe Grafik S. 58). Seitdem musste es mehrfach angepasst werden. Wie auch im Falle des Wassers: Die von Stockholm Resilience Centre (SRC) und Potsdam-Institut für Klimafolgenforschung (PIK) angestrengte Analyse von 2022 führte aufgrund der immer brenzliger werdenden Lage zu einer Neubewertung der Sphäre des Wassers. Anfangs hatte sie sich nur auf das sogenannte *blaue Wasser* bezogen. Das ist Wasser, das wir zu unserer Nutzung aus Flüssen, Seen und Grundwasser entnehmen. Nun wird im Modell auch der Zustand des *grünen Wassers* angezeigt. Das ist das pflanzenverfügbare Wasser, das die Vegetation oder auch Ackerpflanzen aus den natürlichen Niederschlägen aufnehmen können. Die ganzheitliche Betrachtung hat dazu geführt, dass die Wassersphäre nicht mehr im sicheren Bereich liegt, sondern auch hier die globalen Grenzen gesprengt wurden.

GESPRENGTE GRENZEN

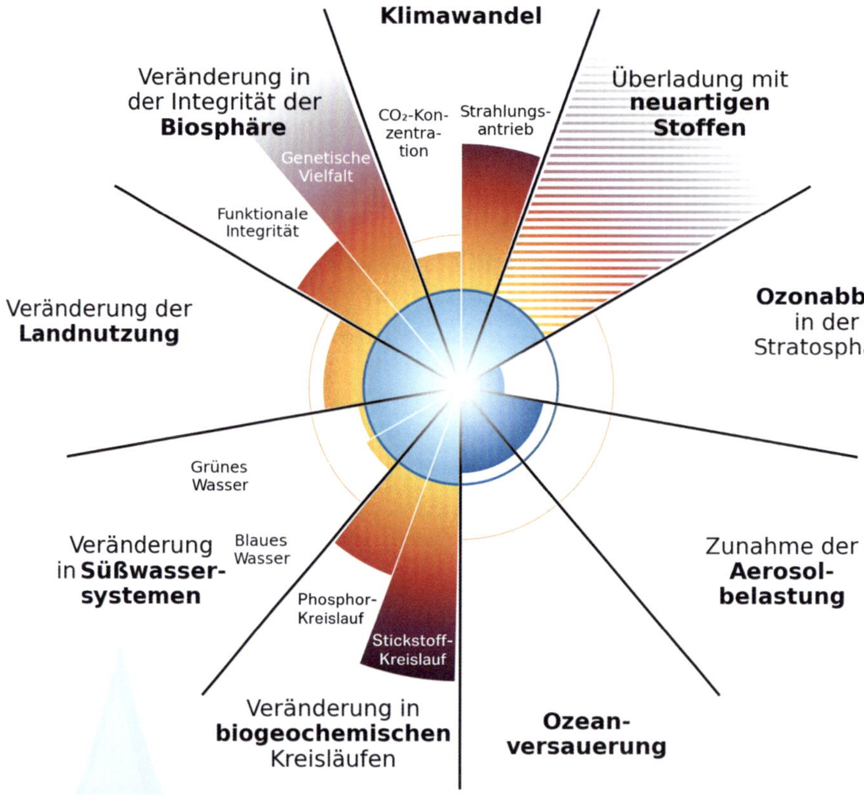

Quelle: Potsdam Institute for Climate Impact Research

Das Modell der Planetaren Grenzen stellt die aktuellen Belastungen verschiedener globaler Ökosysteme dar. Diese konstituieren im gesunden Zustand das Leben auf der Erde und gewährleisten seit der letzten Eiszeit stabile Lebensbedingungen. Doch durch Eingriffe und Emissionen des Menschen werden die vertretbaren Belastungsgrenzen überansprucht, der sichere Handlungsspielraum für die Menschheit nimmt immer weiter ab. Lediglich drei Grenzen wurden noch nicht gesprengt bzw. konnten wieder in den blauen Bereich zurückgeführt werden. Das beste Beispiel dafür, dass eine beherzte Reglementierungspolitik zum Erfolg führen kann, ist die genesene Sphäre der Ozonschicht auf etwa 3 Uhr der Grafik.

Einer der größten Störer der Wassersphäre ist die Landwirtschaft. Ihr Anteil an den 13,4 Milliarden Hektar Landfläche der Erde beträgt rund fünf Milliarden Hektar. Laut Weltagrarbericht verwenden die Bauern für die Instandhaltung ihrer Acker- und Weideflächen knapp 70 Prozent des weltweit verfügbaren Süßwasservorkommens. Eine kuriose Situation haben wir in Deutschland. Hier sollen nach Angaben des Umweltbundesamts nur rund zwei Prozent der Gesamtentnahme von Wasser aufs Konto der Landwirtschaft gehen. Das ist wirklich seltsam und gemessen an den Verbräuchen unserer Nachbarn schwer nachzuvollziehen. Dänemark deklariert 50 Prozent, Frankreich immerhin zehn Prozent. EU-weit kommt die Landwirtschaft auf einen 25-prozentigen Anteil der Süßwasserentnahme. Eine mögliche Erklärung für diese Diskrepanz könnte lauten, dass die Behörden den Selbstauskünften der Landwirte blind vertrauen und diese kaum und schon gar nicht flächendeckend kontrollieren. Wasserentnahme ist bislang in Deutschland für Landwirte je nach Bundesland kostenfrei bis extrem günstig. „Bund und Länder brauchen dringend sichere Daten, um die Wasservorräte besser zu managen und sie effizient zu verteilen", sagte Bernd Kirschbaum, Wasserexperte beim Umweltbundesamt, 2023 dem Rechercheverbund Correctiv. „Erst mit zuverlässigen Informationen können wir sagen, welche Anbaufrüchte noch Sinn ergeben, wo die Bauern besser über hitzeresistentere Saaten wie Kichererbsen nachdenken sollten und welche Bewässerungstechnik besonders wassersparend ist. Bislang schauen wir da in eine Blackbox." Die Fragen, die wir uns stellen müssen, liegen mehr denn je auf der Hand: Warum wird diese Blackbox toleriert? Warum sieht offensichtlich niemand Anlass zum Handeln? Warum hat bisher niemand unnachgiebig genug nachgehakt? Die Angaben von Industrie (jährliche Entnahme von 14,2 Milliarden Kubikmetern) und Privathaushalten (5,4 Milliarden) sind da weit verlässlicher.

44.165 Liter reines Trinkwasser verbraucht der Durchschnittsdeutsche pro Jahr, das sind rund 121 Liter am Tag (Stand 2023). Ein gutes Drittel läuft durch die Siphons von Dusch- und Badewannen, allein 27 Prozent rauschen munter durch unsere Toiletten. Ist das in Anbetracht dieser knappen und kostbaren Ressource immer noch zeitgemäß? Hinzu kommen pro Kopf und Tag sage und schreibe 7.200 Liter virtuelles, also im gesamten Konsum verstecktes Wasser. Rechnen wir das aufs Jahr hoch, konsumiert die gesamte Bevölkerung in Deutschland 219 Milliarden Kubikmeter Wasser (Stand 2022). Damit gehören wir laut Water Footprint Network zu den größten Wasserimporteuren der Welt. Die US-Amerikaner sind die größten Exporteure virtuellen Wassers.

Während das virtuelle Wasser Bestandteil langer Wertschöpfungsketten ist und leider oft nicht oder zu wenig eingepreist wird, zahlen wir Verbraucher hierzulande für einen Kubikmeter Trinkwasser, also 1.000 Liter, je nach lokalem Anbieter ein bis vier Euro, für einen Kubikmeter Abwasser 1,40 bis 3,20 Euro. In der Industrie müssen teilweise nur fünf Cent pro Kubikmeter überwiesen werden – beim Bergbau ist das der Fall. Dieser Vorzugspreis ist den riesigen Mengen geschuldet, die die sogenannten systemrelevanten Industrien für ihre unablässig laufenden Produktionsprozesse benötigen. Kohle-, Chemie- und Nahrungsmittelindustrie sind bisher die größten Verbraucher. Der Hitzesommer 2022 machte auch vor ihren Werken nicht halt. Doch von der Politik wurden die Branchen geschont, während Privathaushalten in manchen Kommunen und Landkreisen gepfefferte Strafen angedroht wurden im Falle von Wasserentnahmen aus Brunnen oder Bächen. Wer damals etwa in Nordrhein-Westfalen öffentliches Wasser für seinen Garten anzapfte und dabei erwischt wurde, musste laut Bußgeldkatalog Umwelt mit Zahlungen von bis zu 50.000 Euro rechnen. Diese Unwucht soll es in Zukunft nicht mehr geben. Laut Nationaler Wasserstrategie will die Bundesregierung bis 2025 prüfen, ob auch Industrie und Landwirtschaft für die entnommenen Wassermengen realistische Preise zahlen müssen.

Auch die Geschäftsmodelle der Getränkeabfüller können trotz der prekärer werdenden Klimalage bisher uneingeschränkt weiterlaufen. Dabei pumpen nicht nur bekannte Wasser-, Softdrink- oder Biermarken annähernd kostenlos Wasser aus der Tiefe. 2023 wurde bekannt, dass auch die großen Discounterkonzerne dabei sind, sich angesichts der sich verschärfenden Wasserknappheit landauf, landab Grundwasserquellen zu sichern. Gleichzeitig weiß Jay Famiglietti, Direktor des Global Institute for Water Security an der Universität im kanadischen Saskatoon, nach der Auswertung von Satellitendaten zu berichten, dass Deutschland „zu den Regionen mit dem höchsten Wasserverlust weltweit" gehöre. Für jemanden, der seine Profite auf Wasser baut, schrillen bei solchen Zahlen die Alarmsirenen. Doch ist es nicht fragwürdig, Genehmigungen für derartige Nutzungsrechte zu vergeben, wenn zeitgleich immer lauter über ein „Menschenrecht auf Wasser" diskutiert wird? Die Zuspitzung von Nutzungskonflikten – bei uns und erst recht im globalen Süden – ist schon jetzt vorprogrammiert.

MENSCHENRECHT AUF WASSER

Am 28. Juli 2010 verankerten 122 Staaten in der UN-Vollversammlung mit ihrer Zustimmung das Recht auf den Zugang zu sauberem Wasser als Menschenrecht. Das klingt zwar stark, zog aber keine juristische Verbindlichkeit nach sich. Jedoch war – neben dem moralischen Appell – damit eine Motivation verbunden, nationale Politiken so zu gestalten, dass niemand auf diesem Planeten mehr verdursten oder von verschmutztem Wasser krank werden muss. Die Staatengemeinschaft wurde mit dem Akt – bei dem übrigens 29 Staaten fehlten und sich 41, darunter auch die USA, enthielten – dazu aufgerufen, den Ausbau von Wasserinfrastruktursystemen vor allem in Entwicklungsländern voranzutreiben und sich dabei gegenseitig zu unterstützen. In zahlreichen Ländern wird das neue Menschenrecht weiterhin missachtet und Wasser privatisiert und vermarktet.

2.3

DIE BELASTUNG DES WENIGEN

Allein an dem kurzen Exkurs ist zu erkennen, dass der Kampf ums Wasser nicht nur in den traditionell dürregeplagten Ländern ausgefochten wird, sondern längst auch bei uns entbrannt ist. Klimawandel, Ausbeutung und Verschwendung führen dazu, dass der Zugang zu sauberem Wasser überall auf der Welt langsam, aber stetig komplizierter wird. Laut Weltwasserbericht 2024 der Vereinten Nationen **steigt der Süßwasserverbrauch einerseits jedes Jahr um einen weiteren Prozentpunkt. Andererseits haben schon jetzt 2,2 Milliarden Menschen keinen regelmäßigen Zugang zu sauberem Wasser.** Und 3,5 Milliarden Menschen fehlt jegliche sanitäre Grundversorgung. Die Weltwetterorganisation der UN wies schon 2021 darauf hin, dass zur Mitte des Jahrhunderts sogar fünf Milliarden Menschen „über einen Zeitraum von mindestens einem Monat nur ungenügend mit Wasser versorgt sein werden". Dass uns allen dieses Schicksal drohen könnte, bestätigte 2023 eine Studie der University of Colorado. Die Forschenden analysierten rund 250.000 Satellitenaufnahmen von weltweit verteilten Seen aus dem Zeitraum von 1992 bis 2020 und verglichen die Wasserstände. Traurige Erkenntnis: 53 Prozent der untersuchten Gewässer haben an Volumen verloren. Darunter auch der Bodensee. Sechs Millionen Tonnen Wasser musste er im Erhebungszeitraum pro Jahr einbüßen. Das entspricht einem Verlust eines Zentimeters Pegelhöhe pro Jahr. Die Alarmglocken schrillen immer lauter und immer häufger. Wir sind auf dem Weg in eine globale Wasserkrise, deren Ausmaß man sich kaum vorstellen und noch schwerer abschätzen kann.

Umso wichtiger wird es sein, dieses wenige Wasser sauber zu halten und vor weiteren Belastungen zu schützen. Schon jetzt sterben laut UNICEF jeden Tag 1.000 Kinder unter fünf Jahren an Krankheiten, die von verschmutztem Wasser, fehlenden Sanitäreinrichtungen und mangelnder Hygiene ausgelöst werden. Von Menschen, die aufgrund von kontaminiertem Wasser erkrankt oder gar gestorben wären, hört man im globalen Norden selten. Vielleicht dann mal, wenn sich inzwischen in jedem Sommer in der aufgewärmten Ostsee die Vibrionen – sogenannte Stäbchenbakterien – vermehren und infizierte Badeurlauber mit Sepsis ins Krankenhaus eingeliefert werden. Oder wenn vor der englischen Küste Dutzende Triathleten durch unzureichend geklärtes Wasser schwimmen müssen und danach von Durchfällen geplagt werden. Doch die größten Gefahren lauern bei uns im vermeintlich sauberen Trinkwasser und

ZWISCHEN 1992 UND 2020 HAT DER BODENSEE JEDES JAHR

SECHS MILLIONEN TONNEN

WASSER VERLOREN.

im vermeintlich perfekt geklärten Abwasser. Ich rede von Verunreinigungen in Form von Mikroplastik und Nanoplastik, in Form der ihnen zugesetzten Additive, in Form der zahlreichen Pestizide aus der Landwirtschaft, in Form von Rückständen aus Medikamenten. In allen Fällen ist die Chemieindustrie Quelle dieser Substanzen. Viele von ihnen stehen im starken Verdacht, für schwerwiegende Zivilisationskrankheiten und Millionen frühzeitiger Todesfälle verantwortlich zu sein.

Weltweit sind etwa 350.000 Chemikalien und technisch hergestellte Formulierungen (Gemische aus einer Wirksubstanz sowie Hilfsstoffen) bekannt. Viel zu viel, sagt die Umwelt- und Verbraucherschutzorganisation Chem Trust. Das vorhin erwähnte Modell der planetaren Grenzen sieht die Sphäre der „neuartigen Stoffe", die die Industrie in die Ökosphären gegeben hat und immer noch gibt, als längst überlastet an. „Die Geschwindigkeit, mit der neue Chemikalien entwickelt und in die Umwelt eingetragen werden, ist jenseits eines sicheren Handlungsraums für die Menschheit", so beschrieb es 2022 Patricia Villarrubia-Gómez vom Stockholm Resilience Centre.

Werfen wir hier kurz einen Blick auf unseren Alltag, um die Menge und die Omnipräsenz dieser „neuartigen Stoffe" zu begreifen. Ungefähr 100.000 Chemikalien werden im täglichen Gebrauch vermutet. Zugelassen sind in der EU 22.000 allein für Produktion und Verbrauch. 8.000 Chemikalien sind zugelassen für den Lebensmittelkontakt. Sie alle umgeben uns und bilden einen schwer zu bewertenden Chemikaliencocktail. Alarmierend sind Aussagen des Hamburger Biochemikers Prof. Dr. Michael Braungart, der seit Jahrzehnten Muttermilchproben auf Belastungen untersucht. Schon 2005 wurden über 300 Schadstoffe in der Muttermilch entdeckt, 2023 dann ebenfalls Mikroplastik. Keine einzige der Proben war bisher frei von Chemikalien, 2.800 Substanzen hat er insgesamt gefunden. Die meisten davon, so Braungart, kämen aus dem Baubereich. Oder schauen wir auf die Straße: Über 400 Chemikalien und chemische Verbindungen stecken laut Yale School of Environment in Autoreifen. Wenn wir unterwegs sind, lösen sie sich nach und nach, aber sie lösen sich nicht auf. Oder Zigaretten: Laut American Lung Association stecken mehr als 7.000 Chemikalien in benutzten Zigarettenfiltern. Wo landen diese Filter meist? 2021 wiesen Forscherinnen und Forscher der Technischen Universität Dänemark in Lyngby über 120 potenziell schädliche Chemikalien in Plastikspielzeug nach. Die Liste der uns begleitenden Gefahren ließe sich unendlich fortführen. Die Umweltorganisation BUND kritisiert, dass neue chemische Stoffe oft im Eilverfahren durchgewinkt würden, während es teils weit über ein Jahrzehnt dauern würde, um eine Chemikalie als „gefährlich" einzustufen und aus dem Verkehr zu ziehen.

Früher oder später landet dieses Sammelsurium unterschiedlicher Chemikalien in der Umwelt, vieles davon im Wasser. Weil das so ist, verpflichtet die Europäische Wasserrahmenrichtlinie seit dem Jahr 2000 jeden EU-Mitgliedsstaat dazu, sich um die Gesundheit seiner Gewässer zu kümmern. Derzeit sieht die mehrfach veränderte Richtlinie vor – und jetzt wird's komisch –, dass das Wasser der Flüsse jedes Jahr auf 69 Chemikalien getestet werden soll. Wie kann man bei dieser Auswahl ein glaubwürdiges Urteil über unsere Wasserqualität treffen? Dieses Missverhältnis störte auch Werner Brack, Chemiker am Helmholtz-Zentrum für Umweltforschung in Leipzig. Deshalb dehnte er für eine Studie die Suche auf über 600 Chemikalien aus – und zwar in 22 europäischen Flüssen. Die Ergebnisse veröffentlichten Brack und Kollegen im Frühjahr 2024. Ich hätte zwar eine vergleichende Analytik gewählt, da die Messung mit *mehreren* analytischen Methoden fehlt und man sich mit einer reinen Wirkungsanalyse begnügte, trotzdem sind die Erkenntnisse erschütternd. Die allermeisten der gesuchten Chemikalien konnte er tatsächlich im Wasser nachweisen. Mit dabei 200 Pestizide und Biozide sowie 175 Substanzen, die man als Zusätze von Kunststoff- und Gummiprodukten sowie von Pharmazeutika kennt. Unter den Stoffen befanden sich auch längst verbotene. Drei Viertel der untersuchten Flüsse können nach dieser Studie als krank gelten. Besonders kleinere Flüsse seien laut Studienleiter Brack betroffen. Zum einen wirken dort die Verdünnungseffekte nicht so stark, zum anderen haben sie oft nach

350.000 CHEMIKALIEN SIND WELTWEIT BEKANNT.

100.000 SIND IM TÄGLICHEN GEBRAUCH.

UNSER WASSER IST VOLL DAVON.

Regenfällen als Erste mit dem starken Chemikalieneintrag aus der konventionellen Landwirtschaft zu kämpfen sowie bei Trockenheit und geringen Wasserständen mit erhöhten Konzentrationen.

Und es ist wahrscheinlich noch viel schlimmer. Wie bei vielen Phänomenen, die die Wissenschaft erforscht, indem sie Daten erhebt, ist auch hier von einer hohen Dunkelziffer auszugehen. Schlicht aufgrund der Tatsache, dass viele Substanzen, die auf teils nicht nachvollziehbaren Wegen im Wasser gelandet sind, überhaupt nicht detektiert werden können, weil die passende Methode dazu fehlt. Dass das so sein könnte, lässt das CAS Registry (CAS steht für Chemical Abstracts Survey) der American Chemical Society vermuten. Es wurde einmal mit der Vision gegründet, „das Leben der Menschen durch die transformierende Kraft der Chemie zu verbessern". Das Register vergibt CAS-Nummern für jede existierende Chemikalie. 2024 wurden rund 204 Millionen organische und anorganische Substanzen katalogisiert. Im Prinzip kann jede einzelne bekannte und jemals synthetisierte Substanz in unserem Wasserkreislauf vorkommen, in vielen Fällen unerkannt, in einigen Fällen unmittelbar sichtbar, zum Beispiel, wenn sich ein Fischsterben zeigt oder das Wasser – wie 2019 in Heidelberg – plötzlich blau und nicht mehr kristallklar aus dem Wasserhahn kommt.

Wenn ich angesichts dieser dauerhaften chemischen Belastung den allgemeinen Umgang mit unserem Wasser mit zwei Adjektiven beschreiben müsste, wären das: unkontrolliert und unkontrollierbar. **Auf einer Skala von 1 (heile Welt!) bis 10 (wir werden alle sterben!) würde ich den Zustand der globalen Wasserressourcen mit 5 bis 6 bewerten – mit steigender Tendenz.**

Bei den vielen Angriffen auf unser Wasser, um die es in der Folge gehen wird, kommen wir einfach nicht mehr hinterher mit der Kontrolle, der Überwachung und auch nicht mit der Reinigung. Wir sind viel zu sehr reaktiv unterwegs, beschäftigen uns mit der sehr aufwendigen Nachsorge und werden erst dann aktiv, wenn das Kind bereits in den Brunnen gefallen ist. Umso wichtiger ist es daher, sich bewusst zu machen, dass unser gesamtes Leben ohne sauberes Wasser nicht funktioniert – auch nicht der Klimaschutz, über den wir alle reden. Jede Debatte, jede Klimadebatte, müsste in dem Bewusstsein geführt werden, dass wir unserem Wasser mehr Wertschätzung entgegenbringen müssen. Mit der Klimaerwärmung nimmt die Menge des Wassers zwar zu, aber nicht die Menge des nutzbaren Wassers, sie wird sogar kleiner. Das ist ganz einfache Physik, die aber in Zeiten „alternativer Fakten" immer wieder erklärt werden muss. Daher müssen wir alle Wasserkreisläufe schützen, den globalen, die kontinentalen, die regionalen, die kommunalen. Sie alle bilden die Grundlage unseres Trinkwassers. Weil wir seit Jahrzehnten ausnahmslos all diese Wasserkreisläufe verschmutzen, sitzen wir auf einer tickenden Zeitbombe. Aber was machen wir? Statt sie zu entschärfen – also die Schadstoffbelastung zu beenden und die vorhandenen Schadstoffe aus dem Wasser herauszuholen –, packen wir nur noch weiteren Zündstoff hinein. Stellen Sie sich ein Waschbecken vor, das voller und voller wird. Aber niemand kommt auf die Idee, den Hahn zuzudrehen. Stattdessen stellen wir erst einmal überall Eimer unter das überlaufende Becken. Es ist so verrückt, weil der Weg aus der Misere doch so einfach wäre.

MEHR SALZWASSER, WENIGER TRINKWASSER

KLEINES EXPERIMENT ZUR GLOBALEN GLETSCHERSCHMELZE

Wir holen uns zwei Gläser gleicher Größe aus dem Schrank. Eines füllen wir mit ein paar Steinen. In beide Gläser geben wir jeweils drei Eiswürfel und füllen jedes Glas zu gleicher Höhe mit kaltem Salzwasser auf. Idealerweise wird die Markierung des anfänglichen Wasserstands so gewählt, dass die Steine knapp herausschauen. Das Glas mit den Steinen symbolisiert nun das den Erdmassen aufliegende Landeis, in dem ein Teil unserer Süßwasserreserven gebunden ist. Das Glas ohne Steine symbolisiert das Pack- und Drifteis, das in unseren Ozeanen schwimmt. Aufgrund der wärmeren Raumtemperatur – sie imitiert die Erderwärmung – schmilzt mit der Zeit in beiden Gläsern das Eis. Der große Unterschied: Der Wasserstand im Steinglas steigt, da zusätzliches Wasser einströmt. Der Pegel im Wasserglas bleibt hingegen gleich. Übersetzt: Die Erderwärmung beschert uns also zwar mehr Salzwasser und damit weltweite dauerhafte Überflutungen, aber weniger Trinkwasser.

2.4

DIE BELASTUNG MIT MIKROPLASTIK

Wenden wir uns nun genauer den Belastungen zu und fangen bei den synthetischen Polymeren an, den Kunststoffen, umgangssprachlich *Plastik* genannt. Es ist eine sehr zwiespältige Erfindung. Seit den Fünfzigerjahren des vergangenen Jahrhunderts breitet es sich über den gesamten Globus aus. Es wurde als Wundermaterial angepriesen, das den Alltag so viel schöner, leichter und bequemer macht – und das zu einem günstigen Preis, den das quasi endlos sprudelnde Erdöl als Grundsubstanz garantierte. Ich will mit Ihnen nur einen kleinen Ausflug in die Chemie unternehmen, denn sie war ja nicht unbedingt ein weitverbreitetes Lieblingsfach in der Schule. **Polymere sind langkettige Moleküle, die aus kleineren sich wiederholenden Einheiten, den sogenannten Monomeren, aufgebaut sind.** Sie gibt es übrigens auch in der Natur. Unsere Haare bestehen zum Beispiel aus ihnen. Dort bilden Proteinketten die Grundstruktur. Auch unsere DNA, Trägerin der Erbinformationen aller Lebewesen, ist ein Polymer, unverzweigt, aus Nukleotiden aufgebaut. In den Laboren der Chemiekonzerne entstehen die künstlichen Polymere und Polymerkombinationen und das in vielfältigster Form, oftmals so modifiziert, dass die Natur mit deren Zusammensetzung und Stabilität nicht umgehen kann.

Um diesen Kunststoffen bestimmte Eigenschaften zu verpassen, wurden und werden ihnen weitere Chemikalien hinzugefügt, sogenannte Additive. Das sind etwa Stabilisatoren, Weichmacher, Flammschutzmittel oder wasser- und fettabweisende Substanzen wie die aufgrund ihrer hohen

Giftigkeit berühmt gewordenen PFAS, um die es gleich noch gehen wird. Zusammen lassen sich die jeweiligen Bestandteile zu leichten und trotzdem belastbaren Materialien, Fasern und Folien verarbeiten. Es gibt rund **200 verschiedene Polymertypen**, darunter bekannte Vertreter wie Polyethylen (fest, hart, beständig), Polypropylen (elastisch, abriebfest, isolierend) oder Polystyrol (schall- und wärmedämmend, robust). Diese wiederum teilen sich auf in diverse Unterkategorien und werden zu Millionen von Produkten verarbeitet, die in jeder nur erdenklichen Form daherkommen können. So durften sie Einzug halten in alle Bereiche unseres Lebens. In unsere Kleidung, in unsere Küchen, in unsere Spielzeuge, in unsere Teppichböden und Möbel, in die Gehäuse aller denkbaren Apparate und sogar in unsere Nahrung. In unsere Nahrung? Ja. Damit meine ich nicht die Partikel, die durch die Plastikverpackungen in unser Essen gelangen. Schock und Ekel sitzen bei mir seit ein paar Jahren tief, nachdem ich erfuhr, dass lange Zeit auf breiter Front Joghurt-Produkte mit Kunststoffteilchen gestreckt wurden. Sie gehörten als Ballaststoffe zur Rezeptur, um den Milchanteil zu reduzieren.

Weiter auf Seite 70 →

In bester Ordnung? Diese sorgsam aufgereihten Röhrchen verschiedener Polymertypen vermitteln Klarheit, Reinheit und Trennbarkeit. Jedoch geraten während Herstellung, Nutzung und Entsorgung Teile all dieser Kunststoffe – früher oder später – in die Umwelt und belasten diese in einem gigantischen Mix, der nicht mehr zu managen ist.

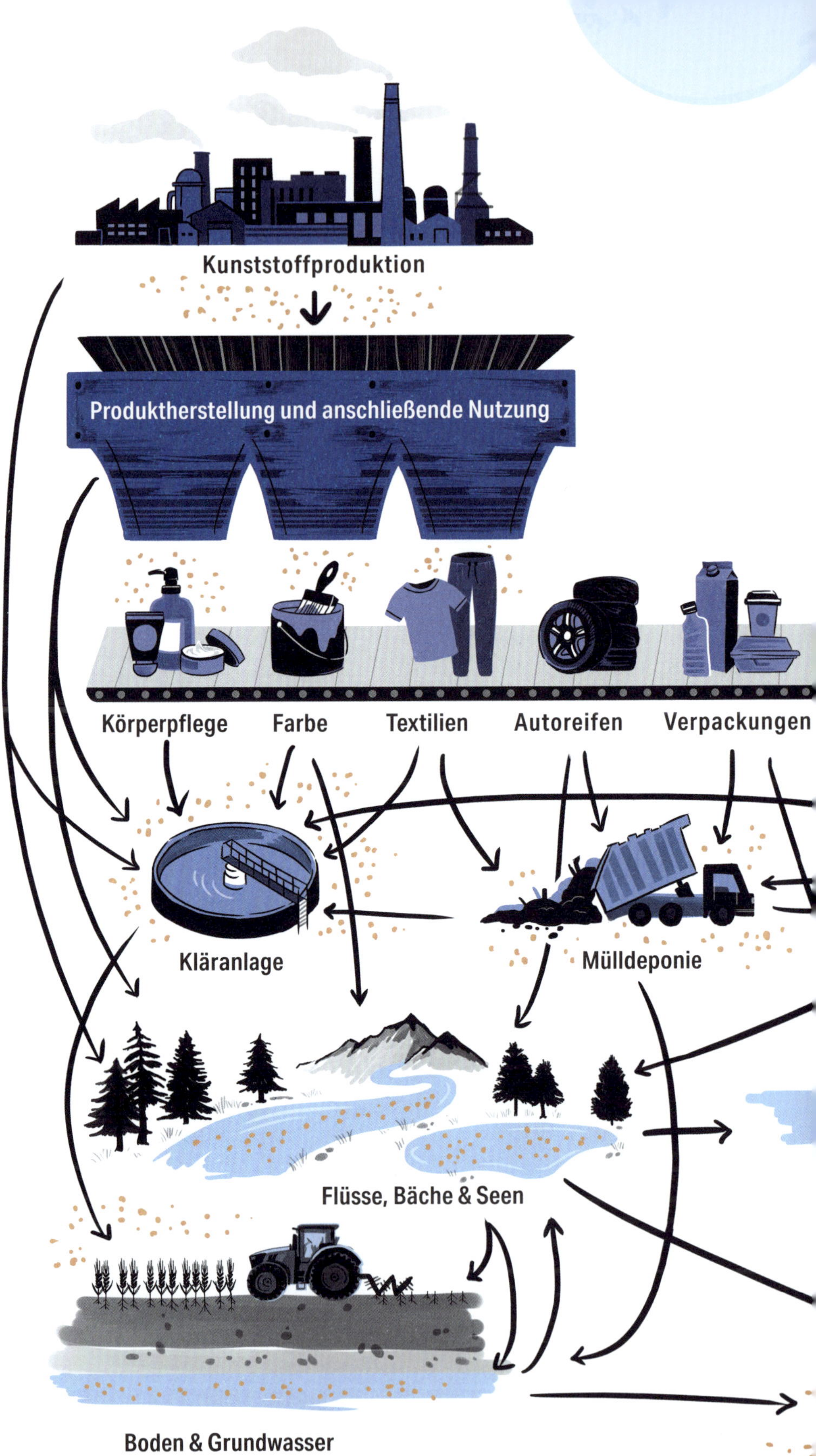
Kunststoffproduktion
Produktherstellung und anschließende Nutzung
Körperpflege
Farbe
Textilien
Autoreifen
Verpackungen
Kläranlage
Mülldeponie
Flüsse, Bäche & Seen
Boden & Grundwasser

DER WEG DES PLASTIKS

Vom Alltagshelfer zum Umweltproblem

Die weltweite Polymerproduktion wächst seit Jahrzehnten unaufhörlich. Heute werden über 200 unterschiedliche Kunststoffarten – meist sehr günstig auf Erdölbasis – von der **Polymerindustrie** produziert und in großen Mengen als leicht zu transportierendes Granulat dem Markt zur Verfügung gestellt. Abnehmer sind die Hersteller riesiger Portfolios von Gegenständen. Sie konnten derart flächendeckend Einzug in unser Leben halten, dass wir ohne Plastik kaum mehr zurechtkommen. Aber was soll's, Plastik hat doch so viele Vorteile und erleichtert uns den Alltag ungemein, oder? Das stimmt zwar, und bis hierhin klingt das alles auch nach der Erfolgsstory eines ziemlich genialen und vielfältig einsetzbaren Materials. Doch schaut man sich die Illustration an, bemerkt man sofort, was bei diesem Geschäftsmodell schiefläuft. Bereits bei **Herstellung und Weiterverarbeitung** verlassen unzählige Kleinstpartikel – Mikroplastik, Nanoplastik, chemische Additive – die Lieferkette unter anderem in die Wassersphäre. Danach bringt unsere **Nutzung** weitere Partikelemissionen mit sich. Produktionsanlagen, Kläranlagen, Entsorger und Recycler bilden in dem dichten Netz von Übertragungswegen die **Hotspots.** Hier wächst eine Schadstofflast, die immer mehr Betreiber an ihre Grenzen bringt. In Ermangelung von Vorschriften, Regulierungen und Maßnahmen konnte (und kann) das Plastik seit seiner Erfindung in großen Mengen in Bäche, Flüsse, Seen, Talsperren und Ozeane übergehen und stellt vermehrt die **Trinkwasseraufbereitung** vor enorme Herausforderungen.

2.4 DIE BELASTUNG MIT MIKROPLASTIK

→ Das Problem ist, dass bei der Erfindung der Kunststoffe nicht gründlich genug über die Frage nachgedacht wurde, was wohl mit ihnen während und nach der Nutzung geschieht. Es wurde so wild drauflos erfunden, dass wir nun auf einem Plastikplaneten leben, der im Müll ertrinkt. **In den 1950er-Jahren kamen 1,5 Millionen Tonnen Plastik pro Jahr aus den Produktionen. Heute sind es knapp 400 Millionen Tonnen!** Die große Masse davon ist Einwegplastik mit einer kurzen Nutzungsdauer. Gerade wir Deutschen denken allzu oft, dass sich schon jemand gewissenhaft um den Plastikabfall kümmern wird, nachdem die Müllabfuhr die gelben Tonnen geleert oder die gelben Säcke abgeholt hat. Ich möchte Sie nicht desillusionieren, aber die Regel ist das weltweit nicht. Nur neun Prozent des jemals hergestellten Plastiks wurden recycelt. Die globale Recyclingquote von Plastikverpackungen lag 2016 laut einem Bericht der Ellen MacArthur Foundation bei nur 14 Prozent, die gleiche Menge wird verbrannt, 40 Prozent landen auf Mülldeponien, die restlichen 32 Prozent wandern in die Umwelt, ein Großteil davon landet am Ende in unseren Ozeanen. Etwa 75 Prozent des gesamten Meeresmülls besteht aus Kunststoffen. Je nach Studie beträgt der jährliche Zuwachs 4,8 bis 23 Millionen Tonnen. Um diese Menge zu begreifen, wird oft mit dem Bild von fast zwei Lkw-Ladungen gespielt, die minütlich in unsere Gewässer geschüttet werden. Doch den geringsten Teil davon sieht man auf der Oberfläche schwimmen. 90 Prozent sinken mit der Zeit auf den Gewässergrund und befinden sich damit außerhalb unserer Aufmerksamkeit.

Dass unsere Ozeane quasi als Endlager für Plastik dienen, ließ erstmals 1988 eine Studie der US-amerikanischen National Oceanic and Atmospheric Administration (NOAA) vermuten. Sie beschrieb ein Phänomen, das später als Great Pacific Garbage Patch in die Geschichte eingehen sollte. In der subtropischen Konvergenzzone des Nordpazifiks – bei Seglern bekannt als die relativ windstillen Rossbreiten – hatte sich ein Teppich aus Zivilisationsmüll gebildet, dorthin befördert von den natürlichen Meeresströmungen. Dass unser Abfall so durch die Meere transportiert wird und sich an bestimmten Stellen anhäuft, erforschte Anfang der 1990er-Jahre auch der Ozeanograf Curtis Ebbesmeyer, indem er die Wege verlorener Schiffsfracht – wie Tausender Quietscheentchen – nachvollzog. Doch erst 1997 wurde die Weltöffentlichkeit auf das Phänomen aufmerksam. Charles J. Moore, ebenso Ozeanograf, hatte sich das Transpacific Yacht Race, eine Regatta von Los Angeles nach Hawaii, ausgesucht, um die neuen Segel seines Forschungsschiffs Alguita zu testen. Bei der Frage der Heimreise entschied er sich dafür, einen kürzeren, aber möglicherweise quälenderen Weg zurückzusegeln, eben durch die ruhigen Rossbreiten. Sein Boot meisterte diese Wasser zwar ebenso erfolgreich dank Hilfsmotor. Was Moore jedoch eines Morgens beim Gang an Deck einen Schrecken einjagte, waren verstreut im Wasser treibende Müllteile. Hunderte, Tausende. Nicht dicht an dicht, sondern in lockerer Verteilung. Kilometerweit, tagelang. Darunter Fischernetze, Eimer, Helme, Kisten, Flaschen. Das meiste aus Kunststoff. Moore brachte das Thema in die Medien, kehrte 1999 für eine Studie zurück, wies nach, dass das Plastik bereits die Masse des Zooplanktons um das Sechsfache übertraf. Danach machte er die großen Müllstrudel zu seinem Lebensthema.

Weiter auf Seite 76 →

„ICH GRIFF IN DEN SAND, UND ER LEUCHTETE KUNTERBUNT. DAS WAR EIN SCHOCK“

Der Dokumentarfilmer Steffen Krones verfolgte den Weg deutschen Mülls bis in die Arktis und fand neben Bierdosen auch Unmengen an Mikroplastik. Ich wollte von ihm wissen, welche Erfahrungen er jenseits der großen Müllstrudel gemacht hat, die bisher die Schlagzeilen beherrschen.

Steffen, wie bist du als Dokumentarfilmer überhaupt aufs Plastikthema gekommen? Vorher hattest du den Menschen ja eher die Schönheit der Natur vermittelt.

Ich habe viel gefilmt für Tourismuskampagnen – von Sachsen bis Kanada. So ein Auftrag brachte mich auch in die norwegische Arktis. Dort habe ich den Kajakführer Kristian kennengelernt, ein guter Typ, sehr umweltbewusst, halb Norweger, halb Grönländer. Er nahm mich mit auf eine Paddeltour, um mich mit dem Müllproblem in der Arktis bekannt zu machen. Das war mir völlig neu. Ich bin immer gern in den Norden gefahren, um dem Alltag zu entfliehen und Orte zu besuchen, die noch unberührt wirken. Der Müll, den Kristian mir dann dort gezeigt hat, hat dieses heile Bild zerstört, gebrochen. Man sieht ihn vielleicht nicht immer auf den ersten Blick, weil er so ungleich verteilt ist, aber er ist da.

Kristian ist mit dir zu den Hotspots gepaddelt?

Ja, er hat viel Erfahrung und sich dort auch schon an den Aufräumaktionen beteiligt. Wir sind zu einer verlassenen, namenlosen Insel rüber, die zu einer Gruppe Hunderter kleiner Inseln ungefähr auf der Höhe von Trondheim gehört. Die Meeresströmung läuft dort komplett durch – und der Müll bleibt an ihnen hängen. Die Inseln übernehmen fast eine Art Filterfunktion. Es war zwar viel grober Müll zu finden, aber ich habe dort auch verstanden, was Mikroplastik bedeutet. Ich schaute ins Wasser, und es war glasklar. Ich griff in den Sand, schaute ihn mir an, und er leuchtete kunterbunt wie Konfetti. Es waren Mikroplastikpartikel. Das war ein Schock.

Weil du gerade dort damit nicht gerechnet hattest?

Genau. Es macht ja irgendwie Sinn, dass man in unseren dicht besiedelten Städten auf Müll trifft, der auf der Straße liegt. Aber da, wo kaum jemand ist? Ich kannte auch die verschmutzten Strände in Indonesien. Ich habe in dem Wasser gebadet. Auch da macht es irgendwie Sinn aufgrund des extremen Tourismus. Aber im Nordmeer? Die Arktis kannte ich aus den Debatten zum Klimawandel, für unser Müllproblem stand sie bisher nicht. Und dann habe ich dort eben auch deutschen Müll gefunden – unter anderem eine Astra-Bierdose. Ich fragte mich, wie die wohl dahin gekommen ist. Wie sie aussah, musste sie schon viel Zeit im Salzwasser verbracht haben.

War diese Dose so etwas wie das Initial für den Dokumentarfilm?

Ja und nein. Anfangs wollte ich eine selbst finanzierte 15-Minuten-Doku draus machen, um sie auf der Plattform Vimeo auszuspielen oder auf Kurzfilmfestivals zu präsentieren. Ich merkte aber, dass das Thema in einer solchen Kürze schwer erzählbar ist. Ich ahnte zugleich: Wenn ich unseren deutschen Müll mit der norwegischen Arktis verbinden könnte, dann könnte ich auch die umweltmäßig vielleicht nicht so aktiven Menschen damit abholen. Ich lebe ja in Sachsen. Sachsen ist sehr konservativ, hat eine rechte Szene, und es ist viel Ignoranz zu spüren. Aber worauf man sich doch einigen kann, ist die Aussage, dass Müll echt Kacke ist. Das fand ich spannend. Klima ist politisch und linksgrün. Müll ist es aus irgendeinem Grund nicht. Ein größeres Projekt würde sich also lohnen, und in der Tat wurde der Film immer größer, während ich ihn machte.

Erkundet man Norwegen per Kajak, begegnet man nicht nur traumhafter Natur, sondern auch jeder Menge Plastikmüll. Weil auch unser Abfall in den hohen Norden getrieben wird, nannte Steffen Krones seinen Dokumentarfilm „The North Drift – Plastik in Strömen". Den Reiseweg des Mülls verfolgte er von der Elbmündung aus über GPS-Drifter.

Eine große Rolle spielten dabei sogenannte Drifter, bewegliche Bojen mit GPS ausgestattet, die von der Strömung mitgenommen wurden. Ihr wolltet den genauen Weg des Mülls dokumentieren von Dresden bis möglicherweise zum Polarkreis.

Ich war bei meinen Vorrecherchen auf Erik van Sebille gestoßen, der an der Uni Utrecht schon viel zu den globalen Plastikströmen geforscht hat. Ich schaute mir seine Meereskarten an und bemerkte, dass datentechnisch gerade in der Nordsee nicht viel los war. Vor allem fehlten küstennahe Daten. Wir fertigten also elf Drifter an, mehr konnten wir uns nicht leisten. Deren Weg durch die Elbe von Dresden nach Hamburg war sehr mühsam, weil sie oft hängenblieben und nur mit starken Verzögerungen weiterschwammen. Am Ende haben wir sie in der Elbmündung verteilt. Als ich dabei auf diesem Forschungsschiff Aldebaran stand und sah, dass wir hier mit sechs Crew-Mitgliedern unterwegs waren, wurde mir klar, dass das groß wird. Wenn sich im Zuge meines Projekts so viele Leute engagieren, hat das Thema wohl eine gewisse Relevanz.

Auf großes Engagement bist du auch in Norwegen gestoßen.

Es hat mich erstaunt, wie viele Menschen sich dort für eine saubere Umwelt einsetzen. Wo wir waren, reinigen viele Vollzeitkräfte die Ufer dieser kleinen Inseln. Sie werden über einen norwegischen Fonds bezahlt, der über eine Art Plastiktütensteuer gefüllt wird. Ich habe dort den gesellschaftlichen Wunsch nach Veränderung wahrgenommen und zugleich den Frust, dass das System so träge ist.

Plastikbecher, Fischernetze, Kabel: So sieht die Ausbeute eines Strandspaziergangs aus, wenn ich heute unterwegs bin. Bei den Mengen, die man findet, müsste man eigentlich einen Müllsack mitnehmen. An den Zugängen vieler Strände stehen inzwischen Boxen, in denen man den Unrat verstauen kann.

Was fordern die Norweger?

Alle Leute, die sich länger mit dem Thema beschäftigen, nehmen am Ende immer die Politik in die Verantwortung. Sie wollen, dass die Rahmenbedingungen so verändert werden, dass die Unternehmen, die Verpackungen produzieren oder vertreiben, rechtlich gezwungen sind, sich ökologisch anzupassen. Auch manche Unternehmen wollen das. Nach dem Motto: „Wenn ihr uns die Bedingungen schafft, haben wir alle einen Wettbewerb auf Augenhöhe." Ich glaube, anders kannst du das strukturelle Müllproblem in unserem Alltag nicht lösen.

Bis es so weit kommt, werden die Norweger nicht müde, unseren deutschen Müll wegzuräumen?

Ja, aber es ist nicht nur unser Müll. Daher machen sie auch nicht uns Deutschen einen Vorwurf. Der Vorwurf geht eher an die gesamte Gesellschaft. Sie sind sich dort oben bewusst darüber, dass der Strom an Plastik nicht abreißt, solange wir alle so konsumieren. Man sieht auch portugiesischen Müll und französischen Müll, und natürlich ist auch viel norwegischer Müll dabei. Die Norweger sind in ihrem Konsum längst nicht sauber. Im Gegenteil. Je reicher die Gesellschaft, umso mehr Plastik konsumiert sie. Es ist falsch und unfair, beim Thema Vermüllung immer nur in die südlichen Länder zu schauen.

Wie kam dein Film bisher an, und was ist dein nächstes Thema?

Der Film macht seinen Job. Sehr erfolgreich war er im bundesweiten Schulkinoprogramm. Das freut mich besonders. Zukünftig bleibe ich beim Thema Kunststoffverschmutzung, konzentriere mich aber jetzt auf den Abrieb von Autoreifen. Das ist die größte Mikroplastikhölle, die wir erschaffen haben, und es wird viel zu wenig angesprochen.

„JE REICHER DIE GESELLSCHAFT, UMSO MEHR PLASTIK KONSUMIERT SIE."

→ Es verwundert kaum, dass es seitdem nicht besser, sondern schlimmer geworden ist. Inzwischen wissen wir, dass es weltweit fünf große Müllstrudel gibt, die immer breiter und stabiler werden. Der sich verdichtende Müll konnte inzwischen ganze Inseln ausbilden, die zu trügerischen Habitaten für Meeresbewohner geworden sind. Doch zu glauben, dass sich diese Tragödie nur im Umfeld der Strudel abspielt, ist naiv. 2024 alarmierte eine Studie eines Forschungsteams aus dem Helmholtz-Zentrum für Umweltforschung, Alfred-Wegener-Institut und Helmholtz-Zentrum für Polar- und Meeresforschung, dass selbst in entlegenen Meeresschutzgebieten im Pazifischen Ozean ebenso große Mengen an Plastikmüll und Mikroplastik nachgewiesen werden konnten wie in den Müllstrudeln. Das Ergebnis überraschte die Wissenschaftler, da sie gemessen an den bisherigen Vorhersagemodellen viel weniger Mikroplastik erwartet hatten. Sie sehen zukünftig „das gesamte Ökosystem Ozean bedroht". Ihre Forderung: Der Eintrag von Plastik ins Meer müsse weltweit und so schnell wie möglich unterbunden werden.

Keine einzige der Proben, die die Forschenden im Nordpazifik zogen, war unbelastet. Aus dem Wasser hatten sie diese geholt mit sogenannten Neustonnetzen, die eine Maschenbreite von 0,3 Millimetern aufwiesen, also auch Mikroplastik festhielten. Und die noch kleineren Partikel? Obwohl oft für die Dauer ausgelegt, behalten die Kunststoffe im Meereswasser nicht ihre Form, sondern zersetzen sich langsam – durch das Salz, Bakterien, Wellenreibung oder Sonneneinstrahlung. Die Zerfallsprodukte von Makroplastik, also den größeren Stücken, nennen wir **sekundäres Mikroplastik.** Zersetzt sich das weiter, haben wir es mit Nanoplastik zu tun, das mit bloßem Auge nicht erkennbar ist. Auch hierzu gibt es inzwischen viele traurige Studien, die dieses Kleinstplastik hochdosiert in den Organen vieler Meeresbewohner feststellen konnten.

„DAS GESAMTE ÖKOSYSTEM OZEAN IST ZUKÜNFTIG BEDROHT."

KLEINE PLASTIKSCHULE

Makroplastik Größer als 5 Millimeter.
Sichtbarer Müll, der aufgesammelt werden kann.

Sekundäres Mikroplastik
Entsteht durch Zersetzung und Abbau.

Nanoplastik
Kleiner als 1 Mikrometer.
Nur mikroskopisch sichtbar.
Direkt nicht zu entfernen.

Primäres Mikroplastik
Ist bereits klein beim Erreichen der Gewässer.

Typ A
Wird als Inhaltsstoff Produkten zugesetzt.

Typ B
Entsteht bei der (Ab-)Nutzung von Kunststoffprodukten.

Mikroplastik
Kleiner als 5 Millimeter.
Teilweise erkennbare Partikel.
Händisch kaum zu entfernen.

Die abgebauten und zerfallenen Formen des Plastikmülls werden ergänzt durch Unmengen von Kunststoffen, die bereits klein sind, wenn sie ins Abwasser, in die Flüsse und schließlich ins Meer gelangen. Hier sprechen wir von **primärem Mikroplastik.** Dessen Typ-A-Kategorie betrachtet Mikroplastik als Chemikalie. Von der Produktseite aus betrachtet, wird Mikroplastik hier als Inhaltsstoff genutzt. Dies ist auch der Bereich, der zuerst auf der Agenda steht, wenn man über Regulationen und Gesetze nachdenkt, denn das Einsparen des direkten Mikroplastiks in Kosmetika, Körperpflegeprodukten, Putzmitteln oder Lacken ist leichter und schneller überwacht. Stellt sich nur die Frage, wie viel das auf Dauer bringt, wenn die anderen Bereiche so weitermachen wie bisher. Schon heute wird der Anteil zugesetzten Mikroplastiks durch wasserlösliche Polymere – irreführend oft als „flüssiges Mikroplastik" bezeichnet – ersetzt. Uns als Verbraucher fällt das auf, weil diese Produkte dann häufig mit den Zusätzen „Mikroplastikfrei" oder „Ohne Mikroplastik" beworben werden, was jedoch nichts über die Harmlosigkeit der Konsumartikel aussagt.

Die Typ-B-Kategorie des primären Mikroplastiks umfasst Kunststoffpartikel, die bei der Nutzung von Kunststoffprodukten entstehen und direkt und ohne Umwege als Mikroplastik in die Umwelt eingetragen werden. Schätzungen deuten darauf hin, dass ein großer Anteil dieser Kategorie von **Reifenabrieb und Textilfasern** stammt. Schauen wir an dieser Stelle kurz auf diese beiden Quellen, denn gerade hier kann ja der Konsument, also Sie und ich, unmittelbar eingreifen.

Seit einiger Zeit verkaufen die Reifenhersteller jedes Jahr relativ stabil um eine Milliarde Autoreifen, mal mehr, mal weniger. Bei den Modeherstellern hingegen gibt es bislang kein Limit. Mit dem Absatz von Fast-Fashion- wie von Ultra-Fast-Fashion-Klamotten geht es seit Jahren nur bergauf. Nachdem 2014 erstmals die Hundert-Milliarden-Grenze durchbrochen wurde, lag die Anzahl der hergestellten Kleidungsstücke 2022 bei 120 Milliarden. Die Fast-Fashion-Trends werden bestimmt von neuen Modelinien, die wöchentlich bis täglich wechseln, sowie von einer sehr kurzen Tragedauer, die ebenfalls im Bereich weniger Tage liegt. Beide Erfolgsprodukte – Autoreifen wie Klamotten – basieren auf einer toxischen Mischung extrem billiger Grundstoffe sowie neuer, zweifelhafter Verarbeitungstechnologien, die zahlreiche chemische Substanzen einsetzen. Seit Jahrzehnten werden immer mehr Produktvarianten auf den Markt gebracht, gekauft, weggeworfen und das, ohne ihre Wirkung auf Menschen und Umwelt im Blick zu haben. In allen Prozessschritten von Herstellung, Nutzung und Entsorgung hinterlassen die so harmlos wirkenden Alltagsbegleiter eine Spur der Verwüstung. Der **Mikroplastik-Fußabdruck,** der auch das fürs menschliche Auge unsichtbare Nanoplastik einschließt, ist riesig, die Folgen für uns, das Wasser, die Biodiversität und das Klima sind es auch.

Bei den Reifen hat die Formulierung der Gummirezepturen über die Jahre zwar zu längerer Haltbarkeit, gleichzeitig aber auch zu immer feinerem Abrieb geführt, der nun sogar lungengängig ist und die Blut-Hirn-Schranke überwinden kann. Holt der Regen den Nanoplastik-geschwängerten Feinstaub mal aus der Luft und wäscht ihn von der Straße, erreicht er so Kanalisation und Gewässer. Eine EU-Studie schätzt die Emissionen von Reifenabrieb allein in Europa auf bis zu 500.000 Tonnen jährlich. Und der ist hochgiftig, wie eine Studie der University of Washington herausfand, die 2020 das Sterben ganzer Lachspopulationen untersucht hatte. Deren Lieblingsfluss verlief dummerweise entlang einer viel befahrenen Landstraße. Lieblingsfluss deshalb, weil Lachse bekanntermaßen immer zu denselben Orten zurückkehren, um per Eiablage die nächste Generation an den Start zu bekommen. Doch immer wenn Regengüsse den sich auf der benachbarten Straße ansammelnden Reifenabrieb ins Wasser spülten, schlug für die Fische das letzte Stündchen. Nach langer Suche kamen die Forschenden darauf, dass ein Reaktionsprodukt einer ganz bestimmten Chemikalie aus dem Abrieb verantwortlich für den Massentod war. Durch tragische Fälle wie diesen kommen wir Fischesser am Genuss solcher Lachse, die nach dem Ablaichen in den Ozean zurückgekehrt und dort vielleicht von einer Fischereiflotte gefangen worden wären, vorbei. Doch es gehört nicht viel Fantasie

2022
LAG DIE ANZAHL DER HERGESTELLTEN
KLEIDUNGSSTÜCKE
BEI
120 MILLIARDEN.

dazu, wenn man kombiniert, dass viele nicht sofort tödliche Mikroschadstoffe und Mikroplastikpartikel in den Fischen, die dann doch auf unsere Teller gelangen, enthalten sein müssen.

Wie jahrzehntelang die Umweltwirkung von Autoreifen unterschätzt wurde, zeigt kein anderes Beispiel so grotesk wie das des sogenannten Osborne Reefs in den USA. Vor etwa 50 Jahren kam der Ozeanograf Ray McAllister auf die glorreiche Idee, zwei Kilometer vor der Küste Floridas auf Höhe von Fort Lauderdale ein künstliches Riff anzulegen, um den Meeresbewohnern ein neues Habitat anzubieten und, wie er sich wünschte, die Fischmenge zu verdreifachen. Der ambitionierte McAllister wollte zwei Fliegen mit einer Klappe schlagen und dachte sich, dass man als Grundsubstanz für das Riff doch die alten Autoreifen nutzen könnte, die das mobilitätsversessene Amerika millionenfach anhäufte. Und so ließ er – mit Unterstützung des Herstellers Goodyear und der Regierung – zwei Millionen Reifen im Atlantik versenken. Es passierte, was passieren musste: Anstelle eines vor Artenreichtum explodierenden Areals zeigte sich nach wenigen Jahren eine tote Zone. Die Reifen zersetzten sich und gaben ihre Giftstoffe frei. „I look back now and see it was a bad idea", bedauerte McAllister wenige Jahre vor seinem Tod. Seit der traurigen Erkenntnis werden die Reifen nach und nach wieder an Land geholt. Mal hilft das Militär, mal Umweltorganisationen. Eine millionenschwere Mission. Immer noch schlummern Hunderttausende Reifen auf dem Meeresgrund. Trotz solcher Erfahrungen hat sich bei der Herstellung von Autoreifen kaum etwas zum Besseren verändert. Ihr giftiger Abrieb erreicht nach wie vor jede Sekunde verlässlich die Gewässer unseres Planeten. Nachhaltige Rezepturen gibt es bei den Großproduzenten bislang nicht, obwohl viel Zeit für deren Entwicklung gewesen wäre.

Blicken wir auf die Mikrofasern aus synthetischen Garnen, so ist die Menge schwer zu erfassen. Sie wird aber – wie beim Reifenabrieb – ebenso auf 500.000 Tonnen geschätzt, allerdings weltweit. Diese Last soll allein durchs Waschen ins Abwasser gelangen – das entspricht 50 Milliarden Plastikflaschen. Auch diesen Fasern können wir Menschen kaum mehr entgehen. Nicht nur bei uns, wo ein Großteil der Fasern gerade beim ersten Waschgang ins Wasser gerät, sondern auch auf den großen Deponien auf der Südhalbkugel. In teils fragilen Ökosystemen türmt sich dort die aus dem Westen exportierte Altkleidung zu giftigen Hügelketten. Darüber, dass die chilenische Atacama-Wüste zum Fast-Fashion-Friedhof der Welt geworden ist, weil die Zollfreiheit des Hafens von Iquique zum Abladen des weltweiten Textilmülls geradezu einlädt, ist schon viel geschrieben worden. Weniger bekannt ist die Situation in Ghana, einem Land, das mit Secondhandkleidung gerade aus Deutschland überschwemmt wird. Die Kleidermärkte in der Hauptstadt Accra können die Hosen, Shirts und Hoodies längst nicht mehr fassen. Der größte von ihnen nennt sich Kantamanto. 15 Millionen Kleidungsstücke treffen hier jede Woche ein. Bei einer Bevölkerungszahl von 31 Millionen Menschen müsste also die Hälfte aller Ghanaer – vom Baby bis zum Greis – allein dort wöchentlich ein Teil kaufen, um wieder Platz zu haben für die nächsten Lieferungen. Völlig unmöglich. Viele der unverkauften Textilien

BIS ZU

500.000 TONNEN

REIFENABRIEB GEHEN ALLEIN IN EUROPA IN DIE NATUR ÜBER

—

JEDES JAHR.

wandern auf ungesicherte Müllhalden wie die an den Ufern der Korle Lagoon, einer Bucht mitten in Accra. Das dortige Wasser ist in einem jämmerlichen Zustand, wie wir es hierzulande niemals akzeptieren würden. Gleiches gilt für die Länder, in denen Fast Fashion produziert wird – wie Bangladesch, Indien, China oder Vietnam. Dort werden Produktionsabwässer oft ungeklärt in Flüsse und Buchten geleitet, hoch belastet mit Fasern, Farben und Chemikalien. Allein in Dhaka, Hauptstadt Bangladeschs und Mikroplastik-Hotspot, wird in 3.000 Textilfabriken für die Kleiderschränke der Welt gearbeitet. Eigentlich sollen dort fünf Kläranlagen die fünf

BIS ZU

500.000 TONNEN

TEXTILFASERN GEHEN WELTWEIT ALLEIN BEIM WASCHEN INS WASSER ÜBER

—

JEDES JAHR.

Hauptflüsse sauber halten, doch keine einzige funktioniert vollständig. Die Kapazität reicht für 30 Prozent des Abwassers. Der Rest läuft ungehindert in die Umwelt und bedroht inzwischen in starkem Maße die Gesundheit der 23 Millionen Einwohner der Metropolregion. Eine wachsende Zahl von Studien attestiert Bangladesch eine wachsende Belastung. So konnte beispielsweise 2022 in den Gewässern von Dhaka ein durchschnittlicher Gehalt von 36.000 Mikroplastikpartikeln pro Kubikmeter Wasser festgestellt werden. Zum Vergleich: 2021 fanden Forscherinnen und Forscher im Elbwasser bei Cuxhaven 200 bis 2.100 Mikroplastikpartikel pro Kubikmeter.

DIE BELASTUNG DES ORGANISMUS MIT MIKROPLASTIK

Es verwundert also nicht, dass Mikro- und Nanoplastik inzwischen überall vorkommen. In unseren Meeren genauso wie in unserem Blut. In Stuhlproben genauso wie in der Plazenta, die einen Embryo nährt. Im Trinkwasser genauso wie in jedem Meerestier. Wenn wir in Seen schwimmen, schlucken wir es. Wenn wir Fisch zubereiten, essen wir es. Wenn wir unseren Durst stillen, nehmen wir es zu uns. Erst recht im Falle von Plastikflaschen. Apropos: Was glauben Sie, wie viele Nanoplastikteile Sie Ihrem Körper antun, wenn Sie Wasser aus der Plastikflasche trinken? Forscher der Columbia University in New York waren ziemlich überrascht, als sie 2024 mit einer neuen Lasertechnologie viel mehr Kleinstplastik aufspürten als gedacht. Untersucht wurde das Wasser aus herkömmlichen PET-Ein-Liter-Flaschen aus drei verschiedenen US-Supermärkten. Die Effektanalyse ergab, dass in jeder dieser Flaschen bis zu 370.000 Kunststoff-Fragmente auf ihre Käufer warteten. Druck, Hitze und das Auf- und Zuschrauben der Verschlusskappen werden in der Untersuchung als Auslöser für die Wasserbelastung genannt. Denken wir daran, wenn wir mal eben schnell eine Plastikflasche aus dem Regal holen wollen.

Als Faustregel kann gelten: Je kleiner die Partikel sind, desto höher ist die Wahrscheinlichkeit, dass sie in den Organismus aufgenommen werden und dort unkontrollierbares Unheil anrichten. Die Aufnahmewahrscheinlichkeit wird zusätzlich von der Hydrophobie (wasserabweisende Eigenschaften) sowie der Ladung und Beschaffenheit der Partikeloberfläche bestimmt. Geringe Hydrophobie und negative Oberflächenladung führen zu einer höheren Aufnahmewahrscheinlichkeit. Des Weiteren wird vermutet, dass sich durch die Anlagerung von Biomolekülen auf der Partikeloberfläche eine sogenannte Proteinkorona bildet, mit der sich das Plastik tarnen und dessen Aufnahme- und Transportverhalten im Körper stark beeinflussen kann.

Die lange Zeit vernachlässigte Forschung zu den Auswirkungen von Mikro- und Nanoplastik holt gerade stark auf. Kaum ein Monat vergeht, ohne dass uns eine neue Studie schockiert. 2022 fanden etwa Forscher der Freien Universität Amsterdam über Tests mit 22 Probanden heraus, dass bei 17 von ihnen winzige Plastikteile durch die Adern flossen. Bei den anonymen Blutspendern konnte im Schnitt eine Menge von 1,6 Mikrogramm pro Milliliter an Plastikpartikeln nachgewiesen werden, vergleichbar mit einem Teelöffel Plastik, der in 1.000 Liter Wasser gegeben wird. Ebenso schaurig ist eine weitere Studie aus den Niederlanden von 2022. Über viele Jahre hinweg wurden die Gehirne von 3.000 in Rotterdam heranwachsenden Kindern untersucht. Ergebnis: Je geringer die Schadstoffbelastung (unter anderem durch Nanofeinstaub), desto stärker ausgeprägt waren bestimmte Nervenbahnen im Gehirn der Kinder – und umgekehrt. Ich will es nicht übertreiben mit den Studien, aber eine letzte möchte ich noch nennen, weil sie so aktuell ist. Sie wurde 2024 von einem Forscherkollektiv in Wien veröffentlicht. Kurz gesagt stellten die Kolleginnen und Kollegen aus der pharmazeutischen Fakultät fest, dass das im menschlichen Darm einlagernde Nanoplastik mit der Zellteilung von Krebszellen sogar weitergegeben wird und das Fortschreiten der Krankheit unterstützen könnte. Sie gehen davon aus, dass von Mikro- und Nanoplastik „eine chronische Toxizität ausgeht" und es dazu dringend weiterer Studien bedarf. Ich fand das so beunruhigend, dass ich mehr darüber wissen wollte und für mein Buch ein Gespräch mit dem Studienleiter Prof. Dr. Lukas Kenner geführt habe.

INTERVIEW MIT PROF. DR. LUKAS KENNER

„SOLLTE PLASTIK EINE ROLLE SPIELEN BEI DER ENTSTEHUNG VON KREBS, DANN KOMMT DAS DICKE ENDE ERST."

MENSCH UND MIKROPLASTIK – EINE SCHICKSALHAFTE VERBINDUNG WIRD ERFORSCHT

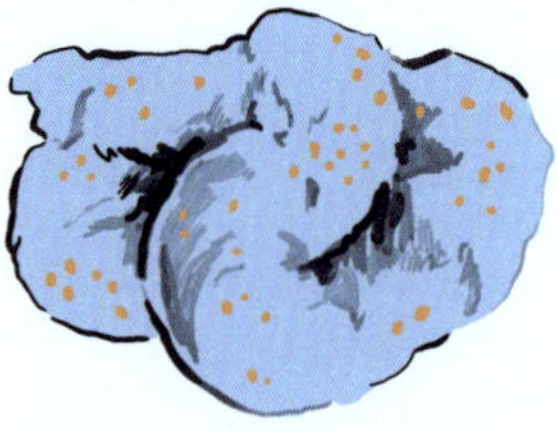

2018

„Mikroplastik erstmals im menschlichen Kot entdeckt"
Medizinische Universität Wien, Österreich

Die Fähigkeit von Mikroplastik, tief in den menschlichen Körper einzudringen, überrascht selbst die Medizin von Studie zu Studie immer neu. Prof. Lukas Kenner erklärt den Aufbruch in das neue Forschungsgebiet – und richtet einen dringenden Appell an die Politik.

Herr Prof. Kenner, wodurch wurde Ihnen persönlich klar, dass wir es beim Mikroplastik nicht nur mit einem gigantischen Problem zu tun haben, sondern auch mit einem gigantisch unterschätzten Problem?

Ich habe zwar immer wieder über Mikroplastik gelesen, doch erst als der Kollege Philipp Schwabl von der Medizinischen Universität Wien, ein Internist, in sämtlichen Stuhlproben unterschiedlicher Personen auf der ganzen Welt Plastikpartikel festgestellt hatte, war ich alarmiert. Das geschah 2018 im Zuge einer Pilotstudie in Zusammenarbeit mit dem österreichischen Umweltbundesamt. Die Veröffentlichung der Ergebnisse war ein riesiges Mediending, alle haben darüber berichtet, auch der Rektor hat es in seiner Neujahrsansprache erwähnt. Ich war zu Gast bei dieser Veranstaltung, und als ich das noch einmal so hörte, hat mich das ziemlich schockiert, weil mir plötzlich der Gedanke durch den Kopf ging: Wenn wir im menschlichen Stuhl schon die Plastikpartikel haben, wo ist das Zeug dann vielleicht noch? Vielleicht interagieren die Partikel mit den Zellen des Darmepithels, also der Innenseite des Darms, die für die Aufnahme von Nährstoffen zuständig ist? Das hat mich nicht mehr losgelassen. Einen zweiten Schock bekam ich, als ich dann in der medizinischen Literatur nach wissenschaftlichen Arbeiten über Mikro- und Nanoplastik und deren Einfluss auf die Humangesundheit und speziell Tumorerkrankungen suchte – und nichts fand.

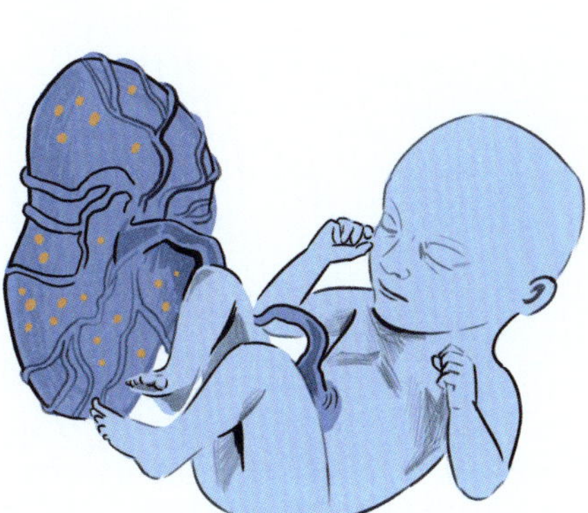

2020

„Mikroplastik in der Plazenta nachgewiesen"
Krankenhaus Fatebenefratelli Isola Tiberina, Rom, Italien

Wirklich gar nichts?

Gar nichts. Ich dachte: Das gibt's doch nicht! Habe ich vielleicht einen falschen Suchbegriff eingegeben? Als wir dann den Antrag für eine in diese Richtung gehende Forschung geschrieben haben, haben wir sogar eine Firma beauftragt, die sicherstellen sollte, dass wir nicht irgendetwas übersehen hatten. Wir wollten uns ja nicht blamieren. Aber die fanden auch nichts.

Man kann also sagen, dass Sie Pionierarbeit leisten?

Ja, und das ist gar nicht so einfach, wie man sich das vorstellt. In der Krebsforschung versuchen wir ja jeden Tag, neue Wirkstoffe zu testen, neue Diagnosemittel zu finden, um am Ende Leute zu heilen. Dafür steht uns hier alles zur Verfügung. Wir wissen, worum es geht, was wir suchen, womit wir arbeiten können. Wir waren mit unserer bisherigen Forschungsarbeit verwöhnt. Jetzt kommt man daher und sagt, man möchte die Wirkung von Mikroplastik untersuchen und merkt, dass man vor einer riesigen Unbekannten steht. Wir mussten quasi bei null anfangen. Mikroplastik ist so vielfältig, steckt in so vielen Produkten, zerfällt so unterschiedlich, wird von so vielen anderen Substanzen begleitet, dass man nicht sagen kann: Ich bestelle mir jetzt mal aus dem Katalog Mikroplastik, um seine Wirkung zu erforschen. Wenn wir sinnvolle Ergebnisse wollen, brauchen wir genau die Partikel, die sich in unseren Organen wiederfinden. Daher kam die Idee auf, konservierte Patientenproben anzuschauen, um die Art der Plastikpartikel zu finden, deren Wirkung wir anschließend weiter beforschen müssen.

Und es fehlte doch sicher auch an Technologie für diese Suche.

Stimmt. Wir hatten keine passenden Geräte. Unsere Lichtmikroskope halfen uns nicht, wir brauchten spektroskopische Methoden, um die Partikel überhaupt sichtbar zu machen. Es ist eine ganz andere Art zu arbeiten. Wir mussten uns komplett umstellen

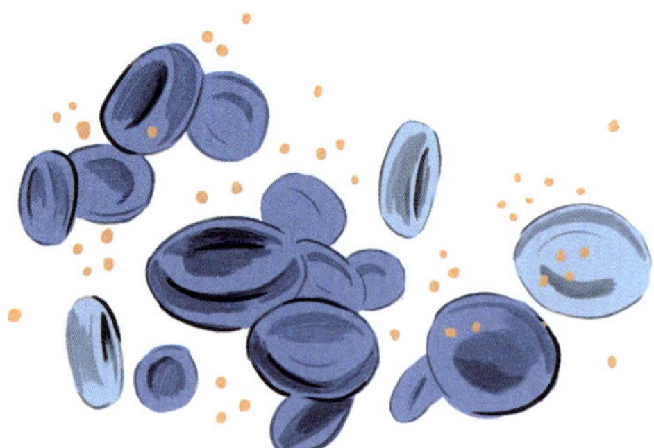

2022

„Mikroplastik schafft es bis ins Blut"
Vrije Universiteit Amsterdam, Niederlande

auf Verfahren, die wir Pathologen bisher nicht gewohnt waren. Das alles bedeutete eine zeitintensive Vorarbeit. Allein um die Ethikanträge für Tierversuche und für die Nutzung von Humanmaterial durch alle Kommissionen durchzukriegen, dauerte es ein Jahr.

Das kenne ich. Aber uns bleibt nichts anderes übrig, als geduldig zu sein.

Weil wir Sachen nacharbeiten müssen, die bisher nicht gemacht wurden. Ich glaube, das Ausmaß des Problems ist auch für die Hersteller eine Überraschung. Sie produzieren Dinge, die wir irgendwann wegwerfen. Aber damit sind sie nicht weg, sondern nur aus dem Blickfeld geraten. Sie landen auf irgendeiner Mülldeponie, im Wald, auf der Straße oder werden verbrannt und ändern damit aber nur die Form. Die Teile werden immer kleiner und kleiner und sind am Ende Bestandteil einer Menükarte als Teil eines Nahrungsmittels.

Dieses Aus-den-Augen-aus-dem-Sinn-Paradox versteht eigentlich ein Schulkind. Wie kann das Plastikproblem überhaupt so untererforscht sein? Was sagt das über uns als Spezies, über unsere Wirtschaft, die Forschung, die Politik?

Das ist eine gute Frage. Wir sind offensichtlich als Menschheit immer noch so drauf, dass wir Dinge tun, die für uns selbst total schädlich sind. Das ist beim Plastik so. Das ist beim Kohlendioxid so, von dessen Wirkung auf die Atmosphäre wir ja auch schon seit 130 Jahren wissen. Wenn wir etwas verkaufen können, uns etwas einen finanziellen Vorteil bringt, ignorieren wir Menschen oft die Gefahren. Von den neun planetaren Grenzen haben wir sechs bereits überschritten. Die Alarmanlagen blinken längst hochgradig. Beim Plastik hat offensichtlich niemand daran gedacht, dass die Partikel oxidieren, mit der Biologie reagieren und zu Entzündungen führen können.

Das Tragische ist, dass genau diese Untersuchungen in der Polymerchemie gemacht werden und in der Medizintechnik auch. Oxidation möchte man immer verhindern. In

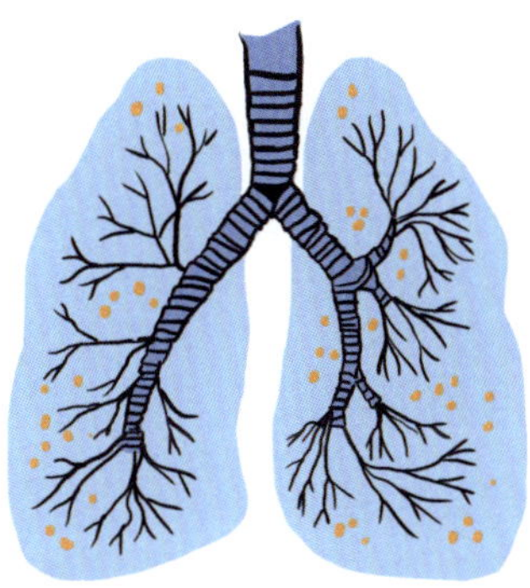

2022

„Mikroplastik kommt bis in tiefe Regionen der Lunge"

University of Hull, England

meinem ersten Job in der Implantatforschung und -entwicklung haben wir hierzu Antworten gesucht. Wenn man das erste Mal ein künstliches Gelenk auf dem Schreibtisch liegen hat, das einem Menschen wieder entnommen werden musste, da die Abriebpartikel eine Sepsis verursachten, dann ist doch klar, dass Kunststoffe im Körper reagieren. Fakt ist aber, dass Forscherinnen und Forscher unterschiedlicher Disziplinen nicht miteinander sprechen. Dadurch wird doppelt und dreifach, teilweise noch länger und mehr in die gleiche Richtung auf unterschiedlichen Ebenen geforscht, jedoch ohne Überschneidungen. Erst nach Jahrzehnten läuft man sich dann doch mal irgendwo über den Weg.

Ja, auch durch Kooperationen hätten wir vieles viel früher wissen müssen. In Sachen Plastik eigentlich seit den Fünfzigerjahren, in denen wir massiv damit begonnen haben, Erdöl und Erdgas nicht nur zu verbrennen, sondern aus ihm auch Kunststoffe zu machen. Meiner Meinung nach haben wir das größte Problem mit solchen Kunststoffen, die nur kurz gebraucht werden. Mit diesen Wegwerfsachen wird das große Geld verdient.

Eigentlich reicht ja der gesunde Menschenverstand, um auf die Gesundheitsgefahr von Produkten zu schließen, in denen Erdöl steckt. Aber der Menschenverstand hilft der Politik nicht weiter, um Industrien zu regulieren.

Der Gedankengang ist in der Tat nicht schwierig. Erdöl und Erdgas sind nichts anderes als abgestorbenes Material früherer Lebewesen. Sie bestehen aus den gleichen Kohlenstoffverbindungen, aus denen wir auch aufgebaut sind. Wenn man diese polymerisiert, also in Kunststoffe verwandelt, entstehen halt auch Polymere, die unseren Aminosäuren, unseren Proteinen, sehr ähnlich sind. Dass die mit uns interagieren können, finde ich nicht so wahnsinnig überraschend. Die Frage ist jetzt halt: Wie kann man Entscheider davon überzeugen, dass man hier breite Forschung anstellen muss? Im Falle von microONE hat man uns die Forschungsmöglichkeit gegeben, obwohl es als Hochrisikoprojekt

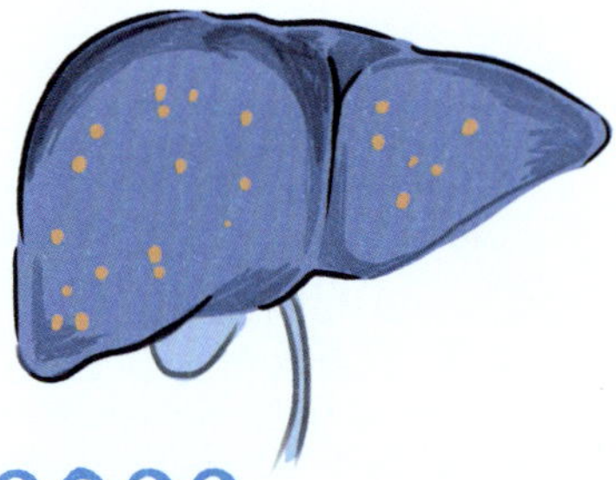

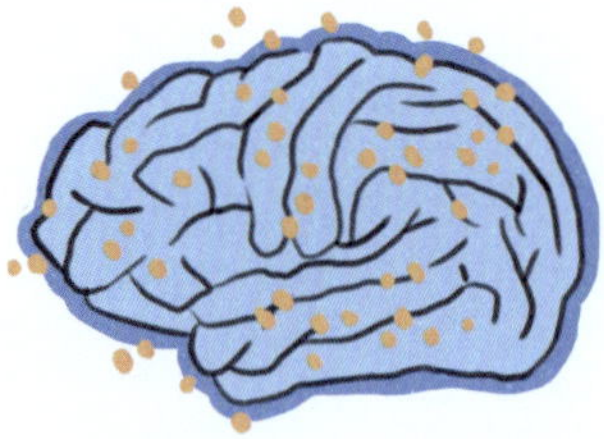

2022

„Mikroplastik reichert sich in der Leber an“
Universitätsklinikum Eppendorf, Hamburg, Deutschland

2023

„Mikroplastik überwindet Blut-Hirn-Schranke“
Medizinische Universität Wien, Österreich

gelten konnte, da wir ohne Primärdaten starten mussten. Normalerweise brauchst du ja ein großes Datenset, damit du überhaupt eine Förderung bekommst.

Sie haben viele weitere Universitäten und Institute an Bord holen können.

Eigentlich müsste es nach dem Verursacherprinzip gehen, was bedeuten würde, dass die Plastikproduzenten eine solche Forschung fördern. Aber das passiert natürlich nicht, weil es für sie geschäftsstörend ist und wir wohl nicht mehr unabhängig wären.

Das MicroONE-Projekt läuft jetzt zwei Jahre. Welches der bisherigen Ergebnisse hat Sie beeindruckt? Die Überwindung der Blut-Hirn-Schranke durch Plastikpartikel im Tierexperiment: War das so etwas?

Ja, absolut. Wir hatten diese Partikel den Mäuschen mit ihrem Trinkwasser aus der Pipette gegeben. Die Partikel waren mit einer Fluoreszenz versehen, damit wir sie hinterher auch finden konnten. Schon nach zwei Stunden stellten wir fest, dass die Partikel nicht nur im Hirn waren, sondern eigentlich in allen Organen, die wir uns angeschaut haben. Wir waren ziemlich überrascht und haben uns natürlich sofort die Frage gestellt, wie das funktioniert. Wir sind dann darauf gekommen, dass sich die Partikel mit Cholesterinmolekülen verbinden und mit dieser Tarnung die Blut-Hirn-Schranke überwinden. Das hätte ich nicht für möglich gehalten.

Dies ist ein Buch über das Wasser. Können Sie abschätzen, wie groß die Effekte von Mikroplastik sind, die über die Wassersphäre eingetragen werden?

Wir wissen, dass ein Großteil der Mikroplastikaufnahme über Nahrung und Flüssigkeiten geschieht. Im Jänner 2024 wurde eine Studie der Columbia University über Nanoplastik im Wasser aus Plastikflaschen veröffentlicht. Nicht nur die Mengen waren irritierend, auch die Partikelgrößen. Die sind übrigens ein ganz wichtiger Punkt.

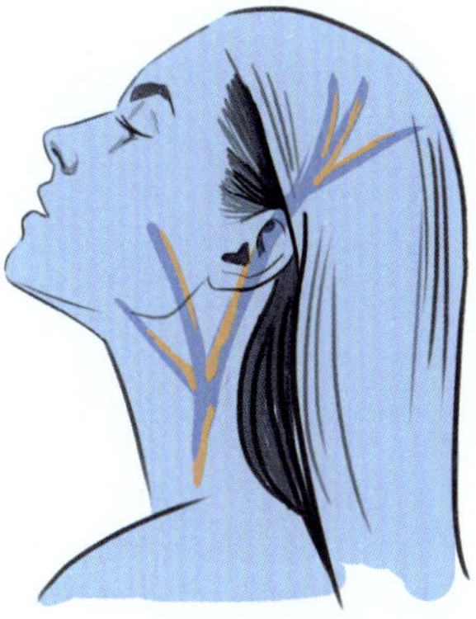

2024

„Mikroplastik in Plaques der Halsschlagader"

Università degli Studi della Campania Luigi Vanvitelli, Caserta, Italien

Wenn ich mit der zur Verfügung stehenden Detektionstechnik auf so viele kleine Partikel stoße, wie viele ganz kleine sind dann erst im Wasser, die ich noch gar nicht detektieren kann? Die Frage gilt natürlich auch für unser Trinkwasser. Ich würde es für wichtig halten, dass die öffentliche Hand feststellt, wie groß die Belastung ist, wenn man Wasser aus der Leitung trinkt, wenn man sich duscht oder ins Hallenbad geht. Das müsste alles kontrolliert und veröffentlicht werden. Und es geht ja nicht nur um Mikro- und Nanoplastik, sondern auch um die Mikroschadstoffe, die auf ihnen sitzen. Der Gesetzgeber muss in die Offensive gehen. Bürgerinnen und Bürger sollten sich nicht mehr täglich Gesundheitsgefahren aussetzen müssen.

Die Grundfragen sind ja: Ist Kunststoff im Körper wirklich nur ein Ballaststoff, also eine Substanz, die ungehindert den Körper wieder verlässt? Und ab welcher Größe wird der Kunststoff zur Gefahr? Inwieweit sehen Sie die vielen derzeitigen Zivilisationskrankheiten verbunden mit dem chemischen Dauerbeschuss?

Da muss ich jetzt erst einmal vorsichtig antworten wie ein Politiker. Wir müssen unbedingt und so rasch wie möglich in den unterschiedlichen Erkrankungsbereichen Forschung anstellen darüber, ob Plastik nun ein Problem darstellt oder nicht. Das gehört jetzt wirklich gemacht. Wir können mit diesem unbefriedigenden Wissensstand nicht weiterleben. Selbst die WHO, die in Sachen Plastik immer sehr vorsichtig war, hat nun auf der jüngsten UN-Konferenz zur Gesundheitsförderung gesagt, dass wir dringend die Forschung vorantreiben müssen. Solange kann ich weder zwingend eine Kausalität herstellen zwischen Plastik und bestimmten Erkrankungen noch kann ich sie ausschließen. Ich möchte niemanden verschrecken, wenn ich aber sage, dass wir nicht alle Gefahren vermeiden können. Sollte Plastik eine Rolle spielen bei der Entstehung von Krebs, dann kommt das dicke Ende erst. Wir wissen, dass die Plastikproduktion weiter nach oben geht, wir wissen, dass sich der Zerfall des Plastiks in immer kleinere Teile fortsetzt. Es

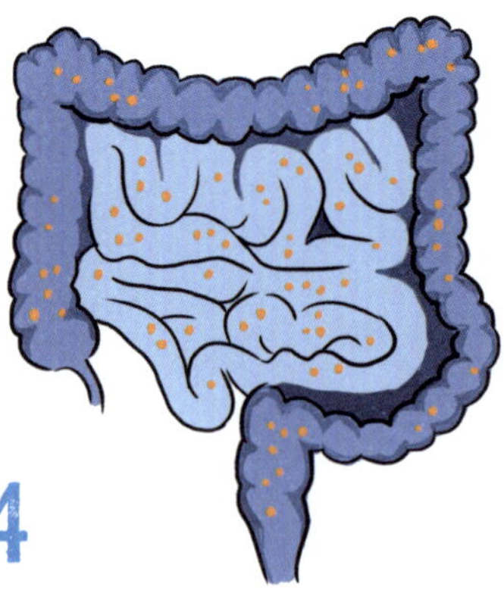

2024

„Mikroplastik im Darm wird bei Krebszellteilung weitergegeben“
Universität Wien, Österreich

kommt also eine Lawine von Mikro- und Nanoplastik auf uns zu. Aus dieser Logik heraus und aus den vorliegenden Daten kann ich sagen: Es ist gut, vorsichtig zu sein.

Sie waren selbst auf der UNEP INC-4-Konferenz in Ottawa und haben dort erstmals vom microONE-Projekt berichtet. Wie war die Reaktion?

Ich habe meine Bedenken geäußert, auch gegenüber der WHO, die ganz wichtig ist, um Alarm zu schlagen. Gleichzeitig waren dort natürlich auch die Lobbyisten, die das alles wieder infrage gestellt haben. Das Problem dabei ist, dass Lobbyisten alles sagen können, was sie wollen, wir in der Wissenschaft aber die Kausalitäten beweisen müssen. Das zeigt aber auch unsere Bedeutung. Wenn ich auch spekulieren würde, dann wäre ich genauso ein Spekulant wie die Lobbyisten. Wir müssen aber zurückkehren zu einem Denken der Überprüfbarkeit, mit dem wir Produkte aus Materialien herstellen, die unkritisch sind – und zwar bevor wir sie in die Welt setzen. Wir stehen vor einem riesigen gesellschaftlichen Projekt, das aber unbedingt erforderlich ist, wenn wir auf dem Planeten überleben wollen.

Neue Materialien und Produkte sollten es Ihrer Meinung nach schwerer haben?

Es wäre doch interessant, nicht nur von der Wissenschaft Beweise darüber zu verlangen, dass etwas eindeutig schädlich ist, sondern umgekehrt von der Industrie Beweise darüber zu verlangen, dass etwas eindeutig *nicht* schädlich ist. Eine pauschale Vorab-Erlaubnis für neue Materialien wäre so nicht mehr möglich. Das wäre eine Beweislastumkehr – und ein gesellschaftlicher Paradigmenwechsel!

Was Prof. Kenner für den Umgang mit Plastik in unserem Alltag raten kann, lesen Sie im zweiten Teil des Gesprächs ab Seite 175

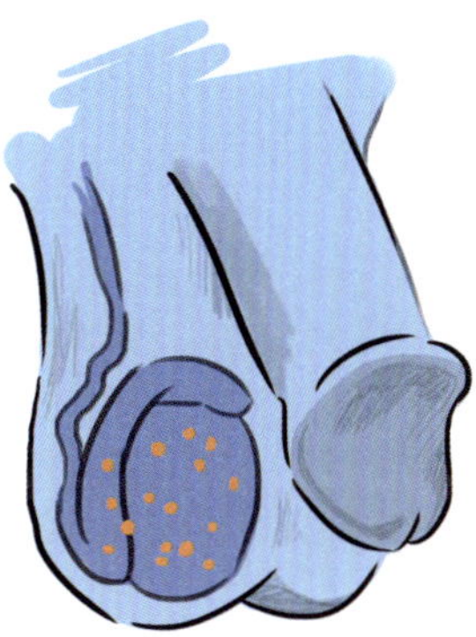

2024

„Mikroplastik in Hoden festgestellt"

University of New Mexico, Albuquerque, USA

2.5

DIE BELASTUNG MIT SCHADSTOFF-COCKTAILS

Unzählige unterschiedliche Substanzen – darunter chemische Beimengungen (Additive) unserer Kunststoffprodukte, Medikamente und Pestizide – können in kommunalen Kläranlagen nur geringfügig bis gar nicht entfernt werden. Sie gehören zu den anthropogenen Spurenstoffen und werden unter dem Begriff Mikroschadstoffe zusammengefasst. **Es sind Substanzen aus dem gesamten Portfolio der organischen und anorganischen Chemie, die Teil unserer Alltagshelfer werden durften oder bei Verbrennungsvorgängen der fossilen Industrien entstehen.** Sie finden sich im Wasser, genauso wie in Boden und Luft. Es handelt sich dabei um synthetisch hergestellte, nicht natürliche Mikroverunreinigungen, welche in geringsten Konzentrationen von milliardstel (Nano) bis millionstel (Mikro) Gramm pro Liter gefunden werden. Um qualifizierte Aussagen über das Verhalten dieser Verunreinigungen in der Umwelt treffen zu können, betrachtet man neben den chemischen und physikalischen auch die kombinierten umweltspezifischen Eigenschaften und ermittelt die ökotoxikologischen Einflüsse in Abhängigkeit von Umweltfaktoren wie Persistenz oder Abbaubarkeit. Vor einigen Jahren noch war man der verbreiteten Ansicht, dass die Verdünnung eines Schadstoffs in den weiten Wassern der Natur die Toxizität senken und der Schadstoff dadurch harmlos werden würde. Heute wissen wir, dass viele Mikroschadstoffe – zumal in immer größeren Mengen – die Ökosysteme nachhaltig stören können. Zudem gilt: Nur weil man an Ort A keine negativen Einflüsse gemessen hat, heißt das nicht, dass es an Ort B auch so sein muss. Das ist Natur! Sie merken: Das Thema ist komplex, kompliziert und kaum beherrschbar, denn die bisherige Analytik ist noch immer katastrophal unterentwickelt.

CHEMIKALIEN FÜR DIE EWIGKEIT

Widmen wir uns aufgrund ihrer weiten Verbreitung und der gleichzeitigen enormen Gefahr für die menschliche Gesundheit und die natürlichen Ökosysteme etwas genauer den per- und polyfluorierten Chemikalien (PFC), zu denen auch die per- und polyfluorierten Alkylsubstanzen (PFAS) gehören. Noch einmal ganz kurz zurück in die Chemiestunde: **Bei den PFC-Verbindungen handelt es sich um eine Gruppe künstlich hergestellter Organofluorverbindungen, bei denen die Wasserstoffatome an der Kohlenstoffkette teilweise oder komplett durch Fluoratome ersetzt worden sind.** Aufgrund der starken Kohlenstoff-Fluor-Bindung erhalten die Verbindungen wasser-, öl- und schmutzabweisende Eigenschaften bei gleichzeitiger chemischer und thermischer Stabilität und Beständigkeit gegenüber UV-Licht und Verwitterung. Diese Merkmale haben die seit den 1950er-Jahren auf eine Zahl von über 10.000 angewachsenen Chemikalien der PFAS-Familie omnipräsent gemacht. Ungeprüft konnten sie lange Zeit in Alltagsprodukte wandern – in erster Linie zum Zwecke der Oberflächenveredlung. In Outdoor-Textilien finden wir PFAS, weil durch sie der Regen abperlt. Im Imprägniermittel machen sie Möbel, Schuhe oder Teppiche resistent gegen Dreck und Feuchtigkeit. Antihaftbeschichtete Töpfe und Pfannen erleichtern Braten wie Abwaschen. In Rohren sorgen sie für rückstandsfreien Durchlauf, im Skiwachs für schnelleres Gleiten über den Schnee. Aber es ist noch nicht mal die Alltagsnutzung, die die PFAS zu einem globalen Problem gemacht hat. PFAS gelangen hauptsächlich über Industrieabwässer und -abluft, über die Verwendung von Löschschaum durch die Feuerwehr, über das Enteisungsspray auf Flughäfen und über kontaminierten Klärschlamm in die Umwelt. Den Stoffen waren lange Zeit keine Grenzen gesetzt. Eine verheerende Fehleinschätzung.

Die kurzkettigen unter den PFAS-Verbindungen sind sehr flüchtig, verbreiten sich leicht per Luft und Wasser und reichern sich am Ende ihrer Reise im Boden an, im Grundwasser, in den Organen von Menschen und Tieren und auch in den Pflanzen, die wir ernten und essen. Weil sie in der Umwelt nicht oder nur sehr, sehr langsam abgebaut werden können, sind die Konzentrationen mit den Jahren kontinuierlich angestiegen und beeinträchtigen quasi jeden Tag unsere Gesundheit. Das hat die PFAS seit 2022 mehr und mehr in den politischen Fokus gerückt. Dabei war bereits vor rund 75 Jahren in den Werkshallen des US-Chemiegiganten DuPont klar geworden, dass man mit der PFAS-Gruppe etwas Monströses erfunden hatte. Viele Mitarbeiter erkrankten lebensbedrohlich an verschiedenen Krebsformen, Mitarbeiterinnen brachten behinderte Kinder zur Welt. Die Ursache wurde lange vor der Öffentlichkeit versteckt. Vertuschte Umweltskandale wie die Verseuchung von Trinkwasser mit von DuPont in einen Fluss eingeleitetem PFOA – eine der hochgiftigen PFAS-Varianten – wurden sogar in Hollywood zum Filmstoff. Schauen Sie sich „Dark Waters" von 2019 an. In Deutschland erschien der Film mit dem Titel „Vergiftete Wahrheit". Es ist einer der besten Thriller zum PFAS-Thema und zu den Strukturen, die deren Freisetzung erst möglich gemacht haben. Er erzählt von dem auf wahren Begebenheiten beruhenden jahrelangen Kampf des Anwalts Robert Bilott gegen die Umweltverbrechen DuPonts. Einer der zentralen Filmsätze Bilotts, gespielt von Mark Ruffalo, lautet: „Das System ist manipuliert. Sie wollen uns glauben machen, dass es uns beschützt, aber das ist eine Lüge. Wir beschützen uns. Wir tun es. Niemand sonst. Nicht die Unternehmen, nicht die Wissenschaftler, nicht die Regierung. Wir!"

Dass wir auch in Deutschland ein erhebliches Problem mit den PFAS haben, zeigte sich der großen Öffentlichkeit 2023 mit dem schauderhaften Ergebnis des *Forever Pollution Projects,* einer jahrelangen Datensammlung, an der sich auch Journalisten von NDR, WDR und Süddeutsche Zeitung beteiligten. In ganz Europa konnten bislang knapp 23.000 Orte mit relevanter PFAS-Verseuchung lokalisiert werden, darunter 2.300 Hotspots, die eine erhebliche Gefahr für Umwelt und menschliche Gesundheit darstellen. Besonders die Regionen mit industrieller Präsenz – gern auch an Wasserläufen – zählen zu den hochbelasteten Ecken. Innerhalb Deutschlands ist eine Ballung im Westen zu erkennen: von Nordrhein-Westfalen über Rheinland-Pfalz und Hessen bis nach Baden-Württemberg reichend. Als Quellen konnten 20 PFAS-Hersteller identifiziert werden und über 230 PFAS-Verarbeiter. Die Tragweite der Ergebnisse schockierte. Obwohl manche Belastungen nicht neu waren. Schon 2006 hatten Wissenschaftler des Hygieneinstituts der Universität Bonn hohe Konzentrationen an Perfluoroktansäure (PFOA) in der Ruhr entdeckt, die auf die Ausbringung eines Abfallgemischs als vermeintlicher Bodenverbesserer auf Ackerflächen zurückgeführt werden konnte. Nach der Aufdeckung dieses Umweltskandals in Nordrhein-Westfalen hat man in Deutschland realisiert, dass PFAS eine ernsthafte Gefahr für die Trinkwasserversorgung darstellen. Seither wurden mithilfe systematischer Untersuchungen zahlreiche weitere PFAS-Grundwasserschäden entdeckt, die in einigen Fällen im Zusammenhang mit der Verwendung von PFAS in der Textil-, Papier-, Foto- und der galvanischen Industrie stehen, aber meistens durch Löschmittelschäume oder illegale Lagerung von PFAS-haltigen Abfällen verursacht wurden. Der flächenmäßig größte Schaden Deutschlands befindet sich in Mittelbaden, in einem rund 750 Hektar großen Bereich – verteilt auf mehrere Areale – im Stadtkreis Baden-Baden und im Landkreis Rastatt. Hier waren belastete Abfälle der Papierindustrie kurioserweise als Dünger eingesetzt worden.

Aufgrund der neuen Erkenntnisse verstärken sich seit einigen Jahren wissenschaftliche, behördliche und gesellschaftliche Bedenken hinsichtlich möglicher Auswirkungen auf Gesundheit und Umwelt in Zusammenhang mit der Herstellung von PFAS-Chemikalien sowie der Herstellung, Verwendung und Entsorgung PFAS-haltiger Produkte. Diese Bedenken haben auch zu Bemühungen geführt, die Verwendung bestimmter PFAS zu reduzieren oder wie im Falle von PFOS und PFOA zu ersetzen. **PFOS wurde mittlerweile als persistent (P), bioakkumulativ (B) und toxisch (T) eingestuft.** Seine Abkömmlinge werden deshalb seit 2010 im Stockholmer Abkommen für verbotene Substanzen geführt. Der Einsatz von PFOA ist in der EU seit 2020 verboten. Doch PFOS und PFOA sind zwei von Tausenden! Und: Oftmals führt das Verbot giftiger Stoffe zur Entwicklung und Freisetzung neuer giftiger Stoffe durch die Chemieindustrie. Dieser Wechsel von einem bekannten gefährlichen Stoff zu einem noch nicht bekannten gefährlichen Stoff wird in der Fachsprache als „regrettable substitution" – bedauerlicher Ersatz – bezeichnet. Diese Praktik zieht einen schier endlosen Kampf mit vielen vermeidbaren Opfern in sämtlichen Ökosystemen nach sich. Mehrere europäische Fachbehörden setzen sich daher für ein komplettes Verbot der gesamten PFAS-Gruppe ein.

ÜBER 10.000 SUBSTANZEN ZÄHLT DIE PFAS-GRUPPE INZWISCHEN.

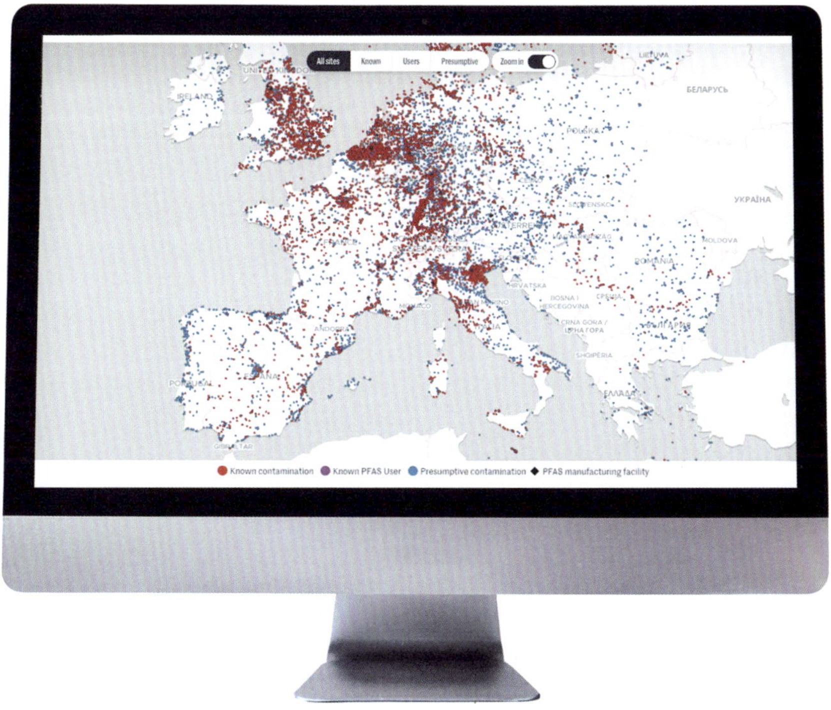

Quelle: Forever Pollution Project © LeMonde

Blick auf die interaktive PFAS-Karte des Forever Pollution Projects: Große Teile Europas sind mit den teils hochgiftigen Ewigkeitschemikalien belastet. Die höchsten Kontaminationen finden sich an Flughäfen, im Umfeld der Hersteller und entlang von Flüssen, an denen sich Fabriken angesiedelt haben.

GLYPHOSAT & CO. – CHEMIKALIEN, DIE AUF DIE NERVEN GEHEN

Im zweiten Schwerpunkt über Mikroschadstoffe möchte ich die Aufmerksamkeit auf die Phosphonate lenken. Auch sie werden – wie die PFAS – in verschiedensten Formen und Weisen genutzt und sind daher omnipräsent. **Bei den Phosphonaten handelt es sich um Salze sowie organisch-chemische Verbindungen der Phosphonsäure.** Sie kommen in der Natur vor und werden seit vielen Jahrzehnten auch technisch hergestellt. Künstliche Phosphonat-Verbindungen sind aufgrund ihrer vielfältigen Anwendungen in Industrie und Landwirtschaft zu allgegenwärtigen Bestandteilen natürlicher Wässer und Abwässer geworden. Man findet sie in Kühlwassersystemen und Entsalzungsanlagen, in der Ölförderung, wo sie die Ausfällung von Salzen verhindern sollen. Als Stabilisator beim Bleichungsprozess werden sie in der Papier- und Textilindustrie eingesetzt. Auch in Waschmitteln verhindern sie die Ausfällung, dienen als Bleichmittelstabilisator und obendrein als Wasserenthärter. Sie stecken in Weichmachern, die Teil von Kunststoffen sind, in Flammschutzmitteln von Schäumen, in Wärmedämmungen oder in Schmiermittelzusätzen. Selbst Substanzen, zu deren Verbot man sich durchgerungen hat, sind heute noch im Wasser zu finden.

Die wohl berühmtesten organisch-chemischen Phosphorverbindungen finden als Pestizide über die Landwirtschaft den Weg in die Umwelt. Sie dienen dort als sogenannte Acetylcholinesterase-Hemmer, deren akute Toxizität je nach Einzelverbindung zwischen „sehr giftig" und „keine Einstufung" einsortiert wird. Den halsbrecherischen Begriff **Acetylcholinesterase** muss ich erklären. **Das ist ein Enzym, das das Nervensystem von Menschen, Wirbeltieren und Insekten überhaupt erst funktionieren lässt. Im Organismus wird es für den Abbau von Botenstoffen eingesetzt, die Reize von Nervenzelle zu Nervenzelle weiterleiten.** Chemikalien, die dieses Enzym blockieren oder hemmen, können bei diversen Körperfunktionen Überaktivität auslösen, weil die Botenstoffe nicht mehr abgebaut werden. Die Folgen können tödlich sein, was im Falle von Insektiziden ja gewünscht ist. Gegen den Menschen eingesetzt – etwa im Syrien-Krieg oder bei der Vergiftung von Alexei Nawalny – führen die Hemmer zu Muskelkrämpfen mit anschließender Herz- und Atemlähmung. Auch solche chemischen Verbindungen landen in der Luft, im Boden, im Wasser und in der Nahrung und führen beim unfreiwilligen Konsum zu schleichenden Vergiftungen. Ein düsteres Beispiel dafür ist das Insektizid E605, auch Parathion genannt. Obwohl schon Ende der 1940er-Jahre seine extreme Giftigkeit festgestellt werden konnte und nachweislich sogar zahlreiche Morde und Suizide damit verübt wurden, wurde das von Bayer hergestellte Mittel erst 2001 von der EU verboten, nicht aber die Möglichkeit des Exports. Nach wie vor kann es so in die Umwelt gelangen, nur woanders. Mit entsprechenden Folgen.

Pestizid-Phosphonate können als sogenannte endokrine Disruptoren den menschlichen Stoffwechsel und damit das Wachstum, die Fortpflanzung sowie Schlaf und Stimmung verändern. Das Phänomen hormoneller Störungen ist inzwischen omnipräsent und nicht nur auf die Stoffklasse der Phosphonate beschränkt. Schauen wir nur einmal auf die 2024 veröffentlichte Studie der Universitätsklinik Würzburg, die sich auf die Auswirkungen von Bisphenol A, F und S – kennen wir aus Kassenzetteln, Konserven-

4 MILLIONEN TONNEN

PESTIZIDWIRKSTOFF WERDEN JEDES JAHR AUSGEBRACHT

—

TENDENZ STEIGEND.

dosen, Trinkflaschen oder Textilien – auf unsere Nebenniere konzentrierte und herausfand, dass die Ausschüttung von Steroidhormonen gehemmt wird. Die sind aber entscheidend etwa für den Stressabbau, die Regulierung des Blutdrucks, die sexuelle Differenzierung oder den Verlauf der Pubertät. Privatdozent Ulrich Dischinger hatte die Studie initiiert. „Die Thematik der endokrinen Disruptoren stellt angesichts der Unmengen an Plastik und Kunststoffen, die jedes Jahr produziert werden und nahezu unreguliert in die Umwelt gelangen, ein sehr relevantes und alarmierendes Problem unserer Zeit dar, welches die planetare Gesundheit bedroht", sagt er. „Die Brisanz nimmt zu, da die planetaren Belastungsgrenzen zur Einbringung neuartiger Substanzen bei Weitem überschritten sind."

Eine der Ersten, die auf das zivilisatorische Problem der hormonell wirksamen Chemikalien aufmerksam machten, war Dr. Theodora Colborn. Sie schickte 1996 mit ihrem Buch *Our Stolen Future* Schockwellen durch die westliche Welt. Wissenschaftlich fundiert wies sie nach, dass die Alltagsgifte nicht nur die Fruchtbarkeit, sondern auch die Intelligenz nachkommender Generationen abnehmen lassen. Colborn schreibt: „In unserer Unwissenheit sind wir große Risiken eingegangen und haben ungewollt unser Überleben aufs Spiel gesetzt." Sie schließt mit dem Appell, über ein komplettes Re-Design nachzudenken, da es nicht ausreiche, bloß Ersatzchemikalien zu suchen. Die 30 Jahre alte Warnung, die damals ein erhebliches mediales Echo auslöste, scheint komplett verhallt. Dass die heutige Forschung immer noch vor den gleichen Gefahren warnt, ist skandalös. So etwas wie die Würzburger Studie dürfte es eigentlich nicht mehr geben.

Auch die endlose Debatte um Glyphosat, ebenfalls ein Phosphonat, ist ein Zeichen dieser Untätigkeit. Nach der Verlängerung der Zulassung 2023 kann das Mittel auch in der EU weiterhin genutzt werden. Der Wirkstoff des weltweit meistverwendeten Totalherbizids, Bayers Roundup, verursacht bei Insekten den gewünschten tödlichen Effekt auf den Stoffwechsel. Die Wirkung auf den Menschen ist umstritten. Viele Studien, die bedenkliche Einordnung der Internationalen Agentur für Krebsforschung (IARC) sowie die horrenden Zahlungen, die der Bayer-Konzern in den USA an Geschädigte leisten muss, deuten jedoch darauf hin, dass das Mittel so ungefährlich nicht sein kann. Beängstigend ist, dass laut Pestizidatlas 2022 der Heinrich-Böll-Stiftung die Mengen an versprühten Vernichtern weltweit um 80 Prozent gestiegen sind im Vergleich zu 1990, in manchen Regionen Südamerikas, historisch einer der Hauptabnehmer, sogar um knapp 150 Prozent. Auch Glyphosat bleibt ein Bestseller. Spuren davon wie von anderen teils längst verbotenen Pestiziden nehmen wir alle jeden Tag zu uns – über unsere Nahrung, über die Luft, über unser Wasser.

Mit Blick aufs Wasser kann man zwar festhalten, dass Glyphosat natürlich nicht gezielt dort hineingespritzt wird, es aber nach der Anwendung auf dem Boden und an den Pflanzen zwangsläufig per Niederschlag und Wind in die Wassersphäre übergeht. Nicht nur angrenzende Bäche, Flüsse und Seen sind betroffen, auch im Grundwasser und in den Ozeanen ist das Pestizid längst angekommen. Beträgt die mittlere Halbwertszeit von Glyphosat im Freiland 24 Tage, braucht es im Wasser manchmal Monate, ehe sich Glyphosat abgebaut hat. Seine Halbwertszeit kann dort bis zu 146 Tage betragen. Sein Abbauprodukt AMPA (Aminomethyl-Phosphonsäure) ist sogar stabiler als das Glyphosat selbst und hat in Gewässern eine Halbwertszeit von bis zu 240 Tagen. In dieser Zeit setzt es den aquatischen Organismen zu. Schon vor 20 Jahren fand man heraus, dass Glyphosat Auswirkungen etwa auf den Nachwuchs von Fröschen hat. Auch gibt es längst Erkenntnisse darüber, dass Glyphosat das Wachstum von Plankton und die Vielfalt der mit ihm lebenden Organismen beeinträchtigt. Das ist besonders bedenklich, da Plankton am Anfang der maritimen Nahrungskette steht. Sie sehen, es gäbe genug Gründe für eine drastische Regulierung, trotzdem ist ein Ende der Pestizidflut in keiner Weise in Sicht.

UNERWÜNSCHTE MEDIZIN

Die Deutschen schlucken immer mehr Medikamente. Von 2010 bis 2023 stieg der Pro-Kopf-Verbrauch um 20 Prozent. Die mit Abstand am meisten verordneten Arzneimittel sind Herz-Kreislauf-Medikamente, gefolgt von solchen gegen Magen- und Darmbeschwerden und Sodbrennen sowie Arzneimitteln für das Nervensystem wie Antidepressiva. Die Milliarden Tagesdosen summieren sich zu einer zusätzlichen gigantischen Last für unser Wasser. Hinzu kommen die Mengen abgelaufener Medikamente, die fälschlicherweise über die Toiletten entsorgt werden, und Einleitungen der Hersteller. Ergänzt wird die Belastung durch Präparate, die in der industrialisierten Massentierhaltung verabreicht werden – vor allem Antibiotika. Gerade in Deutschland ist deren Verbrauch erschreckend hoch. 88 Milligramm Antibiotika pro Kilogramm Fleisch werden durchschnittlich eingesetzt. Tausende Tonnen an biologisch aktiven (!) Wirkstoffen gelangen so allein in Deutschland jedes Jahr ins Abwasser.

Die Pharmazeutika sind in unseren Gewässern, im Trinkwasser und selbst im Mineralwasser nachzuweisen. Sie liegen zwar stark verdünnt vor, aber sie ergänzen sich zu einem bisher untererforschten Cocktail. Gerd Maack von der Fachgruppe zur Umweltbewertung von Arzneimitteln des Umweltbundesamts betonte 2023 beim RBB, dass mögliche Langzeitfolgen für

NUR ZWEI DER WELTWEIT UNTERSUCHTEN FLÜSSE WAREN VON DER PHARMAZEUTISCHEN VERSCHMUTZUNG VÖLLIG UNBERÜHRT.

DER EINE FLIEßT IN ISLAND, DER ANDERE IN DER NÄHE EINES DORFES IN VENEZUELA, DESSEN BEWOHNER KEINE MODERNEN MEDIKAMENTE VERWENDEN.

den Menschen sowie potenzielle Wechselwirkungen völlig unklar und wir alle unfreiwillige Langzeitprobanden seien. Auch in der Umwelt beobachtete Phänomene, so Maack, ließen sich nur selten ursächlich auf einzelne Schadstoffe zurückführen, weil es insgesamt unzählige Schadstoffe und Einflussfaktoren gebe, die in einem komplexen Netzwerk zusammenspielten. Umweltverträglichkeit spiele bei der Entwicklung von Medikamenten bislang keine Rolle.

Aber bauen sich die Pharmazeutika in der Umwelt nicht schnell ab? Davon ist laut Gerd Maack nicht auszugehen. Das genaue Gegenteil sei der Fall. „Arzneimittel sind oft sehr stabil verglichen mit anderen Chemikalien", sagt er. Sie seien dafür geschaffen, „unwirtliche Körpergefilde wie den Magen-Darm-Trakt und Passagen durch Zellwände heil zu überstehen". Bedenkt man, dass je nach Präparat bis zu 90 Prozent des enthaltenen Wirkstoffs unverändert wieder ausgeschieden oder im Falle von Salben abgewaschen werden, schlummern in unseren Gewässern die Kräfte einer gigantischen Apotheke.

Eine britische Studie der Universität von York fand 2022 sogar heraus, dass die pharmazeutische Verschmutzung der weltweiten Flüsse weit größer ist als bisher angenommen, und zwar so groß, dass eine globale Bedrohung für die Umwelt, die maritime Tierwelt und die menschliche Gesundheit angenommen und das sechste Sustainable Development Goal der UN, bis 2030 sauberes Trinkwasser für alle Menschen bereitzustellen, nur schwer erreicht werden kann. Wie kam das Forscherteam zu der niederschmetternden Feststellung? Über 1.000 Wasserproben aus 258 Flüssen in 104 Ländern wurden untersucht. Ergebnis: Die Konzentrationen von Arzneimitteln vieler Proben lagen über den als sicher geltenden Werten. In Europa rangierte der Betablocker-Wirkstoff Propranolol ganz weit vorn, in Afrika das Antibiotikum Sulfamethoxazol, in den USA beides zusammen, in Asien hielt das Antibiotikum Ciprofloxacin den Spitzenplatz.

Nur zwei Flüsse in Island und einer in der Nähe eines Dorfes in Venezuela, dessen Bewohner keine modernen Medikamente verwenden, waren von der pharmazeutischen Verschmutzung völlig unberührt. Die höchsten Konzentrationen wurden in Lahore (Pakistan), La Paz (Bolivien) und Addis Abeba (Äthiopien) festgestellt, also dort, wo zwar Medikamente genutzt werden, aber keine moderne Abwasserbehandlung greift. Was nicht bedeutet, dass die kapitalistischen Nationen fein raus wären. Als meistbelastete westliche Hauptstadt rangierte Madrid auf Platz 14, Tübingen kommt als erste deutsche Stadt auf Platz 39. Die größte Anzahl der in einer Wasserprobe nachgewiesenen Arzneimittel – nämlich 34 – wies der Kai Tak in Hongkong auf. Flüsse in Brüssel, Luxemburg und Texas gehörten ebenso zu den 20 Prozent der Wasserstraßen mit der höchsten Konzentration an Pharmazeutika. Und wie wir seit 2019 aufgrund einer britischen Studie wissen: Auch mit ausgeschiedenen Rauschgiften wie Kokain haben einige Flüsse und deren tierische Bewohner zu kämpfen.

Da die Schadstoffbelastungen unseres Abwassers in wesentlichem Maße von der Pharmaindustrie verursacht werden, soll diese nun für dessen Reinigung aufkommen, zumindest in Europa. EU-Kommission und EU-Parlament haben 2024 die Änderung der kommunalen Abwasserrichtlinien veranlasst und die Hersteller von Medikamenten zu mehr Verantwortung verpflichtet. Sie sollen nun die dringende Modernisierung unserer Kläranlagen mitfinanzieren.

2.6

DIE LAGE DER KLÄRANLAGEN UND WASSERWERKE

Nach Angaben der Weltbank werden rund 80 Prozent der Abwässer unbehandelt in die Umwelt geleitet. Dass dieser Missstand mit dem lauten Ruf nach einer Ausweitung der globalen Wasserreinigung und Trinkwasseraufbereitung in vielen Ländern der Südhalbkugel verbunden ist, liegt auf der Hand. Dort sind es in erster Linie Krankheitserreger, die aus dem Wasser entfernt werden müssen. Aber auch hierzulande haben die Kläranlagen aufgrund der Einleitung der riesigen Mengen chemischer Substanzen zu kämpfen. Seit Jahrzehnten heißt es zwar verlässlich, dass die Qualität des Trinkwassers in Deutschland kaum zu toppen sei – aufgrund strenger Kontrollen. Aber was ist denn die Quelle dessen, was später bei uns aus dem Hahn fließt? 70 Prozent unseres Trinkwassers werden aus Grund- und Quellwasser gewonnen. 17 Prozent waren ursprünglich Oberflächenwasser, haben aber zumindest eine Bodenpassage oder die Uferfiltration hinter sich. 13 Prozent stammen direkt aus See-, Talsperren- oder Flusswasser. Wir wissen nun: Alle aufgezählten Reservoirs sind inzwischen teils stark belastet. Über 6.000 Wasserversorger müssen jedoch Trinkwasserqualität gewährleisten. Sie desinfizieren es daher mit Ozon und UV-Licht, sie filtern es über Kohle- und Sandbarrieren, sie enthärten und entsäuern es. Aber wird das in Zukunft ausreichen? Die novellierte Trinkwasserverordnung von 2023 sah zwar einige Verbesserungen vor wie strengere Beobachtung von PFAS über erste sehr niedrig liegende Grenzwerte. Jedoch bleiben bei den deutschen Wasserwerken andere Parameter nicht im Fokus – wie die Belastung mit Mikro- und Nanoplastik.

RUND 8.900 KLÄRANLAGEN REINIGEN HIERZULANDE JEDES JAHR ETWA ZEHN MILLIARDEN KUBIKMETER WASSER.

DOCH AUFGRUND DER GROẞEN BELASTUNG STOẞEN SIE AN IHRE GRENZEN. IHRE MODERNISIERUNG STELLT

EINE DER GRÖẞTEN ZUKUNFTSAUFGABEN DAR.

Was können die rund 8.900 Kläranlagen tun, die hierzulande jedes Jahr etwa zehn Milliarden Kubikmeter Wasser reinigen? Das klingt nach viel und nach deutscher Gründlichkeit, doch was genau wird bei den Kontrollen überprüft? Nach welchen Stoffen wird gesucht? Was fliegt unter dem Radar? An welchen Stellen und in welcher Häufigkeit werden Proben genommen? Schauen wir nur mal aufs Mikroplastik, ist dessen Einleitung bislang nicht reguliert. Trotzdem müssen die kommunalen Kläranlagen nur zweimal im Jahr ihr Wasser auf Mikroplastik beproben. Das ist die Vorgabe der Europäischen Union. Was bringen mir zwei Werte pro Jahr in einem sich sekündlich verändernden Wasser? Und was sollen mir diese Werte sagen? Erfahre ich etwas über die Polymertypen? Oder über die Partikelgrößen? Die Fragen kann sich eigentlich jeder selbst beantworten: Das alles bringt mir gar nichts.

Dass allein die Mengen an Mikroplastik mit gelegentlichen Proben kaum zu bestimmen sind, konnten wir im Team von Wasser 3.0 demonstrieren, indem wir in zwei unabhängigen Studien *zweimal im Monat an zwei verschiedenen Stellen der Kläranlage*

Proben zogen. Ergebnis: Die Werte passten überhaupt nicht zusammen. Das ging hin und her. Handelte es sich um Pharmazeutika, die gelöst und homogen im Wasser verteilt sind, wäre das etwas anderes. Beim Mikroplastik haben wir es jedoch mit nichtlöslichen Partikeln zu tun, die mal hier und mal dort sind. Welchen der Werte sollte man da ernst nehmen? Der Spur des Mikroplastiks zu folgen funktioniert also nur, wenn die Detektion passt, wenn wir *kontinuierlich* analysieren – um im Fall der Fälle zügig reagieren zu können.

Die Wahrheit ist, dass unsere kommunalen Kläranlagen an die Grenzen ihrer Belastbarkeit kommen oder diese bereits erreicht haben. Die Konsequenz ist, dass viele Stoffe ungefiltert in die Umwelt gehen. **Bislang arbeiten die allermeisten Klärwerke in Deutschland in drei Stufen. In Europa sind es bei den rund 71.000 kommunalen Kläranlagen oftmals nur zwei.** In der ersten Stufe wird mechanisch, in der zweiten biologisch, in der dritten chemisch behandelt. Nachdem das Abwasser diese passiert hat, gelangt es gereinigt in den natürlichen Wasserkreislauf zurück, meist in nahegelegene Fließgewässer. Lange Zeit dachte man tatsächlich, dass man mit diesem bewährten Prozess die Verunreinigungen schon in den Griff bekommen könnte. Doch wie sich heute zeigt, gibt es viel mehr Faktoren, die zu beachten sind, zumal die Konzentrationen und Komplexitäten der problematischen Inhaltsstoffe kontinuierlich zunehmen und auch deren Verhalten in der Umwelt neue Lösungen verlangt. Seit einigen Jahren ist bekannt, dass wir es mit Inhaltsstoffen zu tun haben, die während der Abwasserreinigung in der Kläranlage lediglich geringfügig, bis gar nicht entfernt werden können – eben die anthropogenen Spurenstoffe. Konkret: Mikroplastik und Mikroschadstoffe. Nach unseren Berechnungen, die wir mit den vorliegenden Daten einiger Langzeitstudien durchgeführt haben, sind die Mikroplastikfrachten nicht zu unterschätzen, die jährlich trotz dreier Reinigungsstufen in unsere Gewässer gelangen. Bei Mikroschadstoffen gibt es sogar umfangreichere Datenmassen. In beiden Fällen zeigt sich einmal mehr, dass gemessen an der Giftigkeit dieses komplexen Chemikaliencocktails eine vierte Reinigungsstufe – oder besser: eine vierte Reinigungsstufe plus – unausweichlich zu sein scheint. Das ist einfacher gesagt als getan. Zum einen muss sie als Alleskönner ein breites Spektrum an problematischen Substanzen – zu denen im Übrigen auch chemische und biologische *Umwandlungsprodukte* gehören – entfernen. Zudem muss sie in bestehende Prozesse integriert werden können und für geschultes Personal leicht bedienbar sein. Jedoch hat sich die Wasserwirtschaft in der Vergangenheit nicht gerade als Innovationsmonster hervorgetan – trotz aller technologischen Versuche.

Es existiert heute bereits eine Vielzahl unterschiedlicher Verfahren, die zeigen, wie eine solche vierte Reinigungsstufe zur Mikroschadstoff-Entfrachtung aussehen kann. Zur Auswahl stehen – nach den jeweiligen Wirkmechanismen aufgeteilt – adsorptive, oxidative, biologische und physikalische Verfahren. Im Prinzip sind sie auch miteinander kombinierbar. Jedoch besitzt jedes von ihnen limitierende Faktoren, die auch im Zusammenspiel nicht gänzlich eliminiert werden können. Trotzdem schreitet die Kombinatorik voran: 2023 hat man etwa die Kläranlage im hessischen Mörfelden-Walldorf mit einer aufwendigen und kostenintensiven Kombination aus Ozonbehandlung, Pulveraktivkohle und Tuchfiltration ausgestattet. Die erste ihrer Art.

Auch in Rheinland-Pfalz und Baden-Württemberg und vielen anderen Bundesländern erhalten immer mehr Kläranlagen die langersehnte Ausbaustufe, mal mit einer einzelnen Technologie, mal in Kombination verschiedener. Und wer zahlt's? Bereits 2017 war eine Studie des Rheinisch-Westfälischen Instituts für Wasser zu dem Ergebnis gekommen, dass eine flächendeckende Ausstattung europäischer Kläranlagen mit einer vierten Reinigungsstufe 110 Milliarden Euro (bezogen auf die gesamte „Lebensdauer" der Anlagen) kosten würde, allein für Deutschland würde dies Investitionen von 37 Milliarden Euro bedeuten. Angesichts dieser horrenden Summen werden aus Gesellschaft und Verbänden die Rufe nach der Durchsetzung einer nachhaltigen Vorsorgestrategie auf Grundlage des Verursacherprinzips lauter.

Das könnte nun mit den angestoßenen Reformen Realität werden. Während dieses Buch entstand, beschloss das EU-Parlament nach mehrjährigen Vorarbeiten mit überwältigender Mehrheit, dass die gesetzlichen Normen für die Behandlung kommunalen Abwassers überarbeitet werden müssen, um die Gesundheit der Menschen und die Umwelt besser zu schützen. Konkret heißt das: Bis 2035 muss die zweite Reinigungsstufe (Entfernung biologisch abbaubarer organischer Stoffe) ergänzt werden. Bis 2039 muss die dritte Reinigungsstufe (Entfernung von Phosphor) in allen Kläranlagen ab 150.000 Einwohner eine zusätzliche Behandlung erhalten. Bis 2045 soll die so wichtige vierte Reinigungsstufe für alle Anlagen von EU-Städten über 150.000 Einwohner (und über 10.000 Einwohner auf Grundlage einer Risikobewertung) zum Entfernen von Mikroschadstoffen zur Pflicht geworden sein. Auch werden die Behörden angewiesen, bestimmte Parameter – darunter bekannte Viren, neu auftretende Krankheitserreger, chemische Schadstoffe wie PFAS, Mikroplastik und antimikrobielle Resistenzen – strenger zu überwachen.

Neu in dem Gesetz ist auch die eben schon erwähnte Herstellerverantwortung für Humanarzneimittel und Kosmetika, um die anfallenden Kosten der vierten Reinigungsstufe zu decken. Mindestens 80 Prozent der Kosten sollen von den Herstellern getragen werden, lediglich ergänzt durch nationale Finanzmittel. Weitere Vorschrift: Die EU-Mitgliedsstaaten werden verpflichtet, die direkte Wiederverwendung von behandeltem Abwasser aus allen kommunalen Kläranlagen zu fördern, insbesondere in Gebieten mit Wasserknappheit. „Die Gesetzgebung wird die Standards für Wassermanagement und Abwasserbehandlung in Europa erheblich verbessern, insbesondere durch neue Vorschriften zur Entfernung von Mikroverunreinigungen aus Medikamenten und Körperpflegeprodukten", erklärte der offizielle Berichterstatter im EU-Parlament, Nils Torvalds, im April 2024. „Wir stellen sicher, dass die Auswirkungen der Vorschriften auf die Erschwinglichkeit von Arzneimitteln nicht unverhältnismäßig sind und dass schädliche Chemikalien wie PFAS überwacht und in Zukunft besser behandelt werden." Es bleibt zu hoffen, dass dies keine zahnlosen Ankündigungen sind, dem Druck der Lobbygruppen widerstanden, kompromisslos kontrolliert und im Fall der Fälle Strafen fällig werden. Schließlich ist es auch eine Frage sozialer Gerechtigkeit, dass die Kosten für die Klärung industrieller Abwässer und den damit einhergehenden Umwelt- und Verbraucherschutz von der Industrie übernommen werden. Die Abwassergebühren der

Bürgerinnen und Bürger sind für die Klärung des kommunalen Abwassers da. Eigentlich müsste doch auch den Unternehmen klar sein, dass die beste und letztlich auch günstigste Lösung darin besteht, die Einleitungen erst gar nicht zuzulassen, also direkt an der Quelle anzusetzen – über Schadstoffentfrachtung und Prozessoptimierung vor Ort. Die zweitbeste Lösung, die Kläranlagen zu verbessern und die Verursacher an den Kosten zu beteiligen, ist sicherlich auch ein Hebel, aber nicht der größte. Ich denke, dass sich beide Maßnahmen zukünftig ergänzen müssen, um den jahrzehntelangen Stillstand zu durchbrechen. Bisher war es der Wasserwirtschaft offensichtlich darum gegangen, die alten Prinzipien weiterzureiten. **Wir sind doch gut gefahren, dachte man sich. Wenn die Kläranlage nicht ausreicht, bauen wir eben noch eine! Wir vergrößern unseren Aufwand, anstatt die Ursachen zu bekämpfen!** Darum ging's und geht's eigentlich bis heute. Das ist schon tragisch. Wir hätten so viel weiter sein können. Bei Wasser 3.0 bearbeiten wir beide Varianten – Abwasserreinigung beim Verursacher und in der Kläranlage. Dabei ist das Ziel immer, nachhaltige Lösungen zu entwickeln, die wirklich messbar sind. Das setzt eine Wasseranalytik voraus, die erst einmal die Datengrundlage für die Säuberung schafft, damit nicht wieder planlos geplant wird.

Aber nicht nur wir sind in die Offensive gegangen und sitzen damit genau auf dem Momentum, das die politische Nachregulierung nun erzeugt hat. Deswegen geht es im nächsten Kapitel auch ans Machen. Hier möchte ich neben unserer Technologie auch einige andere zukunftsträchtige Bemühungen um Schutz und Wiederherstellung sauberen Wassers vorstellen. Dabei vergesse ich nicht ...

... DIE NATUR, DIE UNS DIE BESTEN LÖSUNGEN SCHON IMMER KOSTENLOS ZUR VERFÜGUNG GESTELLT HAT.

SO FUNKTIONIERT DIE KLÄRANLAGE IN LANDAU

3. In den beiden **Nachklärbecken** setzen sich die Mikroorganismen als Schlammflocken ab und trennen sich so vom gereinigten Abwasser. Es ist bereits jetzt so sauber, dass es wieder einem Gewässer zugeführt werden kann. Der Klärschlamm aus dem Nachklärbecken wird in zwei **Faultürme** gepumpt, die auf diesem Bild nicht zu sehen sind. Auch dort sind Mikroorganismen tätig. Sie wandeln einen Teil der organischen Masse in **Faulgas** um. Das wiederum wird in einem Gasspeicher aufgefangen und anschließend als Biogas (mehrheitlich Methan) zwei Blockheizkraftwerken zur Verfügung gestellt.

2. Im **Belebungsbecken** wird das Wasser biologisch behandelt. Mit der Zufuhr von Luft-Sauerstoff werden Mikroorganismen angeregt, die organischen Stoffe im Abwasser abzubauen. Wer jetzt die dritte Reinigungsstufe – die Phosphorelimination – sucht, sollte wissen, dass dieser Schritt in Landau gleichzeitig mit der biologischen Abwasserreinigung im Belebungsbecken stattfindet. Alternativ zum Landauer Ansatz kann die Phosphorelimination auch als Vorfällung in der Vorklärung oder in besonderen Fällungs- und Nachklärbecken erfolgen.

1. Bevor das Abwasser ins **Vorklärbecken** läuft, wird es mechanisch von einem Rechen durchkämmt, um die großen Schwimm- und Fremdstoffe zu erwischen. Im Sand- und Fettfang werden mineralische Stoffe entfernt, nachdem sie auf den Boden gesunken sind. Die verbliebenen Feststoffe sammeln sich im Vorklärbecken als Schlamm.

4. Hier durften wir von **Wasser 3.0** unser Lager aufschlagen. Sowohl die Pilotanlage mit dem Hybridkieselgel-Reaktor als auch unser Labor konnten eine mögliche vierte Reinigungsstufe erforschen und die Wasseranalytik vorantreiben.

5. Über den sogenannten **Vorfluter,** einen kleinen, künstlich angelegten Kanal, wird das geklärte Wasser aus dem Nachklärbecken in das Flüsschen Queich geleitet, das nach einigen Kilometern in den Rhein mündet.

KAPITEL 3

GROẞEINSATZ FÜRS WASSER

3.1

DEZENTRALE LÖSUNGEN IM GRÜNEN

DER BODEN IST EIN WASSERSPEICHER

Fährt man mit dem Zug oder mit dem Auto durch die Landschaft, sieht man es vielleicht nicht auf den ersten Blick. Ist man viel mit dem Fahrrad unterwegs wie ich, erkennt und spürt man es schon eher. Die menschengemachte Erderwärmung sowie direkte menschliche Eingriffe haben dazu geführt, dass in Europa inzwischen 80 Prozent der Ökosysteme verändert und teilweise unwiederbringlich geschädigt sind. Wald und Boden sind ganz vorne mit dabei. Auch in meinem Heimatort sehe ich es unmittelbar, wenn ich aus dem Wohnzimmerfenster meiner Eltern auf die vormals grünen Hänge des Westerwalds schaue und jetzt nur toten oder kranken Wald vor Augen habe. Hitze, Dürre und Borkenkäfer haben hier massiv zugeschlagen. Auch in den stark versiegelten Ballungsräumen unserer Städte muss man lange nach grünen Oasen suchen, obwohl seit einigen Jahren davon geredet wird, im Zuge klimagerechter Stadtplanung Flächen der Natur zurückzugeben. Draußen, auf den Flächen vor den Toren der Städte, hat die konventionelle Landwirtschaft vielerorts zu toten Zonen geführt, wo nichts mehr fliegt, summt und kriecht, wo die Ernten nur noch mit hohem Chemieeinsatz und unter Nutzung kostbarer Grundwasserreserven gewährleistet werden können. Besonders der Boden ist von der jahrzehntelangen Bewirtschaftung angegriffen, verdichtet, ausgelaugt. 50 bis 60 Prozent der Böden in der EU sind stark angeschlagen und verlieren weiter Jahr für Jahr große Mengen an Humus. 13 EU-Mitgliedsländer geben laut Bodenatlas 2024 der Heinrich-Böll-Stiftung sogar an, dass sie von Wüstenbildung betroffen sind. Darunter nicht nur die Mittelmeeranrainer, sondern auch Länder wie Ungarn oder Bulgarien. Auch in Deutschland haben wir Ecken, in denen der Humusanteil des Oberbodens auf ein Minimum gesunken ist. „Bislang wird in

Deutschland Wüstenbildung gemeinhin nicht als Problem wahrgenommen", heißt es im aktuellen Bodenatlas. Laut Umweltbundesamt liegen jedoch die Humusgehalte bei Ackernutzung überwiegend nur noch zwischen ein und vier Prozent, bei forstlicher Nutzung zwischen zwei und acht Prozent, bei Grünland sind es immerhin vier bis 15 Prozent. Schaut man in den drei Bereichen nur auf die negativen Extremwerte, ist die Ackernutzung bei Humusgehalten, die kleiner als ein Prozent sind, am häufigsten vertreten. Extremwetterereignisse schwemmen den wenigen Humus zusätzlich von den Äckern. So fällt dieser Boden kurz- bis mittelfristig als existenziell wichtiger Kohlenstoffspeicher aus, und auch in seiner Funktion als Wasserspeicher – bei Dürren! – und Wasserpuffer – bei Starkregen! – verliert er kontinuierlich an Wirkung.

Doch es gibt sie, die Orte, an denen die Hoffnung keimt. Denn immer mehr Landwirte entschließen sich zur Transformation, verlassen die konventionelle Agrarindustrie mit ihren immer schwereren Landmaschinen und den breiten Pestizid-Portfolios, weil sie merken, dass das Geschäftsmodell nicht zukunftsfähig ist. Auf rund 29.000 Höfen wird bereits ökologische Landwirtschaft betrieben, Tendenz steigend. Dieser Trend ist auch auf europäischer Ebene zu bemerken. Eine Handvoll Landwirte wagt es hierzulande jedoch, sich vollends zurück in die Hände der Natur zu geben – und regenerative Landwirtschaft zu betreiben. Sie erlaubt es dem Boden, in die natürlichen Kreisläufe zurückzukehren, sich zu erholen, zu entgiften, Vitalität aufzubauen und auch wieder größere Mengen an Wasser aufzunehmen. Denn Humus – luftig, locker, aus viel organischem Material bestehend – ist ein ganz exzellenter Wasserspeicher. Er hindert das Wasser am sofortigen Versickern oder Ablaufen und kann das Drei- bis Fünffache, manchmal sogar das Zwanzigfache seines Eigengewichts aufnehmen. Liegt Humus sandigen oder steinigen Böden auf, ist er dort der einzige Wasserspeicher und damit enorm wichtig für das Bodenleben, die lokalen Wasserkreisläufe – und die Ernten. Um ein Kilogramm Getreide zu produzieren, werden auf dem Acker zwischen 400 und 750 Liter Wasser benötigt, bei Mais rund 1.500 Liter, bei Reis bis zu 3.000 Liter Wasser pro Kilogramm. Ohne zusätzliche Bewässerung funktioniert das nur mit intakten natürlichen Wasserspeichern. „Kein Wasser ohne Boden, kein Boden ohne Wasser", schreibt das Helmholtz Zentrum für Umweltforschung. Dieser Aussage kann ich mich nur anschließen.

Viele von Ihnen fragen sich vielleicht, warum ich mich auf diesen Seiten dem Boden widme. Das liegt daran, dass ich es mag, über den Tellerrand der eigenen Fachdisziplinen zu schauen, Themen und Bereiche zu vernetzen und Herausforderungen, vor denen wir stehen, ganzheitlich zu betrachten. Für dieses Kapitel bin ich „out of the box" losgezogen und habe mir einen Überblick verschafft über die Lösungen für unsere so angegriffene Ressource Wasser. Vielleicht kann meine Auswahl Basis sein für eine breitere Diskussion.

Widmen wir uns also in diesem Sinne dem Humusaufbau. Auch er gelingt durch unterschiedliche Verfahren. Einige von ihnen soll aktuell das von der Bundesanstalt für Landwirtschaft und Ernährung geförderte Modellprojekt „Humusaufbau in landwirtschaftlich genutzten Böden – Schwerpunkt Ackerbau" messen und bewertbar machen. Es läuft noch bis 2027.

Unabhängig davon sagt mir mein naturwissenschaftliches Verständnis, dass vor allem solche Verfahren erfolgreich sein können, die sich in erster Linie an den Bedürfnissen des Bodens orientieren und nicht primär an den Bedürfnissen der Wirtschaft. Denn bei gesundem Humus handelt es sich um ein extrem komplexes symbiotisches Zusammenspiel von Milliarden Lebewesen, die sehr sensibel behandelt werden wollen. Sollten *wir* uns nicht nach *ihnen* richten? Der Wiederaufbau ihrer Arbeitsplätze bedeutet erst einmal: Zeit. So viel scheint festzustehen. Humusschichten bilden sich von Natur aus langsam. Ehe pflanzliche Zerfallsprodukte zu einem Zentimeter Erde geworden sind, können in gemäßigten Breiten einhundert Jahre vergehen. Doch man kann die Vorgänge etwas beschleunigen. Regenerativ arbeitende Landwirte verzichten nicht nur auf bestimmte Chemikalien, sondern beispielsweise auch auf das Pflügen, oder sie reduzieren das Pflügen auf ein Mindestmaß. Sie verweisen darauf, dass das regelmäßige Aufreißen, Wenden und Durchmischen des Bodens das filigrane Ökosystem im Humus immer wieder zerstört. Stattdessen befürworten sie etwa die sogenannte Mulchsaattechnik, bei der Ernterückstände stets auf der Oberfläche des Feldes verbleiben. Die Samen der nächsten Generation werden nicht in den Boden, sondern in den darauf liegenden Mulch gegeben. Mulch schützt den Boden zudem vor dem Austrocknen, hält ihn feucht. Laut einer Studie der Deutschen Bundesstiftung Umwelt führt die Mulchsaat auch zu einer Vermehrung von Bodenorganismen, stabilerer Bodenstruktur und größerer Fähigkeit, Wasser aufzunehmen. In dauerhaft gemulchte Böden dringen bis zu 90 Prozent der Niederschläge ein, bei gepflügtem Boden sind es nur 50 Prozent. Traditionelle Methoden wie das Mulchen sind mir seit meiner Kindheit vertraut. Mein Opa mütterlicherseits – nicht der mit der Wünschelrute! – hatte einen kleinen Bauernhof zur Eigenversorgung. Es gab Kühe, Hühner, Puten und einen Truthahn, dazu Kartoffelanbau und viele Obstbäume, und natürlich haben wir Kinder immer mitgeholfen. Auch meine Eltern pflegen bis heute ihren eigenen Gemüsegarten, in dem sie mit viel Hingabe Salate, Tomaten, Bohnen, Erbsen, Kartoffeln, Zwiebeln, Knoblauch, viele Kräuter und auch Früchte wie Johannisbeeren, Brombeeren, Äpfel, Birnen, Kirschen und Pflaumen großziehen. In meiner Kindheit wurde in den Erntemonaten jeden Samstag ein anderer Obstkuchen gebacken. Jeden Tag stand frisches Gemüse auf dem Tisch. Und auch jetzt noch komme ich in den Genuss, wenn ich mal wieder zu Hause vorbeischaue. Diese Generationen haben es genau richtig gemacht. Sie hatten noch die Nähe zur Natur, die ich mit dem Verlassen meines Dorfes erst einmal verlor. Sie ehrten den Boden, machten sich Gedanken um ihn und waren dankbar für alles, was er ihnen bescherte.

Es ist nicht nur das Mulchen, das die regenerative Landwirtschaft von heute wiederentdeckt hat. Auch die Streuobstwiesen, die damals zur Selbstverständlichkeit eines Dorfes gehörten und irgendwann plattgemacht wurden, kommen zurück. Nur nennt man sie heute anders. Agroforst, schon mal etwas davon gehört? Ich musste mich auch erst einmal darüber informieren. Agroforstsysteme sind eine weitere Variante, den Boden als Wasserspeicher zu reaktivieren. Dabei werden über den Acker hinweg Baumreihen gepflanzt, gerade in einem solchen Abstand, dass die Erntemaschinen zwischen ihnen hindurchpassen, um das Getreide mitzu-

WIEDERVEREINIGUNG VON ACKER, BAUM UND VIEH

Agroforstsysteme orientieren sich an traditionellen Bewirtschaftungsformen, in denen Feld, Wald und Tier zusammen gedacht wurden. Gemeinsam leben und wachsen sie in einer Art Symbiose, profitieren voneinander, geben sich Nährstoffe – und bauen gleichzeitig humusreichen Boden auf. Damit erhält er seine Funktion als Wasserspeicher zurück und verleiht dem System gerade in trockeneren Zeiten Resilienz.

nehmen. Die Reihen können aus diversen Laubbaumarten bestehen, Obstbäumen, Nussbäumen, Esskastanien oder auch nur aus holzgebenden Kandidaten. Neben der durchaus auch wirtschaftlichen Funktion besteht ihre ökologische Leistung im Erosionsschutz, im Schattenwurf, in der Nährstofflieferung, im Angebot von neuen Habitaten und in der Durchwurzelung des Bodens. Auch sind die Baumwurzeln in der Lage, über den sogenannten hydrologischen Auftrieb den Grundwasserspiegel anzuheben, Wasser nach oben zu pumpen, um es für andere Pflanzen – und den Humus – verfügbar zu machen. Das steigert wiederum Fruchtbarkeit und Wasserrückhaltevermögen.

Zum Zweck des Bodenaufbaus orientieren sich manche regenerativ arbeitenden Landwirte an den Erkenntnissen des schweizerisch-brasilianischen Agronoms Ernst Götsch, der als Pate des syntropischen Agroforstsystems gilt. Hierbei handelt es sich um eine Kombination aus Acker-, Obst- und Waldwirtschaft, die so aufeinander abgestimmt ist, dass sie ohne Dünger und ohne Bewässerungsanlagen auskommt und angeblich sogar mehr Erträge bringt. Götsch selbst greift dabei auf traditionelle Anbauformen aus seiner alpinen Heimat – Stichwort: Streuobstwiesen – wie aus Südamerika zurück und ist fest davon überzeugt, dass man, wie er es ausdrückt, „Wasser pflanzen kann". 600 Hektar Agroforst würden genügen, um sogar seinen eigenen Regen herzustellen. Zur Perfektion hat Ernst Götsch seine Methoden erstmals in Brasilien gebracht, wo er auf einst kaputten Plantagenböden eine Waldfarm schuf, die sich an den natürlichen Pflanzenfolgen und -gesellschaften orientierte. Neben der reichen Ernte sorgten seine Pflanzungen angeblich für noch etwas ganz anderes: Quellen fingen wieder an zu sprudeln! Seitdem trägt Götsch seine Philosophie in alle Welt – unter anderem auch nach Deutschland.

Da Agroforstsysteme scheinbar auch hierzulande an Popularität gewinnen, hat sich 2019 das Fraunhofer-Institut dieser neuen Wirtschaftsform angenommen und eine *Roadmap Agroforstwirtschaft* entworfen. In dem 66-seitigen, durch das Bundesministerium für Bildung und Forschung unterstützten Bericht wird am Ende die finanzielle Förderung neuer Agroforstsysteme empfohlen sowie ihre Aufnahme in den Maßnahmenkatalog der Wasserrahmenrichtlinie. „Die Vorteile von Agroforstsystemen" würden „häufig nicht erkannt", wird in der Roadmap kritisiert. In der Erklärung der Vorteile für den Wasserhaushalt heißt es, dass Agroforstsysteme den Oberflächenabfluss verminderten sowie eine deutliche Herabsetzung der Windgeschwindigkeit, „wodurch sie zu einer effektiven Reduzierung von Wasser- und Winderosion beitragen. Ferner ist vor allem unter den extensiv bewirtschafteten Gehölzen mit einer Verbesserung der Bodenstruktur und einer Zunahme des Bodenlebens zu rechnen, wodurch sowohl Pufferkapazität als auch Fruchtbarkeit des Bodens positiv beeinflusst werden." Besonders ermutigend fand ich diese Schlussfolgerung: „Insbesondere auf Standorten mit latentem Wasserdefizit ist sogar eine Erhöhung der Flächenproduktivität möglich." Manchmal scheint eine Erinnerung an die Anbaumethoden unserer Großeltern auszureichen, um die Zukunft zu meistern.

„KEIN WASSER OHNE BODEN, KEIN BODEN OHNE WASSER."

MOOR MUSS NASS

Bei der Recherche zu diesem Buch bin ich über viele erstaunliche Fakten gestolpert. Wussten Sie zum Beispiel, dass zahlreiche Flächen, auf denen heute Ackerbau, Weidewirtschaft oder Waldwirtschaft betrieben werden, einmal unter Wasser standen? Diese ursprünglichen Feuchtlandschaften – gern auch unter dem Begriff Moore verallgemeinert – übernehmen eine besondere Rolle im Gewässer- und Klimaschutz. Deswegen finden sie sich auch in diesem Lösungskapitel wieder. Sie bildeten sich mit den Überflutungen der zu Ende gehenden letzten Eiszeit vor etwa 12.000 Jahren. Vier Prozent der aktuellen Gesamtfläche Deutschlands machten sie einmal aus. Jahrhundertelange Entwässerung transformierte jedoch 92 Prozent der Moorflächen in landwirtschaftliches Nutzland, das auch für den Torfabbau geplündert wurde. Immense Mengen an Treibhausgasen gelangten so in die Atmosphäre. In anderen eigentlich moorreichen Regionen Europas – wie im Baltikum, im europäischen Teil Russlands oder in Finnland – ist die Lage ganz ähnlich. Rund die Hälfte der Moore auf unserem Kontinent gelten aufgrund der vielerorts nicht abreißenden Entwässerung als geschädigt. Weltweit kommen jedes Jahr 500.000 Hektar zerstörte Moore hinzu.

Sie spielen nicht nur eine extrem wichtige Rolle im Kohlenstoffkreislauf der Erde und im Netz der Artenvielfalt, sondern auch in den regionalen Wasserkreisläufen. Denn intakte Moore speichern große Wassermengen, die sie nur langsam wieder abgeben. Bei Starkregen, Hochwasserereignissen oder längeren Trockenperioden wirken sie als Puffer, filtern und reinigen zusätzlich das gemächlich durchströmende Wasser. Auch für unsere Trinkwasserreserven sind Moore daher unverzichtbar. Angesichts der angespannten Wasserlage sollte man denken, dass der Zerstörung von Mooren zu wirtschaftlichen Zwecken zumindest in der EU längst ein Riegel vorgeschoben wurde und unzählige Wiedervernässungs- und Restaurierungsprojekte angeschoben worden sind. Leider nein. Bisher wurden in der EU lediglich 120.000 Hektar entwässerter Moore wiedervernässt – ein knappes Prozent! Laut Mooratlas 2023 der Heinrich-Böll-Stiftung wollen lediglich 12 der 27 EU-Mitgliedsstaaten den Moorschutz als Teil der Gemeinsamen Agrarpolitik (GAP) in ihre nationalen Pläne aufnehmen. Förderprogramme zur aktiven Restaurierung von Moorböden bieten nur sechs Mitgliedsstaaten, darunter Deutschland.

Selbst wenn man Moore nicht wieder der Natur übergeben möchte, bieten sich ökologisch sinnvollere Möglichkeiten der Bewirtschaftung, die ohne weitere Zerstörung auskommen und gleichzeitig Landwirtinnen und Landwirten eine Zukunftsperspektive bieten. Die Lösung: Unter Berücksichtigung der Wiedervernässung können neue, naturgemäße Bewirtschaftungsformen und Wertschöpfungsketten aufgebaut werden. Geht nicht? Geht! Dank nationaler Moorschutzstrategie und zahlreicher daraus resultierender Forschungsprojekte drängt sich seit einiger Zeit die Paludikultur auf. Das Wort Paludi stammt vom lateinischen Palus, was Sumpf bedeutet oder auch Morast. Das bisher als unbrauchbar und hinderlich empfundene Feuchtland wird dabei als produktive Anbaufläche genutzt. Nachwachsende Rohstoffe wie Torfmoose, Schilf oder Röhricht können dort gedeihen. Sie werden mit spezieller Technologie entnommen, ohne dass das Biotop zerstört wird.

POWER TO PALUDI!

Will man Kuhweiden zurückverwandeln in Moore, die sie einmal waren, stellt sich die Frage der landwirtschaftlichen Nutzung. Mit jahrzehntelanger Paludiforschung ist man tragfähigen Geschäftsmodellen immer näher gekommen. Schilf, Röhricht oder Torfmoos können Naturprodukte sein, die auf wiedervernässtem Boden wachsen und regelmäßig geerntet werden.

Seit Beginn der Forschung zur Paludikultur vor etwa zwanzig Jahren wird an deren Marktfähigkeit gezweifelt. Obwohl es dringend neuer Ersatzstoffe gerade für den Torf bedarf. Denn große Teile der in Gewächshäusern für den Weltmarkt gezogenen Gemüse, Beeren, Kräuter oder anderen Jungpflanzen fußen auf Substrat, das auf gigantischen Mengen des klima- und wasserschädlich abgebauten Torfs basiert. Eine Transformation wäre also dringend notwendig. Jedoch müssten wohl andere Branchen mitziehen, um ausreichend Nachfrage herzustellen. Ende 2023 konnte eine Studie der toMOORow-Initiative von Succow Stiftung und Umweltstiftung Michael Otto darlegen, was es braucht, damit sich Landwirte veranlasst sehen könnten, ihre entwässerten Flächen wieder zur vernässen: In erster Linie sind das mehrere, quasi direkt hinter dem renaturierten Moor beginnende Wertschöpfungsketten. Branchen wie Papier- und Verpackungs-, Bau- und Dämmstoff-, Holz- und Möbel-, Kunststoff- und Grundstoffindustrie sowie die Bioenergie könnten sich, so die Studie, an der Inwertsetzung der Paludi-Biomasse beteiligen. Sie könnten „einen signifikanten Beitrag leisten, das bundesweite Potenzial von einer Million Hektar wiedervernässbarer landwirtschaftlich genutzter Moore zu nutzen“. Weiterhin wurde berechnet, dass der Marktanteil von auf Mooren produzierter Biomasse 15 Prozent betragen müsste, damit sich eine breit praktizierte Paludikultur lohne. Eine Wiedervernässung würde also funktionieren, wenn man sie kommerzialisierte. Der Weg von der Weide zurück zum Moor wäre ein Beispiel für gelungene sozial-ökologische Transformation. Es ginge nicht um kleine Modifikationen alter Geschäftsmodelle mit mehr oder weniger positivem Impact, sondern es entstünde etwas ganz anderes, neues, vollständig Nachhaltiges, an dem dennoch alle Menschen weiterhin partizipieren könnten.

Kein Wunschdenken ohne ein Aber: Eine wirkliche Transformation kann nur dann gelingen, wenn die in der Studie genannten Branchen mit dem neuen Rohstoff ebenfalls nachhaltige Produkte herstellten. Würden sie die Biomasse nur abnehmen, um sie energetisch zu verwerten oder mithilfe chemischer Zusätze in wiederum teils hochgiftige Waren zu überführen, wäre dieser Akt nur etwas fürs Schaufenster. Die gesamte Wertschöpfungskette bei der Produktplatzierung permanent im Blick zu haben, ist sicherlich ein Kraftakt, der im ersten Moment Zeit, Energie und Ressourcen kostet, doch auf lange Zeit wird sich dieser Aufwand rechnen. Davon bin ich fest überzeugt.

WUNDERWERK MANGROVEN

Der Familienurlaub führte uns früher meist an Nord- und Ostsee oder auch an die französische Atlantikküste. Dass es so etwas gibt wie Mangroven, erfuhr ich erst in der Schule. Wir fuhren am Wandertag nach Frankfurt in den Palmengarten, wo es in einem der Gewächshäuser auch Mangroven zu bestaunen gab. Vor allem die drückende Schwüle blieb mir im Gedächtnis hängen. Was diese außergewöhnlichen Pflanzen mit ihren seltsamen Stelzwurzeln leisten, wurde mir erst im Laufe der Jahre bewusst. Erst auf meiner großen Orchestertournee 2001 nach Südkorea begegneten mir Mangroven wieder, zum dritten Mal dann im Zuge der Recherche zu diesem Buch. Denn sie übernehmen wichtige Leistungen für das Klima wie für die Öko- und Wassersysteme der Subtropen und Tropen.

Mangroven haben es über Jahrmillionen gelernt, mit Salzwasser zurechtzukommen und sich als Gezeitenwälder an den Rhythmus der Küstenlinien anzupassen. Die Wurzeln kommen über und unter Wasser klar, sie haben spezielle Formen ausgebildet, um der ständigen Bewegung standzuhalten. Und über einen ausgeklügelten Filtermechanismus lassen die Mangrovenwurzeln zwar das Wasser hinaufsteigen, nicht aber das Salz. Mit diesem Kunststück konnten sie sich über große Landstriche ausbreiten, Tausenden Tierarten ein Zuhause bieten, Sedimente bilden, Erosion eindämmen, das Wasser filtern, die Luftqualität verbessern, vor Tsunamis schützen und mit ihrem weitverzweigten Wurzelgeflecht vor allem unterirdisch als Kohlenstoffsenke dienen. In Bezug auf die Klimaeffizienz ist vor allem das ihr großes Plus. Denn mit jeder Flut trägt das Meerwasser kohlenstoffreiche Partikel tief in die dichten Labyrinthe, wo sie sich absetzen und sich zu einem sauerstoffarmen Schlamm verdichten. In diesem Milieu wird gar nichts mehr zu Treibhausgas! Die Sedimentschichten konnten so über viele Jahrhunderte hinweg anwachsen und die Mächtigkeit von Hochhäusern annehmen.

Was sind das für grandiose Talente! Keine Technologie der Welt würde so viel auf einmal hinbekommen. Hinzu kommt, dass Mangrovenwälder hochdivers sind. Sie bestehen nicht etwa aus einer Art, wie man denken könnte, sondern aus Bäumen und Sträuchern von rund 70 Arten. Doch leider verhält es sich hier wie bei den Mooren. Seit Mitte des 20. Jahrhunderts ist etwa die Hälfte der Mangrovenwälder von der Erde verschwunden. Die letzten großen Standorte finden wir in Süd- und Südostasien. Auch sie sind weiterhin bedroht, die Einschlagrate von Mangroven ist höher als die von Regenwäldern. Es sind vor allem Aquakulturen für Garnelenfarmen, Palmölplantagen, Reisfelder oder Siedlungen, für die die Mangroven weichen müssen. Die durch den Mangrovenverlust entstehenden jährlichen CO_2-Emissionen sollen größer sein als die Österreichs.

Es gibt weltweit inzwischen einige Initiativen und Organisationen, die versuchen, den Verlust der Mangrovenwälder mit Neupflanzungen wieder auszugleichen, doch diese Maßnahmen gelten als aufwendig, kostenintensiv, müssen eng und fachkundig betreut werden – und sind häufig nicht erfolgreich. Zumal die jungen Pflanzen mit immer stärker belastetem Meerwasser zurechtkommen müssen und mit dem giftigen Eintrag, der über die Flüsse in die Deltas verbracht wird. Natürlich existieren Ausnahmen, weshalb es sich lohnt, weiterhin in die Wiederaufforstung von Mangroven zu investieren. Interessant dabei ist eine Studie der Tsinghua-Universität Peking von 2023, die im Vergleich von 370 Mangrovenpflanzungen aus aller Welt herausfand, dass die Wiederaufforstungen alter Standorte hinsichtlich der Kohlenstoffspeicherung erfolgreicher waren als die Aufforstungen an völlig neuen Standorten. Bei aller Anstrengung um das Aufziehen neuer Mangrovenwälder scheint es mir ebenso wichtig – wenn nicht sogar wichtiger –, weiterhin den unbedingten Schutz der verbleibenden Mangrovenwälder zu verfolgen.

SCHÜTZER DER KÜSTEN

Typisch für Mangrovenpflanzen sind die Stelzwurzeln, die sich an den ständigen Tidenhub angepasst haben. Damit bieten sie Küstenschutz, Habitate für zahlreiche Arten und bauen Kohlenstoffsenken auf.

ALLESKÖNNER WALD

So viel wie Mangroven an den südlichen Küstenlinien leisten, so viel leisten bei uns die Wälder. Gerade für die regionalen und kontinentalen Wasserkreisläufe und den Aufbau von Trinkwasser spielen sie eine entscheidende Rolle. Wälder dienen als Regenmacher, als Wasserspeicher, als Wasserpumpe, als Wasserverteiler, als Wasserreiniger und als Klimaanlage. Schon allein deswegen sollten Schutz und Erhalt der noch bestehenden Waldflächen – 78 Prozent der globalen Urwälder wurden bereits in den letzten 8.000 Jahren zerstört – stets vor Aufforstungen stehen. Doch leider laufen wie bei den Mangroven viele Maßnahmen, die zuerst wie eine probate Lösung ausgesehen haben, ins Leere. Millionen von Euro fließen fürs gute Gewissen in CO_2-Kompensationspflanzungen. Ob die jungen Bäume aber genau an dem Ort der Pflanzung sinnvoll sind, ob sie in der schwierigen Anwuchsphase ausreichend betreut werden, ob der Boden genügend Nährstoffe liefert und der Himmel das Wasser, ob sie also überhaupt überleben, dafür fehlen am Ende oft Nachweis und Transparenz. Die Wahrheit ist: Viele Setzlinge gehen ein, bevor sie einen Hauch von Wald bilden konnten, manche wachsen zu artenarmen und wenig resilienten Monokulturen, andere beziehen nicht die Belange der örtlichen Bevölkerung mit ein. Unabhängige Studien kamen zu dem Ergebnis, dass ein Großteil der Unternehmen, die ökologische Kompensationsmaßnahmen mittels Baumpflanzungen durchführten, keine vertrauenswürdige Rechenschaft über deren Erfolg ablegen konnten. In diesem Kontext fällt immer häufiger der Begriff Greenwashing.

Der in Zürich forschende Ökologe Thomas Crowther trug zum Hype um Pflanzungen bei, indem er die Anzahl der notwendigen Bäume bezifferte, um dem Klimawandel messbar entgegenzuwirken. Das Potenzial der Wälder sei bisher massiv unterschätzt worden, so Crowther. 1,2 Billionen Bäume würden ausreichen, um ein Jahrzehnt anthropogener Treibhausgasemissionen auszuradieren. Umgehend kritisiert wurde etwa vom Potsdamer Klimaforscher Stefan Rahmstorf, dass die Berechnungen auf falschen Annahmen beruhten und wichtige Rückkopplungseffekte im Erdsystem missachtet wurden. Gleichzeitig wurde die Studie umgehend gekapert von politischen Akteuren, denen es gerade recht kam, dass es wohl nichts weiter braucht, als Bäume zu pflanzen. Auch wurde Crowther und seinem Team vorgeworfen, die Aufforstung gegen andere Maßnahmen auszuspielen, was schließlich dazu führte, dass er die Formulierungen in einer korrigierten Version der Studie anpassen musste. Ganz genau hieß es in der Erklärung: Die Autoren „meinten nicht, dass die Aufforstung wichtiger ist als die Verringerung der Treibhausgasemissionen oder diese ersetzen sollte, und sie meinten auch nicht, dass die Wiederherstellung von Wäldern wichtiger ist als die Erhaltung der natürlichen Ökosysteme, die derzeit bestehen."

Um jetzt aber mal positiv zu werden: Es gibt auch Studien, die ganz klar aufzeigen, wo neue Wälder wirklich sinnvoll sind. Vor allem: wo sie hilfreich sind, um Niederschläge zu schaffen und selbst große Wasserkreisläufe wieder anzukurbeln. Dabei ist es wichtig zu wissen, dass Wälder wie Transportbänder für Regen funktionieren. Sie helfen dabei, die Feuchtigkeit von den Ozeanen weit ins Landesinnere hineinzuholen. Fehlen Wälder schon an den Küsten, herrscht oft Trockenheit bis tief in den Kontinent. Kondensiert die feuchte Luft vom Meer an den von den Küstenwäldern ausgeschütteten Kondensationskernen, bildet sie Wolken, die landeinwärts

BÄUME ALS TRANSPORTUNTERNEHMER

Ein intakter Wald (linke Seite) hält nicht nur den regionalen Wasserkreislauf aufrecht, indem er Niederschläge initiiert und aufnimmt. Er sorgt auch dafür, dass große Wassermassen in der Troposphäre mit dem Wind von einem Ort zum anderen transportiert werden. Ein geschädigter Wald (rechte Seite) vermag beides unzureichend oder gar nicht mehr. Wasserkreisläufe reißen mit einem bestimmten Zerstörungsgrad ab.

ziehen und abregnen. Die nächsten Wälder nehmen das Wasser auf, verdunsten einen Teil in die Luft. Wieder werden Wolken gebildet, die weiterziehen und einige Kilometer landeinwärts ebenso abregnen. Sofern die Landschaft dafür gemacht ist, kann dieser Prozess über Tausende Kilometer reichen. Überall, wo noch bis ans Meer reichende große, zusammenhängende Waldgebiete existieren, gehören derartige Wassertransportbänder – auch „fliegende Flüsse" genannt – zu den konstituierenden Phänomenen. Große Teile Südamerikas haben seit Jahrtausenden von diesem Mechanismus profitiert. Wenn wir effektiv aufforsten wollen, sollten wir nicht auf

Teufel komm raus dort beginnen, wo es uns gerade gefällt. Wir sollten strategisch vorgehen und mit Bedacht. Eine Studie des Potsdam-Instituts für Klimafolgenforschung liefert Antworten darauf, wo neue Wälder gezielt entstehen müssen, um genau solche schwächelnden oder bereits abgerissenen Transportbänder anzukurbeln oder entstehen zu lassen. Sinnvoll wären danach Aufforstungen in Mexiko, im Osten Chinas, im europäischen Mittelmeerraum und im südlichen Amazonasgebiet. Warum gerade dort? Weil Dürren und Trockenheiten zukünftig genau dort vermehrt zu erwarten sein werden.

Das 1993 in Finnland gegründete European Forest Institute empfiehlt mit Blick auf die Wasserkreisläufe noch andere Waldmaßnahmen. Von entscheidender Bedeutung sei es, „die Abholzung vor allem in erosionsgefährdeten Gebieten zu vermeiden, die Fläche der Kahlschläge an steilen Hängen zu begrenzen und den Oberflächenabfluss und Sedimentverlust zu verringern". Gerade die Wiederherstellung von Wäldern entlang von Flussufern trage zur Wasserqualität und zum Schutz vor Überschwemmungen bei. In Trinkwassergewinnungsgebieten sollten Laubwälder gegenüber Nadelwäldern bevorzugt werden, da die insgesamt geringere Blattfläche mehr Wasser durchlasse und die Verschmutzung der Grundwasserschicht verringere. Eine Durchmischung von Baumarten führe häufig zu einer weiteren Durchdringung des Bodens mit Wurzeln und könne zu einer verbesserten Trockentoleranz beitragen. Wir können also allein mit den richtigen Bäumen am richtigen Ort weiterhin extrem viel schaffen. Unterstützen wir Pflanzaktionen, sollten wir uns vorher allerdings sehr genau über die ökologische Sinnhaftigkeit und Projekttransparenz informieren.

SCHÜTZT DAS GRUNDWASSER!

Bis Regenwasser auf eine wasserundurchlässige Schicht stößt und zu Grundwasser wird, kann viel Zeit vergehen. Je nach Bodentyp dauert seine Reise ein paar Monate, nicht selten mehrere Jahre, manchmal sogar Jahrhunderte. Dort unten, in den Aquiferen den Grundwasserträgern, vermischt es sich mit zum Teil jahrtausendealtem Wasser. Diese Lagerstätten gehören zu dem Wertvollsten, was die Erde zu bieten hat. Sie dienen Milliarden Menschen als Trinkwasserquelle und als Quelle für die Bewässerung zu trockener Felder. Auf der Reise in die Tiefe wird Wasser zwar nach allen Regeln der Kunst gefiltert und kommt normalerweise immer in besserer Kondition am Ziel an. Jedoch wird das Oberflächenwasser immer öfter von Mitreisenden begleitet, die äußerst unangenehm sind: Insektizide, Herbizide, Fungizide, synthetische Dünger, Pharmazeutika sowie deren Abbauprodukte und viele weitere Mikroschadstoffe. Auch die in Kapitel 2 erwähnten per- und polyfluorierten Ewigkeitschemikalien sind dabei, gegen die selbst in der Natur kein Kraut gewachsen ist. Diese gelösten Chemikalien schaffen es mit dem Wasser als Trägermedium häufig bis hinab ins Grundwasser, das zwischen 10 und 100 Meter tief liegen kann. Dort kommen die Giftstoffe zusammen und bilden wahre Chemikaliencocktails, deren Gesamtwirkung absolut untererforscht ist. Im alten Teil des Wassers, dem sogenannten fossilen Grundwasser, konnten Wissenschaftler vor ein paar Jahren sogar radioaktive Spuren der Atombombentests aus der Nachkriegszeit entdecken. Das ist insgesamt ein Verseuchungsszenario, das man sich vor nicht allzu langer Zeit kaum vorstellen konnte. Das Umweltbundesamt schreibt dazu: „Grundwasser galt in der Vergangenheit im Vergleich zu oberirdischen Gewässern als

POLITIK WÄRE DER GRÖSSTE WASSERSCHÜTZER!

Bereits belastetes Grundwasser ist mit technischen Lösungen nicht zu säubern. Das muss die Zeit erledigen. Dass jedoch neue Belastungen das Grundwasser erreichen, können – und müssen – Politik und Gesetzgebung verhindern.

gut geschützt gegenüber anthropogenen Verunreinigungen. Doch Reinigungs- und Rückhaltevermögen der überlagernden Bodenschichten wurden überschätzt." Und so kommt es, dass in Deutschland ein Drittel der Grundwassersphären, aus denen die größte Menge unseres Trinkwassers gewonnen wird oder aus denen Flüsse gespeist werden, bereits heute als belastet gilt. In vielen anderen Ländern, die noch weniger auf Grenzwerte schauen als wir, ist die Belastung des Grundwassers noch viel verheerender. In Brasilien etwa, einer der Hauptabnehmer von Pestiziden, weisen Studien jedenfalls regelmäßig zahlreiche Substanzen nach, doch die Grenzwerte wurden so hoch angesetzt, dass nach den Messungen kaum etwas passiert.

Das Grundwasser in diesen gigantisch großen natürlichen Reservoirs ist natürlich nicht mit einer Großaktion zu reinigen. Hier muss das Prinzip der Vorsorge gelten. Das kann mit Kleinigkeiten beginnen. Etwa damit, Gewässerrandstreifen anzulegen, die als Pufferzone dienen und die ausgeschwemmten Chemikalien aufhalten, sei es am Rande von Äckern oder von Landstraßen. Aber weder sind solche Maßnahmen hierzulande vorgeschrieben, noch würde darin eine wirkliche Lösung bestehen. Nein, für den Schutz unseres Grundwassers ist in erster Linie die Politik zuständig. Heißt: Es müssen endlich realistische und sichere Grenzwerte her, gepaart mit strengen Kontrollen sowie Strafandrohung, sollten die Grenzwerte gerissen werden. Aber was genau suchen wir? Legen wir uns im Sinne einer Target-Analytik auf bestimmte Stoffe fest, übersehen wir andere. Nutzen wir Non-Target-Analytik und schauen uns alles an, was wir finden können, werden zwar alle Stoffe bis zur Nachweisgrenze des Geräts erfasst, den wilden Zackenwust dann zu anlysieren und die Identität und Konzentrationen der Einzelstoffe zu bestimmen, dauert jedoch lange – oftmals einfach viel zu lange. Die Analytik hängt zeitlich immer hinterher. Beide Varianten haben also Vor- und Nachteile.

So oder so: Zusätzlich müsste es wohl eine Kontrolle der Kontrolleure geben, denn zu oft und zu lange konnten Grenzwerte ignoriert werden, ohne dass jemand den Tätern regelrecht auf die Finger gehauen hat. Der Kampf um Nitrate im Grundwasser ist ein trauriges Beispiel dafür, dass ohne Aufsicht zu wenig passiert. Sie erinnern sich? EU-Kommission und Europäischer Gerichtshof mussten Deutschland über viele Jahr hinweg ermahnen und schließlich hohe Strafen androhen, damit der Überdüngung Einhalt geboten wird.

Dass sich die Abgeordneten des EU-Parlaments über ihre politische Verantwortung bewusst sind, zeigte im Herbst 2023 allerdings die Abstimmung über die Anpassung der Wasserschutzgesetzgebung. Genauer gesagt ging es um die Schärfung der Richtlinie zur „Schaffung eines Ordnungsrahmens für Maßnahmen der Gemeinschaft im Bereich der Wasserpolitik", wie es im Behördendeutsch so schön heißt. Dabei spielte das Grundwasser eine größere Rolle. Auch die Richtlinie zu seinem Schutz wurde geschärft. Man einigte sich auf neue Qualitätsnormen zur Beurteilung seines chemischen Zustands. Die Schwellenwerte liegen nun zehnmal niedriger als die für Oberflächengewässer. Auch kamen neue Substanzen auf die Liste der Grundwasserschadstoffe wie bestimmte Per- und Polyfluoralkyl-Stoffe (PFAS), da diese an mehr als 70 Prozent der Grundwassermessstellen in der EU nachgewiesen worden waren. Außerdem konnten strengere Grenzwerte für Pestizide wie Glyphosat und Atrazin, für das Kunststoff-Additiv Bisphenol sowie Pharmazeutika festgelegt werden. Dies alles ist Teil der Ambitionen des Green Deal, bis 2050 einen Kontinent geschaffen zu haben, der auf „Zero Pollution" stolz sein kann. Null Verschmutzung? Noch klingt das für mich wie eine Utopie aus einer völlig anderen Welt.

Wir wissen: Zur Belastung des Grundwassers kommt dessen Plünderung. Wie bereits dargestellt, sinken im Zuge des Klimawandels vielerorts die Grundwasserspiegel. Besonders ist das in Europa in den Extremsommern 2018 bis 2020 sowie 2022 aufgefallen. Auch hier ist die Politik gefragt. Ein Allgemeingut, das über unsere Zukunft entscheiden wird, kann weder Konzernen überlassen werden, noch sollten sich Landwirte quasi kostenfrei, ohne Limit und unkontrolliert daran bedienen dürfen. Wenn sie es wirklich ernst meinen, müssten EU, Bund, Länder und Kommunen endlich nachregulieren und den Durst der kommerziellen Nutzer einhegen. Gerade in der Landwirtschaft gehören stärkere Kontrollen dazu. So könnten etwa antiquierte Maßnahmen wie das Führen von Wasserbüchern von kontinuierlichen digitalen Lösungen wie der Installation vernetzter Wasseruhren, wie wir sie alle aus unseren Haushalten kennen, abgelöst werden. Persönliche Kontrollen vor Ort dürften dadurch aber nicht vollends ersetzt werden. Denn nicht angemeldete – also illegale – Brunnen sind in Europa leider keine Ausnahme.

PLASTIK RAUS!

Seit die ersten Aktivisten mit der Mission angetreten sind, unsere Gewässer geduldig wie der legendäre Sisyphos vom Müll zu befreien, wird gefragt, wie sinnvoll diese Engagements eigentlich sind – vor allem die auf offener See. Vorab: Jede Plastikflasche weniger in unseren Flüssen, Seen und Meeren ist eine gute Plastikflasche. Jedes Nylonnetz weniger ist ein gutes Nylonnetz. Ich schätze die Beharrlichkeit und die Zuversicht der maritimen Müllsammler, dem unablässig nachströmenden Plastik etwas entgegensetzen zu müssen – scheinen manche Engagements auch noch so klein zu sein. Dianna Parker vom Marine Debris Program der US-amerikanischen National Oceanic and Atmospheric Administration brach das mal auf eine Zahl herunter. „Würde man versuchen, weniger als ein Prozent des Nordpazifiks zu säubern, hätten 67 Schiffe ein Jahr lang zu tun." Trotzdem nannte sie die Lage nicht hoffnungslos. „Das Problem des Mülls im Meer ist durchaus lösbar, denn er stammt von uns Menschen und unseren täglichen Praktiken. Wir können eine ganze Reihe von Maßnahmen ergreifen, um zu verhindern, dass er ins Meer gelangt."

Mit dieser Aussage sind wir bei meinen Einwänden. Nicht nur ich halte es für weit effizienter, uns darauf zu konzentrieren, die Plastikrouten in die Ozeane zu unterbrechen. Mit der Vision, unsere Gewässer von der Meerseite her aufzuräumen, begann der damalige Student Boyan Slat 2013 seine Aktivitäten. Ich erwähnte ihn bereits im ersten Kapitel, weil wir für den gleichen Umweltpreis nominiert waren. Der Niederländer sorgte damit nicht nur für ungeheure Aufmerksamkeit, sondern auch für ein nicht abreißendes Funding, das seiner Organisation The Ocean Cleanup dank guter Drähte ins Silicon Valley inzwischen über elf Millionen Euro eingebracht hat. Zwar widmet sich Slat seit einiger Zeit ebenso den landseitigen Plastikströmen, was einige andere Initiativen – auch ohne Boote – schon länger tun. Hauptaugenmerk und Wahrnehmung liegen jedoch weiterhin auf der Beseitigung der großen Müllstrudel im Pazifik. Vor allem Ozeanforscher und Meeresbiologen kritisieren, dass das Einfangen des Abfalls ebenso Beifang produzieren würde wie die Fischerei und sich um die teils seit Jahren herumtreibenden Kunststoffe Habitate gebildet hätten – für Mikroorganismen wie für Meeresvögel –, die man zerstöre. Experten empfehlen nicht nur den Blick Richtung Müllquellen, sondern auch Richtung Strände, wo weit mehr Plastikmüll aufzusammeln ist als inmitten der Meere. Für beide Orte möchte ich ein gutes Beispiel nennen.

Die bereits in den 1970er-Jahren als Walschutzinitiative gegründete Organisation Ocean Conservancy organisiert seit 1986 die jährlichen International Coastal Cleanups – weltweite Aufräumaktionen an Küstenlinien. Ocean Conservancy gelingt es, regelmäßig Hunderttausende Freiwilliger zu aktivieren, die an zigtausenden Strandkilometern Millionen Kilogramm Unrat einsammeln. Um dem Ganzen mal eine Dimension zu geben: Im Bericht von 2022 kann auf 469.482 Freiwillige, 24.958 Strandkilometer und 3.700.589 Kilogramm entfernten Plastikmülls verwiesen werden. Auch bizarre Funde werden regelmäßig verzeichnet wie zuletzt ein Gartentrampolin an der Westküste Nordamerikas, Eislaufschuhe vor Indonesien, insgesamt 13.621 Lolli-Stiele oder 410 Golfbälle. Die Top 3 der Gegenstände, die eingesammelt werden, werden nach wie vor von Zigarettenfiltern angeführt, deren chemikaliengetränktes Celluloseacetat

GESPERRT FÜR UNGEBETENE GÄSTE

Die schwimmende Müllsperre von Plastic Fischer ist schnell zusammengebaut. Das günstige TrashBoom-Design besteht aus nur wenigen Bauteilen, ist erweiterbar, reicht bis zu 50 Zentimeter ins Wasser und hält so den Flüsse hinabtreibenden Unrat auf, bevor er ins Meer gerät.

sich mit der Zeit in Tausende hochbelastete Mikroplastikfasern zersetzt. Auf Patz zwei stehen Plastikflaschen, auf Platz drei Lebensmittelverpackungen. Auch neue Phänomene werden in den Jahresberichten der Coastal Cleanups verzeichnet. So fielen bei der jüngsten Aktion große Mengen an zerbröseltem bzw. zersetztem Hartschaum auf, der beispielsweise für Bojen verwendet wird.

Von den unzähligen Start-ups, Organisationen und Initiativen, die sich um den Plastikeintrag von Flüssen kümmern, haben mich besonders die

Leute von Plastic Fischer beeindruckt. Karsten und Aviel kenne ich bereits seit den ersten Schritten. Sie waren im Juli 2021, an einem Tag, als der Rhein in Köln über die Ufer ging, bei uns in Landau auf der Kläranlage zu Besuch, um neue Ideen und gemeinsame Handlungswege zu besprechen. Ein Jahr später wurden wir gemeinsam als Top Innovatoren des Word Economic Forum ausgezeichnet und liefen uns fortan auf diversen Veranstaltungen wie der ChangeNOW in Paris über den Weg.

Was genau machen die Plastic Fischer? Sie suchen sich gezielt die dreckigsten Flüsse aus, um dort mit Barrieren und Sammelbooten meerwärts treibenden Müll aufzuhalten. Das macht in meinen Augen komplett Sinn, denn wie schon 2017 eine Studie des Helmholtz Zentrums für Umweltforschung herausfand, sind gerade einmal zehn Flusssysteme unseres Planeten für 88 bis 95 Prozent der Gesamtfracht des in den Ozeanen landenden Mülls verantwortlich. Dass gerade die großen Ströme Asiens betroffen sind, bemerkten die Kölner erstmals 2018 im Vietnamurlaub. Von ihrer Unterkunft aus konnten sie den verdreckten Mekong beobachten. Die tägliche Konfrontation mit dem Umweltproblem führte dazu, dass sie – zurück in Deutschland – nach Lösungen für verschmutzte Flüsse recherchierten und merkten, dass sich bislang niemand darauf konzentriert hatte. Prompt gründeten sie ein Unternehmen, entwickelten eine günstige und leicht zusammenschraubbare Barriere, die sie 2019 in Indonesien testeten. Unterschiedlich starke Strömungen erforderten eine Überarbeitung des Konzepts, woraus schließlich das TrashBoom-Design entstand: Auf die jeweilige Flussbreite erweiterbare Module aus vier luftgefüllten Röhren und einem darunter montierten Metallgitter reichen aus, um das Gröbste zu stoppen. Inzwischen ist Plastic Fischer an 42 Standorten in Indien und Indonesien aktiv. Den ökologischen Nutzen ergänzen die Gründer übrigens mit einem sozialen Nutzen. Dutzende Arbeitsplätze konnten geschaffen werden, denn es braucht natürlich Menschen, die den aufgehaltenen Kunststoffmüll entnehmen, ihn zu den zentralen Lagern transportieren und ihn dort fürs Recycling oder einer professionellen Entsorgung wie der Verbrennung sortieren.

Finanziert werden die lokalen Initiativen über Sponsoren, die sogenannte Plastic Credits erwerben. Eine Kredit-Einheit entspricht einer aus den Flüssen zurückgewonnenen Tonne Plastik. Das wird im wahrsten Sinne des Wortes wieder zum Wert-Stoff und erhöht die Motivation, die Flüsse von so viel Müll wie möglich zu befreien. Das Prinzip der Plastic Credits orientiert sich am Prinzip der CO_2-Zertifikate. Darin steckt natürlich sofort der bekannte Vorwurf des Reinwaschens: Ich schade der Umwelt hier, dafür kaufe ich Plastik-Kredite dort. Was Plastic Fischer bisher geleistet haben, ist klasse, aber die Arithmetik der Finanzierung sollte man vielleicht noch einmal hinterfragen.

Ein solches Start-up ist in jedem Fall ein typisches Beispiel dafür, wie wir mit wenig Aufwand und sehr begrenzten Mitteln die Welt zu einem besseren Ort machen können. Zudem sind Low-Tech-Einsätze schnell vermittelbar, leicht kopierbar und spielen ihr großes Plus in der Dezentralität aus, schließlich passen die TrashBoom-Gitter in jeden beliebigen Strom dieses Planeten. Demgegenüber steht das, was wir in großen Ballungsräumen brauchen: technische Lösungen, die imstande sind, zentral viel Wasser auf einmal zu reinigen. Darum geht es in der zweiten Hälfte dieses Kapitels.

3.2

ZENTRALE LÖSUNGEN IN STÄDTEN UND GEMEINDEN

HOTSPOT KLÄRANLAGEN – NEUE MEISTERLEISTUNGEN GEFRAGT

Ohne Kläranlagen würde Chaos herrschen in unseren Städten. Wir wären zurückgeworfen ins Mittelalter, schlimmer, ein Totalausfall würde heutzutage als Stoff für einen Katastrophenfilm à la Roland Emmerich taugen. Der infernalische Sud unterschiedlicher Abwässer würde sekündlich direkt in Umwelt oder Siedlungen fließen. Jeder Tag wäre ein Spießrutenlauf, unsere Gesundheit, unsere Versorgung, all die Annehmlichkeiten unseres Alltags wären innerhalb weniger Stunden bedroht. Stellen Sie sich das nur mal vor. Wissen wir die Dienste unserer Kläranlagen eigentlich zu schätzen? Sie leisten Großartiges. Doch sie müssen für die Zukunft umfangreich nachrüsten, um die Qualität angesichts der steigenden Komplexität der Abwässer zu halten. Auch die industriellen Abwasserströme sollte man nicht vernachlässigen. Hier warten große Herausforderungen, aber auch ungeahnte Potenziale.

Mit den Wasser-3.0-Technologien und -Verfahren gehen wir dorthin, wo die Belastungen nachweislich am höchsten sind, an den Hotspots für Mikroplastik und Schadstoffe. Wir lösen das Problem nicht in Bächen und Flüssen. Deren bereits bestehende Belastungen mit Mikroplastik, Mikroschadstoffen, Schwermetallen oder Nitraten können aktuell nur über das Verdünnungsprinzip und über große Zeiträume mithilfe der Selbstreinigungskräfte der Natur geregelt werden. Nein, unser Ziel ist es, den *Eintrag* abzustellen, einzugreifen, bevor die Schadstoffe überhaupt in die Umwelt gelangen können. Ideale Orte dafür sind einerseits unsere Kläranlagen als Sammelbecken belasteter Abwässer, zum anderen sind es die Fabriken, in denen die chemischen Grundstoffe, die Polymere und die Produkte hergestellt und verarbeitet werden sowie deren Recycling stattfindet. Werden wir innerhalb ihrer Prozesse aktiv, spätestens kurz vor deren Abflussrohren, können wir gigantische Mengen an Mikroplastik und Mikroschadstoffen auffangen, die nachgeschaltete kommunale Kläranlage schützen und die Ökosysteme vor weiterem Schaden bewahren.

Da sich Erfinderinnen und Erfinder auf der ganzen Welt seit Jahrzehnten mit der Bewältigung der zunehmenden Wasserbelastung beschäftigen und speziell in den vergangenen zehn Jahren mit der Bewältigung des Mikroplastikproblems, sind wir mit unserer Entfernungstechnologie natürlich nicht allein. Es gibt zahlreiche anderer Verfahren, die auf unterschiedlichen Ansätzen beruhen. Meine Haltung dazu ist klar: Um dem Menschheitsproblem der chemischen Dauerbelastung vor allem der Wassersphäre endlich etwas Wirksames entgegenzusetzen, brauchen wir gerade hier Datenbasiertheit und Technologieoffenheit. Wir sollten uns ergänzen, austauschen, unterhaken, wie man in der Politik gern sagt, wenn es Großes zu leisten gilt. Das heißt jedoch auch, dass vor allem die Politik, die über große Summen an Fördergeldern entscheidet, ihr Handeln neu ausrichten sollte. Das fängt an mit einer besser abgestimmten Koordination verschiedener Ministerien. Kommt es zur Vergabe von Fördermitteln etwa durch das Wirtschaftsministerium, sollten doch im besten Fall Umweltministerium und Bildungs- und Forschungsministerium unmittelbar davon in Kenntnis gesetzt und Synergien genutzt werden. Die Gutachter sollten unabhängig sein, regelmäßig ausgetauscht und besser nach ihren Qualifikationen eingesetzt werden. Transparenz liefert Klarheit über die Investitionen unserer Steuergelder, Sinn und Unsinn von Projekten würden im Controlling analysiert, offensichtlichen Nonsens-Projekten der Geldhahn zugedreht, wenn die Ergebnisse ins Nichts führen oder der Nachhaltigkeitsgedanke angezweifelt wird. Zwingend notwendig wäre daher, dass Reviewprozesse bei Fortschrittsberichten von Projekten schneller zu Feedbacks führen. Auch sollten Fördermittel in umfangreiche Vergleichsstudien fließen, mehrere Technologien parallel im gleichen Belastungsumfeld untersucht werden. Umfangreiche Datenanalysen gehören verpflichtend inkludiert – denn man braucht absolute Zahlen zur Belastung davor, mittendrin und danach. Worauf sollen wir uns sonst verlassen?

Wohl am wichtigsten: Die Fördergelder sollten nicht einseitig, sondern breiter verteilt werden. Es darf nicht um die Unterstützung der am besten lobbyierenden Branche, des am lautesten trommelnden Unternehmens, des wortgewandtesten Geschäftsführers oder des zitationsstärksten Professors gehen. Es sollte vielmehr um die selbstlose wie bestmögliche Unterstützung gehen, das Allgemeingut Wasser auch in Zukunft noch nutzbar zu halten für Mensch und Ökosysteme. Für die Herkulesaufgabe zum Wohle unserer wichtigsten Ressource kann es nicht nur eine Lösung geben. Das zeigt übrigens auch ein Blick auf die lange Geschichte unseres Umgangs mit verschmutztem Wasser. Ja, wir haben viel gelernt – aber immer auch aus unseren Fehlern:

Nachdem unsere europäischen Vorfahren die Erfindungen der Römer zur Ableitung menschlicher Fäkalien vergessen hatten, fiel ihnen über viele Jahrhunderte kaum etwas Besseres ein, als den Unrat einfach in die Gosse zu kippen. Der Regen würde ihn schon abtransportieren, und unterwegs – vom Bach zum Fluss zum Meer – würde sich die Sache über das Wunder der Verdünnung irgendwie von selbst regeln. Selbst als ab dem Hochmittelalter unsere Städte zahlreicher wurden und wuchsen, sich der Druck aufs Wasser verstärkte und uns Epidemien heimsuchten, kam uns immer noch nicht der Gedanke, dass das alles vielleicht nicht so klug ist. Erst im Spätmittelalter änderte sich das allgemeine Bewusstsein für die Wasserverschmutzung wieder, und zumindest abgedeckte Gruben, Gräben und Kanäle wurden populär. Es dauerte jedoch bis 1739, ehe mit Wien die erste europäische Stadt über eine vollständige Kanalisation verfügte. Und bis in Frankfurt-Niederrad das erste nach englischem Vorbild errichtete Klärwerk Festlandeuropas seinen Dienst aufnahm, musste es 1887 werden. Das wurde notwendig, da im Zuge der Industrialisierung nicht nur die mit Fäkalien versetzten Wassermengen erheblich anstiegen, was wiederum die Ausbreitung von Krankheiten begünstigte, sondern auch immer mehr giftige Chemikalien ins Wasser übergingen. In England, dem Ausgangspunkt der Industrialisierung, entstand 1876 übrigens aus demselben Grund mit dem *Rivers Pollution Prevention Act* das erste große Gesetzeswerk zur Abwasserreinigung.

Schon die ersten Klärwerke kombinierten Ende des 19. Jahrhunderts verschiedene Reinigungsverfahren. Mechanische Methoden mit Sandfängen, Rechen und Absetzbecken wurden früh ergänzt um chemische Verfahren wie der Ausfällung gelöster Stoffe durch die Beigabe von Kalk oder Aluminium- und Eisensalzen. Mit dem Belebtschlammverfahren kam ein biologischer Ansatz hinzu. Man versuchte, die in wilden Flüssen zu beobachtende Selbstreinigung des Wassers zu imitieren und blies Luft ins Abwasser.

Trotz der ständigen Weiterentwicklung der ersten Kläranlagen wurde das Abwasser noch viele Jahrzehnte über eine parallel laufende Methode behandelt und entsorgt: Bis weit ins 20. Jahrhundert – teils bis in die 1980er-Jahre – setzte man auch in Deutschland auf sogenannte Verrieselungsflächen. Über Rohrsysteme wurde das Abwasser einige Kilometer vor die Ballungszentren gepumpt, wo es nach dem Durchlauf eines Absetzbeckens in großer Naivität in die Landschaft geleitet oder gesprüht und den Filtermechanismen der dortigen Bodenschichten anvertraut wurde. Einige der einstigen Rieselfelder – wie in Berlin – sind bis heute belastet und enthalten alles, was die Chemie so hergibt, vom Schwermetall bis zu längst verbotenen Substanzen. Von diesem Irrtum abgesehen war die Abwasserbehandlung in ihren ersten Jahrzehnten von der beschriebenen Diversität geprägt, die eine Reaktion war auf die Diversität der Belastungen. Der Trend setzte sich auch nach den Weltkriegen fort, wenn auch langsam. Gegen die Anreicherung von Pestiziden und Pharmazeutika wurden verschiedene Oxidationsmethoden etwa mit Ozon getestet. Auch Aktivkohle wurde eingesetzt, um Schadstoffe zu binden. Doch wie im zweiten Kapitel bereits angedeutet, stoßen die bisherigen Lösungen der Kläranlagen gerade im Feld von Mikroschadstoffen und Mikroplastik an ihre Grenzen. Nur sehr zögerlich bewegt sich hier die Wasserwirtschaft in die Moderne. Dreht es sich in den vergangenen Jahren vermehrt um die vierte Reinigungsstufe zur Entfernung von Mikroschadstoffen, taucht die Entfernung von Mikroplastik bis heute auf keiner regulativen Agenda auf.

Dass wir dem Mikroplastik auch in den Kläranlagen etwas entgegensetzen müssen, wird erst seit etwa zehn Jahren diskutiert. Wegweisend war ein Recherchebericht, den die EU-Kommission 2016 beauftragte, um das Ausmaß der Belastung einschätzen und daraus Lösungen ableiten zu können. Ich erfuhr davon, weil sich die Autoren der Studie auch bei mir meldeten. Wortwörtlich schrieben sie nachher im Maßnahmenteil über innovative Abwasserbehandlung: „In der EU gibt es mehrere Initiativen zur Entwicklung von Technologien, die sich speziell mit diesem Problem befassen, aber keine davon ist derzeit kommerziell erprobt. Wasser 3.0, eine Initiative der Universität Koblenz-Landau in Deutschland, hat eine vielversprechende Technologie entwickelt, die das Potenzial hat, Mikroplastik vor dem Klärschlamm zu isolieren und zu entfernen." Ein kurzes Interview mit mir druckten sie in den Anhang der Studie. Ich durfte berichten, auf welcher Forschung unsere Technologie fußt, was sie so einzigartig macht, wie hoch die Entfernungsrate von Mikroplastik sein würde und dass sie ohne große Umbauten in jeder Kläranlage einzubauen wäre.

Trotz dieser festgestellten Unterausstattung im Kampf der Kläranlagen gegen Mikroplastik höre ich immer wieder die ungeprüfte und ständig nur wiederholte Aussage: „Dreistufige Kläranlagen können 95 Prozent der Mikroplastikfrachten entfernen!" Das bringt mich richtig auf die Palme. Wie kommt man zu dieser Zahl? Selbst wenn es so wäre, drängen sich mir unmittelbar drei Fragen auf: 1. Wo landet denn das viele Mikroplastik, nachdem man es entfernt hat? Es verschwindet ja nicht mit einem lauten Puff und ist weg, sondern steckt im Klärschlamm. 2. Wie viel Mikroplastik sind denn die restlichen 5 Prozent, die in die Umwelt gelangen und dort ihr Unheil anrichten? 3. Mit welchem Problem haben wir es zu tun, wenn wir Kläranlagen nicht nachrüsten? Seit acht Jahren publizieren wir von Wasser 3.0 unsere umfangreichen Forschungsergebnisse genau zu diesem Thema – in vielen Fällen ohne Beschränkungen, transparent und nachvollziehbar. An den Entscheiderstellen wurden sie lange Zeit weder gelesen noch kommentiert noch diskutiert. Doch die Ergebnisse sind eindeutig.

Aber schauen wir jetzt auf ein paar der bisher eingesetzten Verfahren für eine vierte Reinigungsstufe und ihre Schlagkraft gegen die vielfältigen Herausforderungen der Mikroschadstoffe. Zurzeit wird die sogenannte **Ozonung** in deutschen Kläranlagen vermehrt als vierte Reinigungsstufe eingeführt. Die Ozon-Radikale, die für den Abbauprozess gebildet werden, sind hochreaktiv, machen sich selbst über schwer abbaubare organische Substanzen her wie Pestizide und Pharmazeutika, aber dies unkontrollierbar und teilweise außerhalb des Radars analytischer Kontrollen. Eine Radikalkettenreaktion lässt sich kaum steuern, erst recht nicht, wenn Inhaltsstoffe oder äußere Einflüsse sekündlich variieren. Es kann zwar sein, dass giftige Chemikalien abgebaut werden und man das auch analytisch nachweisen kann, weil Signale von Substanzen in den Diagrammen verschwinden. Was aber übrig bleibt, sind die Abbauprodukte, meist Verbindungen, die man nicht kennt, bei denen die analytischen Tools an die Grenzen kommen und man die Risikopotenziale nach aktuellem Stand nicht abschätzen oder beschreiben kann.

Für die Beseitigung von Mikroplastik ist die Ozonung weiterhin nicht ausgelegt. Jedenfalls zeigen Studien bislang keine signifikante Beseitigung. Eine Alternative zu Ozon, um oxidativ Mikroschadstoffe im Abwasser zu knacken, funktioniert über die Behandlung mit Wasserstoffperoxid und UV-Strahlung. Dieses Verfahren wird als **Advanced Oxidation Process** (erweiterte Oxidation) beschrieben. Nach Aussagen bisheriger Studien ist es im Energiebedarf günstiger, und die Anpassungfähigkeit ist variabler und adaptiver, da es zwei Stellschrauben gibt – die Dosis der UV-Strahlung und die Menge an Wasserstoffperoxid. Auch hier findet sich jedoch eine Vielzahl an Abbauprodukten. Es wurde aber beobachtet, dass bei dieser Behandlungsart „kontrollierter abgebaut wird", was bedeutet, dass die Anzahl an Abbauprodukten geringer war. Nach meinem Verständnis gibt es in beiden Verfahren

noch Studienbedarfe, insbesondere der Vergleich beider Verfahren auf einer Kläranlage wäre sicherlich interessant.
Im Zusammenspiel mit sogenannten Festbettsystemen, in denen **Aktivkohle** eingesetzt wird, schaffen die Systeme auch Mikroplastik. An der Aktivkohle selbst liegt es nicht, vielmehr daran, dass beim Einsatz von Pulveraktivkohle oder granulierter Aktivkohle ein sogenannter Polizeifilter als Rückhalt für den Aktivkohleabrieb eingesetzt wird. Dass ein Filter Mikroplastik zurückhalten kann, ist nichts Neues. Demnach klingt das alles erst mal gut. Was jedoch in den Untersuchungen nicht genauer unter die Lupe genommen wurde, ist das Rückspülwasser, welches entsteht, wenn man den Filter reinigt. Und auch die minimalen Größen der Partikel, die zurückgehalten werden, stehen und fallen mit dem Filtereinsatz. Da man aber in Kläranlagen nicht so viel Zeit hat, die Filter zu reinigen, sind diese eher grobporig und bieten Schlupflöcher für die kleinsten Partikel.

Wo wir schon bei Filtern sind: Natürlich bietet das Verfahren der **Membranfiltration** hochwirksame physikalische Barrieren für Feststoffe aller Art einschließlich Mikroplastik. Schaltet man mehrere, immer feiner werdende Membranen hintereinander, ist sogar eine 99-prozentige Entfernung zu erreichen. Daher sind sie gerade für die Wasser- und Trinkwasseraufbereitung geeignet. Bei der Abwasseraufbereitung hingegen, wo hohe Konzentrationen an Mikroplastik und Mikroschadstoffen vorliegen, macht die Membranfiltration vor allem aus finanziellen Gründen wenig Sinn, denn die Membranen sind mehr verstopft als sie laufen. Klar, man könnte problemlos 17 Filter einsetzen und hätte dahinter hervorragende Resultate. Aber zu welchem Preis? Wenn jemand unbedingt hundert Euro für einen Kubikmeter geklärtes Wasser ausgeben will, damit er acht Leute einstellen kann, die ihm täglich die Membranen warten, reinigen und austauschen, dann soll er das machen. Ich finde: Wenn es darum geht, ein globales Problem zu lösen, kann das nur funktionieren mit einer Lösung, die leicht und günstig adaptierbar und kombinierbar ist. Das gilt auch für andere mechanische Filtrations- und Separationverfahren wie Sandfilter, Tuchfilter oder den Hydrozyklon, der die Fliehkräfte einsetzt, um Feststoffe abzuscheiden. Bestimmt kann jede dieser Technologien auch Mikroplastik zurückhalten, doch oft fehlen Lebenszyklusanalysen über die anfallenden Investitionen. Zuletzt kann ich ein Paradoxon nicht unerwähnt lassen: Weitverbreitet sind Filter aus Kunststoffgewebe. Mikroplastik mit Kunststoffmembranen einzufangen, die ebenfalls wieder Mikroplastik abgeben? Klingt irgendwie verrückt. Wird aber gemacht.

Weitere Verfahren setzen darauf, Mikroplastik auf verschiedene Arten **im Wasser einzufangen**, um es danach abzuscheiden. Das ist mit der Agglomeration auch unser Prinzip. Andere machen sich die – Achtung Fachwörter! – Flokkulation, die Koagulation, die Elektro-Koagulation oder die Magnet-Koagulation zunutze. Alles recht ähnlich, doch mit unterschiedlichen Ergebnissen. Für mich sind dabei die wichtigsten Fragen: Wie viel Material und Energie setze ich ein, um den Prozess zu betreiben? Und wie stabil ist am Ende das Agglomerat, Koagulat oder Flokkulat? Pauschal kann man sagen: Je stabiler, desto besser kann man die eingefangenen Substanzen am Ende abtrennen. **Je instabiler, desto eher zerfallen die Aggregate, und mehr Mikroplastik geht bei der Abtrennung wieder zurück ins Wasser.** Nicht zu vergessen: Bei der Koagulation setzt man Gerinnungsstoffe auf Eisen- oder Aluminiumbasis oder auf Basis löslicher Polymere ein, was zwar eine Reinigungseffizienz von 60 bis 90 Prozent des Mikroplastiks bedeuten kann, allerdings bringen diese Stoffe neue Toxizitäten mit ins Wasser.

Ich könnte jetzt noch viele andere Verfahren aufzählen, aber ich denke, es ist klar, worum es geht. Einerseits müssen wir alle, jeder Erfinder einer neuen Technologie, die Karten auf den Tisch legen und anhand eindeutiger Daten zeigen, zu was das jeweilige Verfahren in der Lage ist und zu was nicht. Andererseits sollten die unterschiedlichen Verfahren – sofern die Daten einen sinnvollen Einsatz und Nutzen bestätigen – miteinander kombiniert werden können. Ganz im Sinne des *Sustainable Development Goals* Nummer 17, „Partnerschaften zur Erreichung der Ziele," geht das nur zusammen, verfahrenstechnisch und menschlich, am Ziel ausgerichtet. **Geht es nicht am Ende immer um die bestmögliche Lösung, die höchstwahrscheinlich eine ganzheitliche Kombi-Lösung ist?**

Der Punkt ist mir wirklich sehr wichtig, weil ich oft das Gegenteil erlebe: Lasst uns, bevor wir mal wieder auf irgendeine unausgegorene, ineffiziente, einseitige Technologie setzen, ganz genau nachdenken, was wir zum Wohle des Wassers tun müssen, was wir dafür brauchen und in welcher Reihenfolge wir vorzugehen haben. Ist es beispielsweise nicht viel schlauer zu sagen, dass wir zuerst das Mikroplastik großflächig aus dem Abwasser entfernen, bevor wir es durch die Membranen jagen? Filtrationstechnologien machen in der Trinkwassergewinnung absolut Sinn, aber sind in den Kläranlagen enorme Kostentreiber. Ist es nicht viel praktikabler, zuerst das Mikroplastik zu entfernen, um dann die Oxidation von weiteren Mikroschadstoffen viel effektiver mit klarerem Wasser durchführen zu können? Ist es nicht viel sinnvoller, eher stabile Aggregate aus dem Wasser zu holen als solche, die als schleimige Masse wieder auseinanderfallen und schwer separierbar sind?

Das gleiche lässt sich auch auf die Mikroplastik-Analytik übertragen. Hier geht es seit Jahren darum, einen Standard zu definieren. Viel wichtiger wäre es jedoch, die Verfahren gegenüberzustellen und alle Verfahren zu harmonisieren. Jeder, der Mikroplastik-Analytik benötigt, könnte selbst entscheiden, wann er welche Ergebnisse braucht, welche Einheiten benötigt werden und ob es für die nächsten Schritte relevant ist zu wissen, wie viel jedes einzelnen Polymertyps die Mikroplastikfracht ausmacht. Ich halte es hier sehr pragmatisch. Ich brauche Werte über die Gesamtbelastung an Mikroplastik, denn wenn ich weiß, was im Abwasser steckt, kann ich dafür sorgen, dass es nicht im gereinigten Abwasser das System verlässt, sondern als Feststoff für den Bereich der Wiederverwertung bereitgestellt wird.

LASST UNS GANZ GENAU NACHDENKEN, WAS WIR ZUM WOHLE DES WASSERS TUN MÜSSEN.

SO FUNKTIONIERT DIE TECHNOLOGIE VON WASSER 3.0

Wir weisen Mikroplastik nach (detect), entfernen es (remove) und nutzen den Abfall für neue Produkte (reuse). Mit diesem Ansatz bieten wir echte kreislaufwirtschaftliche Lösungen für Wasser ohne Mikroplastik an.

DETECT

1 Die sogenannte Particle Sampling Unit steht am Anfang des **Detektionsprozesses.** Mit dem mobilen Gerät rücken wir an, wenn jemand Klarheit über sein Wasser haben möchte und es beprobt werden soll – etwa in einer Kläranlage oder einer industriellen Produktion. Das längliche Bauteil ist die Filterkerze, die mit verschiedenen Siebgrößen bestückt ist. Es werden ca. 100 Liter Wasser durch die Filterkerze hindurchgepumpt, Partikel bleiben darin hängen. Je nach Verschmutzungsgrad mit Mikroplastik brauchen wir für die Probenahme rund 20 Minuten bis zu einer Stunde.

2 Anika und Dennis **öffnen die Filterkerze** und spülen die Partikel in eine Glasflasche. Von 100 Litern gefiltertem Abwasser bleiben 2,5 Liter übrig. Mit dabei sind die Partikel. Diese können in diesem Stadium natürlichen oder synthetischen Ursprungs sein. Unter den natürlichen Partikeln findet sich die sogenannte gute Organik. Diese wird im Labor von der schlechten Organik – unserem Mikroplastik – getrennt. Es geht ja in der Mikroplastik-Analytik darum, die synthetischen Partikel zu erfassen und nicht die Gesamtzahl aller Partikel zu bestimmen.

3 Nach den Arbeiten im Labor haben wir noch eine Mikroplastik-belastete Abwasserprobe von 100 Millilitern vorliegen. Jetzt kommt der **Fluoreszenzfarbstoff** ins Spiel. Er bringt die synthetischen Partikel zum Leuchten.

4 Nachdem der Farbstoff die Mikroplastikpartikel angefärbt hat, wird die Probe erneut über einen schwarzen Filter filtriert und dann unter dem **Fluoreszenzmikroskop** analysiert.

5 Alle leuchtenden Partikel werden **erfasst, ausgezählt** und die ermittelten Belastungen mindestens doppelt, meistens drei-, vier- oder fünffach **überprüft.** Dieser Schritt ist für uns sehr wichtig, da wir Messschwankungen aufzeichnen und die Fehlerquoten senken können. Die erhaltenen Belastungswerte sind dadurch zuverlässiger. Mussten Wissenschaftler früher selbst mühsam auszählen, macht das heute eine Software. Um mal eine Vorstellung zu bekommen: In Proben aus dem Mittelmeer finden wir ein bis zwei Mikroplastikpartikel pro Liter. In kommunalen Kläranlagen ist die Spannweite größer. Hier können es auch mal hundert Partikel pro Liter sein, je nachdem, wie die Kläranlage ausgebaut ist oder wie viel Industrie oder Haushalte ihr Abwasser einleiten. In industriellen Abwässern finden wir teilweise Millionen bis Millliarden Mikroplastikpartikel pro Liter.

REMOVE

6 Entscheidet sich ein Auftraggeber aufgrund der von uns festgestellten Wasserbelastung zum nächsten Schritt, bauen wir bei ihm in wenigen Stunden **unsere Mietanlage** auf. Man könnte sie als „Vierte Reinigungsstufe Plus" bezeichnen, denn sie leistet nicht nur die Entfernung von Mikroplastik mittels Hybridkieselgel, sondern auch die anderer Chemikalien etwa mittels granulierter Aktivkohle. Mit der Mietanlage demonstrieren wir vor Ort, was schnell und einfach möglich ist, sodass die Unternehmen in der Lage sind, eine Wirtschaftlichkeitsanalyse durchzuführen. Dabei schauen wir mit ihnen zum Beispiel auf Wasserqualität, Energieverbrauch, CO_2-Footprint, Ressourceneinsparung und Abfallverwertung. Das ist notwendig, denn niemand bestellt eine Blackbox – schon gar nicht, wenn darin ein komplett neues Verfahren Anwendung findet. Wir sagen: „Learning by doing und zwar hands-on!" Rentiert es sich, wird die Anlage für den Dauergebrauch individuell angepasst.

7 Herzstück der Testanlage ist – im vorigen Bild im blauen Gestell zu sehen – **der Reaktor,** in dem kontinuierlich Abwasser in 200-Liter-Portionen mit unserem Hybridkieselgel behandelt wird. Blicken wir dort hinein, sehen wir zuerst fein verteilte, unkontrollierbare Mikroplastikpartikel aufschwimmen, absinken, überall und nirgends. Mit einem Rührer wird es in Rotation gebracht. Durch die Strudelbildung werden die Partikel im „Auge des Tornados" lokalisiert.

8 Genau in diesen Bereich wird nun über eine automatisierte Dosiereinheit eine vorab bestimmte und der Verschmutzung angepasste Menge an **Hybridkieselgel** zugegeben. Diese Menge kann sehr einfach über die Steuerung variiert werden, sollte sich die Belastung im Laufe der Zeit ändern. Im Bild dieses Arbeitsschritts symbolisieren wir die Zugabe mit einer Dosierspritze. Die Reaktion des Mikroplastiks mit dem Hybridkieselgel beginnt.

9 Blick in die Trombe des Strudels. Die vorher wild verteilten Mikroplastikpartikel haben sich verdichtet. Der **Agglomerationsprozess** ist nach wenigen Minuten beendet. Der Rührer wird abgestellt.

10 Während einer kurzen **Ruhepause** – es wird nur noch sehr langsam gerührt – bewegen sich die Agglomerate Richtung Wasseroberfläche. Die Menge des vorher heterogen verteilten Mikroplastiks wird nun in Form an der Wasseroberfläche treibender Agglomerate sichtbar. Die Technologie folgt in dieser Phase dem Clump-&-Skim-Prinzip: verklumpen und abschöpfen.

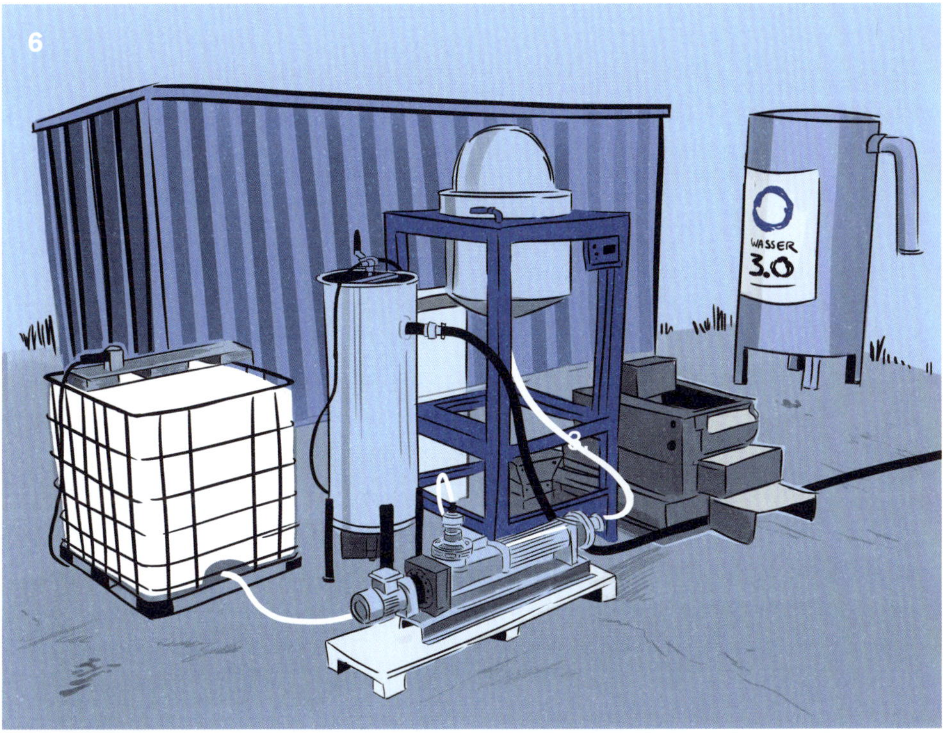
6
WASSER
3.0

7

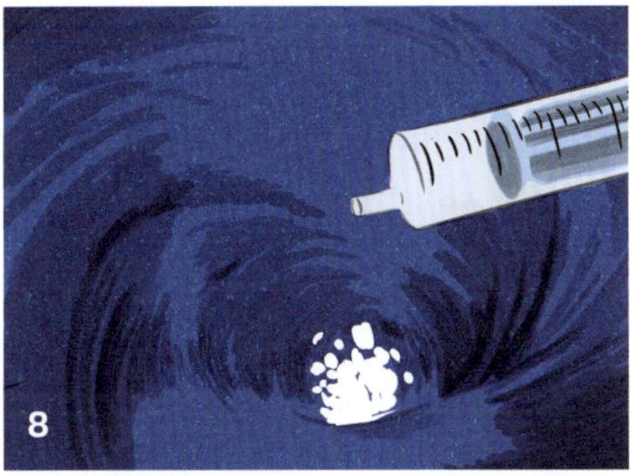
8

9

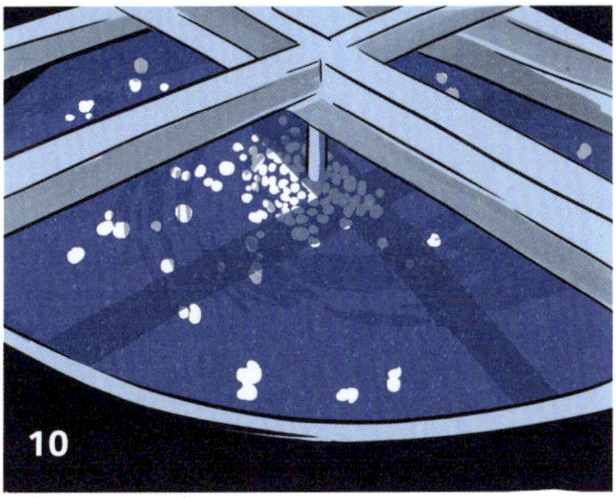
10

REMOVE

11 Was bleibt, sind gereinigtes Wasser und **Mikroplastik-Agglomerate,** hier präsentiert in zwei Bechergläsern.

12 Dennis **prüft die Agglomerate** auf ihr Aussehen, ihre Konsistenz, ihre Stabilität. Sind sie gut genug, um direkt in die Wiederverwertung zu gehen? Müssen wir noch etwas optimieren? Diese Fragen stellen wir uns zusammen mit dem Auftraggeber.

REUSE

13 Die Agglomerate kommen gemeinsam mit dem gereinigten Abwasser aus dem Reaktor. **Über einen Bandfilter** erfolgt die Trennung. Dabei hat man die Möglichkeit, die Agglomerate vorzutrocknen, wodurch deren Wiederverwertung erleichtert wird. Am Ende des Bandes fallen sie in eine Auffangbox, die schnell und einfach immer wieder ausgetauscht werden kann.

14 Jetzt stellt sich die berechtige Frage: Wie geht's weiter? Arbeiten wir mit den vorläufigen Mietanlagen, fallen mehrere Kilogramm Agglomerate an. Es folgen Grundlagenarbeit und Experimente. Sind die Agglomerate in Ordnung, entscheidet sich, zu welchen Zwecken dieser Sekundärrohstoff angekauft und verwendet werden kann. Kann man ihn als **Zementersatzstoff** einsetzen? Geht er in den Straßenbau? Hat der neuartige Werkstoff die notwendige Stabilität? Wie sollten die **Agglomerate** vorbereitet werden, damit der Abnehmer sie sofort nutzen kann? Diese Fragen müssen geklärt werden, um einen neuen Kreislauf entstehen zu lassen.

15/16 Um im großen Stile etwa der **Bauindustrie** Alternativstoffe liefern zu können, müssten viele Anlagen gleichzeitig betrieben werden und die Kontinuität des Materials garantieren. Je mehr und je schneller Mikroplastik aus dem Wasser geholt wird, desto schneller schließt sich der Stoffkreislauf, desto mehr Umweltschutz ist möglich. Wurden die Mikroplastik-belasteten Klärschlämme bisher verbrannt, könnte nun ein Teil von ihnen verbaut werden. Aus Abfall entsteht ein neues Produkt – Wirtschaftlichkeit inklusive. Übrigens, falls Sie sich das fragen: Das Hybridkieselgel verbleibt in den Agglomeraten. Das Silizium bietet einen stabilen Zusammenhalt, der gerade für die Bauindustrie wichtig ist.

WASSER IN DEN KREISLAUF SCHICKEN

Das verarbeitende Gewerbe in Deutschland verwendet jedes Jahr über 15 Milliarden Kubikmeter Frischwasser. Etwa 85 Prozent dieses Wassers nutzt die Industrie zur Kühlung, rund zehn Prozent werden für die Produktion benötigt. Es ist fast witzig, wenn das Statistische Bundesamt schreibt, dass das Wasser „von den Betrieben überwiegend selbst gewonnen" werde. Nein, mit Ausnahme der Meerwasserentsalzer und noch sehr weniger Unternehmen mit eigenem Wasserkreislauf *gewinnt* kein Konzern selbst Wasser, sondern entnimmt es über entsprechende Anlagen vor allem den Oberflächengewässern und Talsperren (70 Prozent) und dem Grundwasser (13 Prozent). Am Ende der wie auch immer gearteten Prozesse erhält die Natur das Wasser in veränderter Form zurück – mit anderer Temperatur, anderer chemischer Belastung, anderer Molekularstruktur. In Anbetracht der großen benötigten Mengen, der wachsenden Schädigungen unserer Gewässer und der gleichzeitig knapper werdenden Ressource Wasser muss sowohl im Sinne der Ökosysteme als auch im Sinne der Unternehmen selbst darüber nachgedacht werden, Abschied zu nehmen von diesem linear durchlaufenden Posten. Dort, wo es technologisch machbar ist – und das ist es in den meisten Fällen –, sollten geschlossene Wasserkreisläufe hergestellt werden, die unabhängig von den äußeren Umständen funktionieren. Das schont die natürlichen Ökosysteme, gibt den Unternehmen Sicherheit und verleiht ihnen sogar die Möglichkeit, die Stoffe einzusparen, die aus dem Prozesswasser herausgeholt und wiederverwendet werden können.

Ohne (sauberes) Wasser kommen nahezu alle Produktionen zum Stillstand. Da Wasser in den Debatten über eine Transformation hin zur Kreislaufwirtschaft aber vernachlässigt wurde, stecken viele Entwicklungen noch in den Kinderschuhen. Das bezeugt auch der Abschlussbericht einer Studie, die das Bayerische Landesamt für Umwelt in Auftrag gegeben und 2022 veröffentlicht hat. Darin heißt es zwar, „dass eine abwasserfreie Produktion kein fernes Zukunftsziel sein muss", aber vorher über Bedarfe kommuniziert, technische Anreize geschaffen und regulatorische Rahmenbedingungen erstellt werden müssten, „um Wasser effizienter im Kreislauf zu führen und Inhaltsstoffe frühestmöglich aus dem zu behandelnden Abwasser zu entfernen". Erkannt wurde mit der Auswertung der Unternehmensumfrage auch, dass es wenig Sinn ergibt und hohe Kosten erzeugt, das sich aus vielen Teilströmen zusammensetzende Abwasser erst am Ende der Produktion zu behandeln. Der Eingriff sollte schon innerhalb der jeweiligen Teilströme stattfinden. Interessant auch die Erkenntnis, dass bereits „aufwendige Vorbehandlungen implementiert wurden, wenn werthaltige Komponenten wieder für die Produktion zurückgewonnen werden können, oder aber es sich um Komponenten handelt, deren Aufbereitung in der zentralen Kläranlage des Standortes mit hohen Kosten verbunden ist". Anders gesagt: Konnte ein direkter finanzieller Vorteil aus der Abwasserreinigung gezogen oder ein finanzieller Nachteil abgestellt werden, ist man längst aktiv geworden. Heißt das im Umkehrschluss, dass die Prozessströme, die keinen unmittelbaren Wert haben oder deren Reinigung *nur* den vor den Werkstoren liegenden Ökosystemen zugutekäme, bislang keine oder wenig Beachtung finden? Davon ist auszugehen. Der ökonomische Benefit liegt für die allermeisten Unternehmen nicht im Wert des Wassers, sondern im Wert der Ressourcen, die noch im Wasser vorhanden sind. Wenn

RECYCLING FÜRS WASSER

In Zeiten unberechenbar werdender Regenfälle sind Unternehmen gezwungen, sich mit einem eigenen Wasserkreislauf zu beschäftigen. Die Zeiten, in denen man zwar belastetes, aber doch kostbares Abwasser einfach wieder in die Umwelt entlässt, scheinen vorbei.

ich an dieser Stelle irgendwo Kosten einsparen kann, ist Wasserrecycling ein nettes Zubrot. Argumentativ hinkt der ökologische und soziale Benefit nach wie vor dem ökonomischen hinterher. Die Transformation kommt nur sehr langsam in Bewegung.

Dass innerbetriebliche Wasserkreisläufe längst Realität sein können, bezeugt ein Blick in die Branche der boomenden Mikrochipherstellung. Dazu muss man wissen, dass die Produktion von Halbleitern bzw. Mikrochips nicht nur extrem wasserintensiv, sondern Wasser dabei sogar unverzichtbar ist. Warum? Während die vielen Halbleiterschichten auf die tragende Siliziumscheibe aufgebaut werden, müssen sie immer wieder gespült und von den verwendeten Chemikalien befreit werden. Dafür braucht man sogenanntes Reinstwasser, tausendmal reiner

DER ÖKONOMISCHE BENEFIT LIEGT FÜR DIE ALLERMEISTEN UNTERNEHMEN NICHT IM WERT DES WASSERS, *SONDERN* IM WERT DER RESSOURCEN, DIE *NOCH* IM WASSER VORHANDEN SIND.

als Trinkwasser. Je kleiner und komplexer die Chips, desto mehr Reinstwasser wird notwendig, für dessen Herstellung übrigens weit mehr Wasser gebraucht wird als hinterher herauskommt. Um allein einen einzigen Schaltkreis auf einer 30 Zentimeter messenden Siliziumscheibe zu wässern, werden rund 8.300 Liter Wasser benötigt. Der Verbrauch einer großen Produktionsanlage von etwa 20 Millionen Litern pro Tag entspricht ungefähr dem Verbrauch einer Stadt mit 90.000 Einwohnern.

Nun ist es so, dass die Mikrochiphersteller – inklusive der drei Weltmarktführer Samsung (Südkorea), TSMC (Taiwan) und Intel (USA) – ihre Fabriken bislang hauptsächlich an Orten gebaut haben, die aufgrund eher geringer Luftfeuchtigkeit der Produktionsqualität zugutekamen. Doch auf Wasser, das aus den örtlichen Gewässern und Grundwasserträgern entnommen werden konnte, ist kein Verlass mehr. Selbst in Taiwan, das bisher regelmäßig von Taifunen mit riesigen Wassermengen versorgt wurde, klagt man über Dürren. Deswegen hat man dort schon vor ein paar Jahren damit begonnen, mit eigenen Anlagen das eigene Nutzwasser immer wieder aufzubereiten. Im südkoreanischen Yongin, wo aktuell die weltgrößte Mikrochipfabrik entsteht, wird das Wasserrecycling von Anfang an mitgedacht. Das dortige Umweltministerium schätzt den täglichen Wasserverbrauch in dem neuen Werk auf 650.000 Tonnen pro Tag. Alle drei Hersteller haben inzwischen Zertifikate des AWS International Water Stewardship Standards (AWS Standard) erworben, womit sie sich zum nachhaltigen Umgang mit Wasser bekennen und sich im Falle der höchsten Zertifikatskategorie dazu verpflichten, „net positive water use" zu erreichen, am Ende sogar mehr sauberes Wasser zurückzugeben als bezogen zu haben. Es scheinen zurzeit also die Konzerne großer Zukunftstechnologien zu sein, die den Aufbau interner Wasserkreisläufe und Wasserwiederaufbereitung vorantreiben. Vielleicht üben sie in dieser Beziehung Strahlkraft auf rückständige Branchen aus, wenn sich TSMC und Intel mit neuen Werken in Sachsen bzw. Sachsen-Anhalt niederlassen, zwei Regionen, die sich nicht mehr auf ihr tägliches Wasser verlassen können.

Vorbilder wären in der Tat notwendig. Denn geht es ums Abwasser, sollte sich im bisher wasserreichen Deutschland bitte schön immer jemand anderes darum kümmern – die Kommune, die Natur, wer auch immer, Hauptsache weg damit. Die Verantwortung wurde verschoben. Solch eine Einstellung hat sich auch dadurch festigen können, dass die Abwasserpreise insbesondere im industriellen Umfeld zu günstig sind. Würden die Kommunen die Abwassergebühren für Unternehmen nach oben anpassen, könnten die größten Verschmutzer nach dem Verursacherprinzip belangt werden, was wiederum zur Entlastung der Allgemeinheit führt.

Um die Hauptemittenten zur Kasse bitten zu können, braucht es klare Vorgaben, eine sehr klare Datenerfassung sowie ein unmittelbares Controlling. Natürlich gibt es schon jetzt Grenzwerte und Richtlinien, an die sich Unternehmen halten müssen. Doch die entscheidende Frage dabei ist immer: Wann messe ich die Stoffe im Abwasser? Messe ich nachts? Messe ich morgens früh? Messe ich mittags um zwölf? Oder messe ich, wenn mich jemand anruft und sagt: „Ihr könnt dann jetzt!"? Das heißt: Die Möglichkeiten sind sehr breit gefächert, um bestimmte Dinge zu umgehen oder sogar Firmen bewusst zu schonen, damit die Gewerbesteuer weiter sprudelt. Eine effektive Kontrolle müsste über sensorische Fernwartung laufen, die 24 Stunden am Tag und sieben Tage in der Woche Daten erfasst und extern speichert. Gerade bei Mikroplastik gibt es keine Alternative zur Dauerbeprobung und Analytik. Wie bereits geschildert, geht die Verteilung hin und her und gehorcht nicht der Gleichmäßigkeit, die man von gelösten Stoffen kennt.

In meiner Wunschvorstellung sieht das dann so aus: Käme es dazu, dass die Kontrollsensorik ausfällt oder die Werte von der Norm abweichen, ginge im externen Überwachungsbereich die Lampe an oder in der Kläranlage oder beim einleitenden Unternehmen. Dann wäre den Betroffenen klar: Wir haben maximal 24 Stunden, um das Problem zu lösen oder mit einer Überbrückung zu arbeiten. Bekäme man das nicht hin, würden Strafzahlungen fällig in Abhängigkeit von der Problemlösungsgeschwindigkeit, die an den Tag gelegt wird. Solche Fernwartungssysteme sind im besten Fall App- und KI-gesteuert. Am Ende des Tages braucht es jemanden, der das Problem erkennt, die schlechte Nachricht überbringt und dann zum Problemlöser wird. Strengere und engmaschigere Kontrollen wären zuerst ein Dorn im Auge, am Ende jedoch ein starker Antreiber, Abwasser vielleicht komplett zu vermeiden und eigene Wasserkreisläufe aufzubauen. Dem Umweltschutz und unserer Gesundheit wäre damit jedenfalls sehr geholfen.

„ES IST NOCH VIEL LUFT NACH OBEN“

Ich wollte in diesem Buch dringend Katharina Reuter zu Wort kommen lassen. Sie vertritt als Geschäftsführerin des Bundesverbands Nachhaltige Wirtschaft auch die Interessen von grünen Gründerinnen, wie ich es bin. Katharina sieht noch große ungehobene Potenziale bei Start-ups wie Unternehmen – und bedauert den niedrigen Stellenwert des Wassers.

Katharina, welche Rolle spielen Wasser und Wasserschutz im Zuge der Transformation unserer Wirtschaft? Haben wir diese lebenswichtige Ressource hoch genug auf der Agenda?

Nein, ich glaube nicht. Mir kam das deutlich ins Bewusstsein, als 2022 mit „Süßwasser" die sechste der neun planetaren Grenzen überschritten wurde – und das überhaupt keine große Meldung war. Kein Aufschrei in den Medien. Nichts. Wasser ist ein Allgemeingut und sollte nicht einfach dem freien Markt überlassen werden. Aber mit Blick auf Wirtschaft und Wasser ploppen immer wieder nur einzelne Blitzlichter in der

Debatte auf – wie viel Wasser für meine Jeans verbraucht wird, der Wasserbedarf des Avocadoanbau oder der Tesla-Fabrik. Darüber hinaus wird Wasser inzwischen auch in den nationalen und internationalen Nachhaltigkeitsstrategien und Verordnungen berücksichtigt, was hoffentlich in einigen Jahren zu einer messbaren Entlastung unserer Gewässer führen wird. Aber wir könnten und müssten viel mehr für das Wasser tun als bisher – auch und gerade in der Wirtschaft. Wir brauchen in den Vorstandsetagen dringend ein Bewusstsein dafür, dass im Jahr 2024 Wasserschutz kein Nice-to-have im Nachhaltigkeitsbericht mehr sein kann, sondern integraler Bestandteil der Bemühungen in der gesamten Wertschöpfungskette sein muss. Der Wasserfußabdruck sollte genau so verinnerlicht werden wie der CO_2-Fußabdruck.

Wie würdest du die Innovationskraft in der deutscher Start-up-Landschaft speziell im Hinblick auf nachhaltige Lösungen einschätzen?

Ich sehe eine hohe Innovationskraft in unserem Start-up-Ökosystem, gerade bei Cleantech-Lösungen, Innovationen für eine Circular Economy und im Bereich Social Entrepreneurship. Etwa 30 Prozent der Gründungen sind „grüne" Gründungen. Das macht mir einerseits Hoffnung, andererseits frage ich mich, warum eine Nachhaltigkeitsstrategie nicht fester Bestandteil im Gründungsprozess ist – und wir damit perspektivisch auf 100 Prozent nachhaltige Gründungen kommen. Das Interesse etablierter Firmen an den Ansätzen für neue zirkuläre Geschäftsmodelle oder innovative Technologien in der Bioökonomie ist übrigens enorm. Hier sehe ich ein großes Potenzial für die Start-ups.

Wird von politischer Seite genug getan, um Gründerinnen und Gründer mit ihren neuen Ideen und neuen Geschäftsmodellen groß werden zu lassen, damit sie es eines Tages mit den etablierten Strukturen aufnehmen können? Wo siehst du die Hebel, um darin besser zu werden?

Relevante Hebel sehe ich bei der Einführung von Steuervergünstigungen für Investoren in Start-ups und Risikokapitalfonds. Es ist gut, dass der Wachstumsfonds der Bundesregierung eingerichtet wurde, der mit dem Kapital privater institutioneller Investoren die Finanzierung junger Unternehmen unterstützt. Dennoch ist noch viel Luft nach oben, zum Beispiel wenn es darum geht, Firmenausgründungen aus Hochschulprojekten und Forschungsinstituten zu fördern oder Fachkräfte aus dem Ausland schneller einzugliedern. Gerade für Start-ups mit nachhaltigen Geschäftsmodellen sind Zuschüsse, Darlehen und zinsgünstige Kredite denkbar. Gründungen sollten auch bürokratisch vereinfacht werden, neben der Digitalisierung von Verwaltungsprozessen ist hier die Beschleunigung von Registrierungsprozessen zu nennen. Als Bundesverband Nachhaltige Wirtschaft unterstützen wir Start-ups, indem wir sie in unserem starken Netzwerk mit etablierten Unternehmen zusammenbringen und so Kooperationen erleichtern. Auf politischer Ebene setzen wir uns auch dafür ein, dass Beschaffungsrichtlinien nachhaltiger gestaltet werden, sodass öffentliche Institutionen und Unternehmen automatisch nachhaltige und zirkuläre Produkte und Lösungen bevorzugen.

BRAUCHWASSER ERSETZT FRISCHWASSER

Das Prinzip des Wasserrecyclings müssen wir auch auf unsere Städte anwenden, denn immer mehr Menschen werden zukünftig in den Ballungsräumen leben. Schon jetzt sind es knapp 60 Prozent der Weltbevölkerung. Das bedeutet einen gewaltigen Druck auch auf die Sphäre des Wassers. Mit einer sinnvollen vierten Reinigungsstufe aufgerüstete Kläranlagen können in unseren Kommunen die Wasserkreisläufe am Leben halten. Aber reicht das? Haben Sie sich nicht schon einmal gefragt, wie wir heute immer noch bestes Trinkwasser für die Toilettenspülung nutzen können, zum Wäschewaschen oder zur Wässerung des Gartens? Zur Erinnerung: Fast 30 Prozent des Frischwassers nutzen die Deutschen, um Exkremente wegzuspülen. Eigentlich ist das völlig absurd! Die Toilettenspülung, wie wir sie heute kennen, wurde vor 250 Jahren erfunden. Da hatte die Weltbevölkerung nicht mal die Eine-Milliarde-Grenze durchbrochen, und von so etwas wie dem Klimawandel war keine Spur. Das Wasserklosett war für damalige Verhältnisse durchaus sinnvoll. Aber heute? Natürlich können wir inzwischen einige wasserlose Toilettensysteme kaufen, doch der Markt bewegt sich so langsam, dass man dem Trockenabort noch am ehesten beim Camping oder auf der ISS begegnet. Sollte nicht längst in jedem Haus ein zweites Wassersystem installiert sein, das das Brauchwasser vom Regen nutzt? Sollte nicht längst gerade in trockenen Gebieten jede Stadt über eine Art Wasserrecycling verfügen?

Beides gibt es bereits. Nur haben wir das Thema kaum auf der Agenda, weil man lieber über Wärmepumpen diskutiert und Energiedebatten die eigentlich ebenso dringliche Wasserdebatte überlagern. Laut Bundesverband für Betriebs- und Regenwasser sind schon etwa 1,5 Millionen Regenwassernutzungsanlagen in Deutschland installiert. Die Technik, so das Umweltbundesamt, sei ausgereift. Die Investition für einen normalen Haushalt liege bei zwischen 2500 und 5000 Euro. Bis 300 Euro pro Jahr könnten gespart werden. Denn Regenwasser kann etwa die Hälfte des Wasserverbrauchs in Haushalten ersetzen. Noch größer sind nach Aussagen des Verbands die Effekte der Regenwassernutzung in öffentlichen Gebäuden, Gewerbe und Industrie. In allen Fällen wird das Regenwasser idealerweise über unbedenkliche (!) Dachflächen aufgefangen, läuft durch einfache Filter bis in Erdzisternen oder Kellertanks. Von dort wird es über eine Art Regenwasserzentrale an die jeweiligen Orte der Nutzung wie Toiletten oder Waschmaschine gepumpt.

Inzwischen entstehen auch ganze Häuser, die die neuen Herausforderungen des Wassers vom Entwurf an mitdenken und nach Autarkie streben. So konnte in Lower Manhattan am Rande des Hudson Rivers 2022 das „erste grüne Hochhaus Amerikas", wie man es dort nennt, seine Mieter begrüßen. Insgesamt 293 Wohneinheiten profitieren von gleich zwei Wasserkreislaufsystemen. Auf den Dächern des 27 Stockwerke hohen Gebäudes fangen Gärten den Regen auf und leiten ihn für weitere Nutzung in ein Rückhaltesystem. Gleichzeitig schafft die US-weit erste jemals in einem Mehrfamilienhaus installierte Abwasseraufbereitungsanlage mit sieben Filterschritten 35 Millionen Liter pro Jahr, die etwa für die Toiletten, die Klimaanlagen und die Dachgartenbewässerung genutzt werden können. Auch hier sinkt der Wasserbedarf um rund 50 Prozent.

REGEN IM RESERVETANK

Werden wir uns in Zukunft an einen zusätzlichen Wasserkreislauf in unseren Häusern und Wohnungen gewöhnt haben? Immer mehr Brauchwasseranlagen werden in Deutschland montiert. Eine Zisterne verwahrt das aufgefangene Regenwasser, das anschließend für Toilettengänge, Wäschewaschen oder Blumengießen zur Verfügung gestellt werden kann.

Noch eine Nummer größer ist Windhuk unterwegs. Namibias Hauptstadt beweist seit über 56 Jahren, dass selbst große Teile einer Metropole mit recyceltem Wasser versorgt werden können. Gelegen in der trockensten Ecke der Subsahara-Region, eingequetscht zwischen zwei Wüsten, mit 280 Millimetern Regen im Jahr, wovon 83 Prozent direkt wieder verdunsten, und ohne ein natürliches Fließgewässer in der Nähe, musste man sich dort schon sehr früh Gedanken darüber machen, wie man seine wachsende Bevölkerung mit Wasser versorgen kann. Die Technologie, die aus diesem Erfindungsdruck hervorging, nennt sich Direct Potable Reuse, abgekürzt DPR, auf Deutsch in etwa: Trinkwasser aus direkter Wiederaufbereitung. Der Hintergedanke dabei ist einfach. Das Wasser, das bereits in Benutzung ist, sollte nicht als Abwasser aus dem System entlassen, sondern direkt wiederverwendet werden. Das Goreangab Water Reclamation Plant war 1968 nach acht Jahren Entwicklung die erste Anlage der Welt, die gereinigtes Trinkwasser direkt aus Abwasser herstellt. Inzwischen ersetzt durch eine verbesserte Variante, werden heute nach demselben Prinzip knapp 480.000 Einwohner versorgt. In Namibia spricht man von einem integrierten Multi-Barrieren-Verfahren. Über rund zehn Stufen entzieht es dem Wasser Schadstoffe und Krankheitserreger. Auch Chemikalien und Bakterien sind an der Arbeit beteiligt. Das Vorbild ist unter anderem die Natur. Der Unterschied besteht darin, dass das DPR-Verfahren die Wiederaufbereitung in weniger als 24 Stunden hinbekommt. Die Technologie hat sich offensichtlich so sehr bewährt, dass schon Wasserversorger aus der ganzen Welt nach Windhuk reisten, um DPR eines Tages in ihren Ländern kopieren zu können. Gerade in dürregeplagten Bundesstaaten der USA wie Texas, Arizona oder Colorado wird das afrikanische Verfahren seit Kurzem heiß diskutiert, pilotiert und die Regulatorik, die DPR bisher verbot, abgebaut. Doch trotz der zunehmenden Popularität halten sich zu Recht kritische Stimmen, die davon ausgehen, dass nie alle Gefahrenstoffe – wie persistente Pharmazeutika oder Haushaltschemikalien – komplett aus dem Wasser gefiltert werden können und recyceltes Wasser für seine Konsumenten durchaus schädlich sein kann, sofern die Wasserqualität nicht engmaschig überwacht wird. Hinzu kommt, dass beim DPR-Verfahren der Umweltpuffer fehlt, der im Fall einer plötzlichen Belastung etwa durch einen Katastrophenfall immerhin eine Verdünnung und einen zeitlichen Verzug gewährleistete. Auch ein Geräteausfall würde sofort zu einer Krisensituation führen – entweder zu einem Versorgungsengpass oder zu gesundheitlichen Beeinträchtigungen.

Trotz des Eindrucks vieler Vorteile bleibt also ein fader Beigeschmack. Denn da sind immer noch einige Wissenslücken, von denen ich mir wünschen würde, dass sie von Wissenschaftlern und Unternehmen aktiv und mit der finanziellen Hilfe von Förderprogrammen geschlossen werden – obwohl das Verfahren schon so lange läuft.

DIE STADT ALS SCHWAMM

Künstliche Wasserkreisläufe werden wohl eine immer größere Rolle spielen. Doch auch den kostbaren Regen aus dem natürlichen Wasserkreislauf sollten wir zukünftig nicht einfach aus unseren Städten fließen lassen. Was passiert derzeit damit? Ein Großteil rauscht über Asphalt, Beton und dicht gelegtes Pflaster unmittelbar durch die Gullydeckel in die Tiefe. Dort spült er zwar den Unrat durch die Misch- und Trennkanäle, was Verstopfungen vorbeugt, aber einen weiteren Dienst kann der Regen nicht leisten. Laut Umweltbundesamt sind durchschnittlich 45 Prozent der Siedlungs- und Verkehrsflächen in Deutschland versiegelt. Aktuell gilt Nürnberg als meist versiegelte Stadt mit über 500.000 Einwohnern – 59 Prozent des Siedlungsgebiets sind verbaut. 2021 konnte eine Studie Ludwigshafen, Mannheim und Rüsselsheim (alle kleiner als 500.000 Einwohner) auch aufgrund ihrer Industriedichte mit 67, 66 bzw. 65 Prozent als die am stärksten versiegelten Städte identifizieren. Der derzeitige Trend zur Verdichtung, zur Schaffung möglichst kompakter und effizienter Städte, treibt diese Quoten noch weiter nach oben.

Doch angesichts der zunehmenden Hitze- und Dürreperioden auf der einen Seite und der häufiger werdenden Starkregenereignisse auf der anderen Seite können wir uns das nicht mehr leisten. Der genaue Gegentrend wäre notwendig. Die Transformation zu klimagerechten Städten verlangt eine konsequente Entsiegelung, um die Stadt zurück in den Wasserkreislauf zu integrieren und kühlende Mikroklimate zu erzeugen. Dabei taucht auch der Begriff

EINE ERNST GEMEINTE TRANSFORMATION ZUR SCHWAMMSTADT IST EIN LANGZEITPROJEKT.

SIE MUSS BEI ALLEN BAUMAßNAHMEN MITGEDACHT WERDEN.

SAUGSTARKE STADT

Regen soll da versickern, wo er niedergeht – und nicht mehr weggeleitet werden. Das ist eines der Prinzipien der Schwammstadt. Freie und bebaute Flächen sowie Wege und Straßen müssen angepasst werden, um den Zweck als Wasserspeicher zu erfüllen. Mulden, Senken und Gräben (links), Alleen mit ergänzten Wasserpuffern (Mitte) oder bepflanzte Dächer und Fassaden (rechts) sind wirksame Elemente.

der Schwammstadt immer häufiger auf. Er bedeutet, dass Städte im Umgang mit Wasser idealerweise funktionieren sollten wie ein Schwamm. Sie müssen imstande sein, Niederschläge – auch und gerade Extremniederschläge! – unmittelbar aufzunehmen, sie zu speichern und später nach Bedarf langsam wieder abzugeben. So funktionieren Sumpfgebiete, so funktionieren intakte Böden. Auf Behördendeutsch spricht man von „dezentraler Regenwasserbewirtschaftung". Was bedeutet das für eine Stadt konkret?

Auch hierbei hat man schon einiges erprobt. In Kopenhagener oder Berliner Stadtteilen kann man sich das hierzulande ansehen. Die Oberflächen werden dabei so umgestaltet, dass Wasser in der Stadt gehalten wird. Das gelingt durch unbebaute Flächen, die neben diverser Bepflanzung auch Mulden, Senken und Gräben aufweisen, in denen Wasser versickern, sich sammeln und sogar Feuchtbiotope bilden kann. Nicht punktuell, sondern idealerweise überall. Nachhelfen kann man mit sogenannten Rigolen, künstlichen Pufferspeichern für Regenwasser, die etwa entlang von Alleen verlaufen. Die sonst unter Hitzestress stehenden Bäume können sich aus diesen Speichern bedienen. Begrünte Dächer und Fassaden, mehr Parks, mehr Bäume, mehr Sträucher, unterschiedliche versickerungsfähige Bodenbeläge und immer wieder Rückhaltebecken ergänzen das Konzept der Schwammstadt.

Dass sich Kommunen die ein oder andere nette Facette aus diesem breiten Portfolio heraussuchen, um auf der Reise in die Nachhaltigkeit wahrgenommen zu werden, ist verständlich, aber eine Selektion reicht bei Weitem nicht aus, um sich Schwammstadt zu nennen und damit eine gegen Klima- und Wetterextreme resiliente Stadt geschaffen zu haben. Eine Schwammstadt kombiniert die verschiedenen Elemente auf großer und vielverzweigter Fläche miteinander. Ein ernst gemeinter Umbau ist daher immer ein Langzeitprojekt. Bei allen Bauplanungen, Vergaben von Bauaufträgen und Baugrundstücken, Straßensanierungen oder Umgestaltungen von Grünflächen, die in jeder Stadt jeden Tag stattfinden, sollte der Wasseraspekt heutzutage immer mitgedacht und das Schwammstadtkonzept wie ein ständig wachsendes Puzzle in den städtischen Raum integriert werden.

In diese Richtung sollte Städtebau zweifellos gehen, wenn wir auch in Zukunft so etwas wie Lebensqualität in unseren Vierteln spüren wollen. Aber aus meiner Perspektive muss ich natürlich noch eine wichtige Frage stellen: Was passiert in einer Schwammstadt eigentlich mit dem Wasser mit hoher Schadstoffbelastung, das mit den Regengüssen vor allem dort abfließt, wo Autos, Busse, Lastwagen und auch Fahrräder unterwegs sind? Der Reifenabrieb und damit der Eintrag von Mikroplastik mitsamt den vielfältigen giftigen Chemikalien – ich sprach es bereits an – ist eines der größten Umweltprobleme unserer Zeit. Läuft solch ein Wasser in eilfertig angelegte Mulden und Gräben am Rande von Wegen und Straßen, versickert es zwar dort, der Boden jedoch wird schnell hochbelastet sein. Sollte man dieses Wasser nicht lieber den örtlichen Kläranlagen zuführen? Seit die Mischkanalisation, in denen der Regen noch zusammen mit dem Haushaltsabwasser dorthin transportiert wird, aufgrund gesetzlicher Neuregelungen von der Trennkanalisation immer weiter zurückgedrängt wird, wird das quasi unmöglich. Die Trennkanalisation verhindert, dass sich Abwasser und Regenwasser vermischen, und leitet über ein separates System den belasteten Niederschlag meist ungereinigt in unsere Oberflächengewässer. Die Änderungen im Wasserhaushaltsgesetz haben jedoch einige Innovationen – wie Rinnenfilter – entstehen lassen, mit denen Regenwasser unmittelbar dort behandelt werden soll, wo es vom Himmel fällt und abfließen will. Zu den älteren Vorkehrungen zählen sogenannte Retentionsbodenfilter. Ihr Ziel ist, die Schadstofflast zu vermindern. Aber welche Rückhalteleistung liefern sie beim Mikroplastik?

SINN UND UNSINN BIOLOGISCHER FILTER

Retentionsbodenfilter werden seit Mitte der 1990er-Jahre an viel befahrenen Straßen angelegt. Über das Kanalsystem ablaufendes Wasser kann sich in den Senken sammeln, Schilf und anderer Bewuchs befördert dessen mikrobielle Reinigung, die künstlich geschaffenen Bodenschichten übernehmen die Filterleistung beim Versickern Richtung Grundwasser. Biologie und Geologie sollen bei diesem Konzept also wiedergutmachen, was wir falsch gemacht haben. Das klingt erst einmal ganz wunderbar. Doch kann es bei so viel Verkehr nie ausreichend Retentionsbodenfilter geben. Schauen wir allein auf Nordrhein-Westfalen, das Bundesland mit dem dichtesten Straßennetz, dann stehen dort den 2.200 Autobahnkilometern und 17.600 Kilometern Bundes- und Landesstraßen gerade mal 159 Retentionsbodenfilter gegenüber. Das ist der Stand von 2014, neuere Daten, auch auf Bundesebene, sind nicht bekannt. Zudem existieren bisher wenig Daten zur Wirksamkeit gegen Mikroplastik. Immerhin sagt eine ganz frische Studie von 2024 der Universität Aalborg Retentionsfiltern eine Rückhaltefähigkeit für Reifenabrieb von 95 Prozent nach. Das klingt viel, doch die Erfahrung zeigt: Während die gelösten Mikroschadstoffe mit dem Wasser in den Boden versickern, verbleibt das Mikroplastik – sobald das Wasser verschwunden ist – auf der Bodenoberfläche zurück. Und dann kommt der Wind! Mikro- und Nanoplastik werden ohne Wasser luftgängig und tauchen plötzlich wieder in der Atmosphäre auf. Retentionsbodenfilter sollten wir uns

VERTEILUNG DES REIFENABRIEBS

Einer Studie der Bundesanstalt für Straßenwesen (BASt) und der Bundesanstalt für Gewässerkunde (BfG) von 2021 zufolge gelangen jährlich hierzulande rund 59.000 bis 68.000 Tonnen Reifenabrieb in den Boden, 4.000 bis 5.200 Tonnen in die Luft und 8.700 bis knapp 20.000 Tonnen in Oberflächengewässer.

ES IST SINNLOS, GULLYDECKEL MIT FILTERN NACHZURÜSTEN. DER WIND IST SCHNELLER!

also nicht als Tümpel vorstellen, die immer Feuchtigkeit haben, vielleicht sogar Habitate für Frösche anbieten, während sie mal eben alle Gefahrenstoffe aus dem Wasser ziehen. Im Gegenteil, sie fallen schnell trocken, nach ein paar Jahren muss der Boden ausgetauscht und wie Sondermüll behandelt werden.

Kann man diesen gigantischen, giftigen Wassermengen von unseren Straßen überhaupt eine Lösung entgegensetzen? Bislang gibt es keine. Ich werde oft gefragt, ob man nicht einfach Filter für Schwermetalle, Öle, Mikroplastik, die typischen Verdächtigen, unterhalb der Gullydeckel installieren könnte. Kurze Antwort: Nahezu unmöglich und wenig zielführend, bedenkt man, dass allein in Deutschland Abermillionen Gullydeckel nachzurüsten wären. Selbst wenn man sich nur um die neuralgischen Punkte wie Kreuzungen und Kreisverkehre kümmerte, würde das nicht nur jedes Budget sprengen, es macht auch keinen Sinn, denn der Wind ist schneller. Ein Filter im Gullydeckel funktioniert mit Straßenabfluss – auch der braucht Wasser – im besten Fall in regelmäßigen Abständen Regenwasser.

Die Lösungen liegen woanders, nämlich im Produktdesign von Autoreifen – in Materialmischungen, die weniger Abrieb erzeugen und mit weniger Chemie auskommen. Verbessert sich das nicht, liegt eine letzte Lösung nur noch in Reduktion und Verlangsamung des Verkehrs. Das wiederum wäre Aufgabe der Politik, und wir wissen alle, wie unser Verkehrsministerium, bestimmte Parteien und viele Autofahrer zu Tempolimits stehen. Es ist mit Sicherheit kein Problem, einen Reifen zu konzipieren, der deutlich weniger Kunststoff- und Chemikalienbedarf hat und trotzdem länger hält als fünf Jahre. Das bedeutet Aufwand, Kosten, Zeit. Wenn wir dann noch hintenraus ein sinnvolles Recyclingkonzept dranbauen, ist uns allen geholfen. Aber wenn das niemand möchte, wird nichts passieren.

KAMPF DEN KAPUTTEN ROHREN

Auf dem Weg vom Wasserwerk zum Wasserhahn oder von der Toilette zur Kläranlage geht fast immer irgendwo Wasser verloren. Es gibt wohl kein Kanal- oder Rohrsystem auf der Welt, in dem sich – über die gesamte Lebensdauer hinweg betrachtet – die Verluste bei null bewegen. Sagenhafte 25 bis 50 Prozent Trinkwasser (nicht Abwasser!) gehen heute weltweit auf dem Weg durch den Untergrund verloren. Das ist schlecht für diejenigen, die es dringend bräuchten. Das ist schlecht für die Anbieter, die das verschwundene Wasser ehrlicherweise niemandem in Rechnung stellen können. Gut ist es einzig fürs Grundwasser, denn dorthin darf das gereinigte Wasser entschwinden. Zu 80 Prozent sind Löcher, Risse, Sprünge oder Brüche in veralteten Leitungen die Ursache der Verluste.

Nun könnte man denken, dass es doch in erster Linie Entwicklungsländer

AUFBAU IM UNTERGRUND

Über veraltete Leitungen gehen gigantische Mengen sauberen Wassers verloren. Sie fehlen uns – und werden uns womöglich sogar in Rechnung gestellt.

IN **BAYERN**
VERSICKERN JEDES JAHR
RUND
ZEHN PROZENT
DES FRISCHWASSERS.
IN DEN **USA** GEHEN
BIS ZU
50 PROZENT
FRISCHWASSER AUF
DEM WEG ZUM
ABNEHMER *VERLOREN.*

seien, die mit diesem Problem zu kämpfen haben. Weit gefehlt! Allein in Deutschland versickern pro Jahr rund 473 Milliarden Liter bestes Trinkwasser in der Erde, das sind 1,3 Milliarden Liter an jedem einzelnen Tag. Recherchen der Focus-Redaktion ergaben, dass etwa aus den Leitungen Leipzigs, die teilweise aus den 1940er-Jahren stammen, jedes Jahr 3,5 Millionen Liter verloren gehen. In Bayern versickern mit über 92 Millionen Litern jedes Jahr rund zehn Prozent des Frischwassers. Viele Kommunen, so der Focus, scheuten sich, das offensichtliche Problem anzugehen, da eine Sanierung hohe Kosten nach sich ziehe.

In anderen Ländern, die man für fortschrittlich hält, ist es ähnlich. In den USA gehen bis zu 50 Prozent Frischwasser auf dem Weg zum Abnehmer verloren. In Italien hat der Verlust in den vergangenen 25 Jahren extrem zugenommen und liegt nun bei etwa 40 Prozent. Laut den Ergebnissen eines EU-Projekts, das dem Wasserverlust in sechs Ländern auf der Spur war, sei es ökonomisch unrentabel, den Wasserverlust komplett auf null drücken zu wollen. Weit effizienter sei es, sich auf die Stellen der größten Verluste zu konzentrieren. Aber wie findet man die? Das geht auf die klassische Art über die straßenweise Kontrolle des Trinkwassernetzes. Mit Schiebern wird der jeweilige Teil vom System getrennt. Per Schlauch wird dann Wasser durch das leere Stück gejagt. Ein Messfahrzeug untersucht die Durchflussmenge. Das alles dauert, kostet und verschwendet weiteres Wasser. In Zeiten von KI geht es auch anders. Inzwischen versuchen sich am Auffinden kaputter Rohrabschnitte mehrere Start-ups. So hat das junge Hamburger Unternehmen Pydro einen Sensor entwickelt, der Durchflussdaten misst, diese an eine Cloud-basierte Software schickt, die wiederum berechnen kann, wo genau die Leckage vorliegt. Co-Gründer Thomas Clemens schätzt, dass seine Technologie helfen könnte, weltweit täglich 13,5 Milliarden Liter Wasser und 27 Millionen Kilowattstunden Energie einzusparen. Auch der Freiburger Phillip Grimm nutzt mit seinem Green-Tech-Start-up Grimm Water Solutions die künstliche Intelligenz, um Fremdwassereinbrüche ins fragile Kanalsystem zu entdecken. Bei 40 Prozent soll der Anteil von Fremdwasser in Deutschland liegen, was für die kommunalen Kläranlagen jedes Jahr hohe Zusatzkosten verursacht. Das Frankfurter Start-up Preventio um den Zehnkämpfer Andreas Bechmann arbeitet ebenso mit Datenanalysen und verspricht, wie Phillip Grimm, Lecks zu identifizieren, bevor sie überhaupt entstanden sind. Es scheint also viel los zu sein in der Unterwelt. Und das ist auch gut so, denn leichter ist Wasser doch nicht zu schonen als mit dem Flicken kaputter Rohre.

MEHR MEERWASSER

Die knifflige Frage, wie man das Salz aus dem Meerwasser herausbekommt, ist wohl so alt wie jede unserer heutigen Kulturen. Jedenfalls sind entsprechende Gedanken und Technologien seit der Frühgeschichte überliefert. Die Chinesen machten sich bereits vor 2.000 Jahren die Filterfähigkeit ihrer Bambusmatten zunutze. Die Seefahrer der Minoer setzten auf ihren Touren durchs Mittelmeer Keramikfilter ein. Aristoteles berichtet in seinen meteorologischen Schriften von einem Experiment, bei dem eine hohle Kugel aus Wachs ins Salzwasser getaucht wird, um zu entdecken, dass das sich innerhalb der Kugel sammelnde Wasser trinkbar ist. Auch schreibt er vom Ausnutzen der Verdunstung auf römischen Booten. Das aus dem Meer gezogene Wasser verkochten die Seeleute in Amphoren, deren Öffnung sie mit einem Schwamm blockierten. Das sich im Schwamm anreichernde Wasser tranken sie. Natürlich ging das Thema auch an Leonardo da Vinci nicht vorbei, der auf die Destillation setzte. Das Aufkommen der Dampfmaschine im Zuge der industriellen Revolution brachte eine technische Basis, um größere Wassermengen zu verdampfen. Bei den jahrtausendelangen Vorarbeiten könnte man meinen, dass wir heute um einiges weiter wären als unsere Ahnen und die ultimative Entsalzungstechnologie gefunden hätten. Leider ist das nicht der Fall. Und das in einer Phase, in der sauberes, trinkbares Wasser zu der wohl wichtigsten Ressource wird.

Es ist gut möglich, dass auch nördlich gelegene Länder in nicht allzu ferner Zukunft in eine Situation hineingeraten, in der sie keine andere Wahl haben, als auf das Salzwasser ihrer Meere zurückzugreifen. Australien, Südindien, Kalifornien, Katalonien oder der gesamte Nahe und Mittlere Osten müssen schon länger allein aufgrund ihrer Lage mit der Trockenheit klarkommen und zeigen seit Jahrzehnten jeden Tag, wie so etwas funktionieren kann – aber wohl nicht funktionieren sollte. Etwa 23.000 Entsalzungsanlagen arbeiten bereits weltweit. Tendenz stark steigend. Die zwei dominierenden Technologien sind die Umkehrosmose, die etwa 80 Prozent des entsalzten Wassers liefert, und die Destillation, die auf rund 20 Prozent kommt. Doch den rund 110 Millionen Kubikmetern trinkbaren Wassers, die alle Anlagen pro Tag herstellen, stehen weit mehr Kubikmeter hochkonzentrierter und mit aus den Leitungslegierungen stammenden Schwermetallen, zugesetzter Reinigungschemikalien wie Chlor und chemischer Abbauprodukte versetzter Sole gegenüber, die quasi als Abfallprodukt anfällt.

Beide Hauptverfahren der Meerwasserentsalzung sind aufgrund dieser belasteten Lauge mit einem ökologischen Desaster verbunden. Denn bisher wird sie größtenteils über lange Rohre zurück ins offene Meer gepumpt. Oder man verbaut die Anlagen auf Schiffe, die einige Kilometer vor Inseln und Landzungen liegen. Die Konsequenz in beiden Fällen sind lokale massive Salzgehalte und Giftcocktails sowie Temperaturunterschiede, die in ihrer Gesamtwirkung zu wahren Todeszonen geführt haben. Verschiedene Studien konnten inzwischen klare Zusammenhänge zwischen den Einleitungen und der Gesundheit von Korallen oder Seegraswiesen feststellen.

Zum wahren Ausmaß der Belastung konnte sich erstmals 2019 der Umweltwissenschaftler Manzoor Qadir äußern, damals stellvertretender Direktor des United Nations University Institute on

Water, Environment and Health. „Trotz der ökologischen Bedrohungen gab es keine umfassende Bewertung der Solemenge, die wir produzieren", kritisierte er die bisherige Achtlosigkeit und legte zusammen mit Kolleginnen und Kollegen die erste Status-quo-Studie zu dem Thema vor. Sie konnten berechnen, dass die grobe Schätzung der Entsalzungsindustrie, auf die man sich bisher verlassen hatte, um 50 Prozent übertroffen wurde, eine Menge, die ausreicht, um ganz Florida jedes Jahr mit 30 Zentimetern Sole zu bedecken. Die zweite Zahl, die Qadir und Kollegen widerlegen konnten, war die der Effizienz. Bis dahin dachte man, dass einem Liter entsalztem Wasser ein Liter Salzlake gegenüberstehen würde. Doch der Faktor des Abfallprodukts liegt bei 1,5.

Das zweite große Manko ist die Energieintensität der beiden dominierenden Verfahren. Bei der Membrandestillation muss unter ständiger Hitzeerzeugung Meerwasser verdunstet werden. Um daraus einen Kubikmeter trinkbaren Wassers herzustellen, braucht es in diesem Verfahren zehn Kilowattstunden. Die Umkehrosmosetechnik presst unter ständigem Druck das Salzwasser durch halbdurchlässige (semi-permeable) Membranen. Hierbei erfordert ein Kubikmeter Süßwasser vier Kilowattstunden. Nur mal zum Vergleich: Mit einem Energieeinsatz von vier Kilowattstunden könnte man 50 Stunden am Laptop arbeiten oder 70 Tassen Kaffee kochen. Ruft man sich ins Bewusstsein, dass die allermeisten dieser Entsalzungsanlagen Energie aus der

EINEM LITER ENTSALZTEM MEERWASSER STEHEN 1,5 LITER SALZLAKE GEGENÜBER.

Verfeuerung fossiler Rohstoffe beziehen, teilweise mit eigenen Kraftwerken, kann man sich die Frage nach der Zukunftsfähigkeit selber beantworten. Der CO_2-Fußabdruck ist miserabel und das Wasser relativ teuer. Manche Experten halten daher die bisherigen Methoden nur für eine Notlösung, um zumindest dringende Bedarfe zu bedienen.

Es scheint also weiterhin Forschungsbedarf zu geben. Was nicht heißt, dass die Industrie in den vergangenen Jahrzehnten untätig gewesen wäre. Ständig werden sowohl neue Verfahren entwickelt als auch bisherige Technologien weiterentwickelt, darunter mikrobielle Verfahren, kältebasierte Anwendungen oder sogar solche, die auf Hybridkieselgele setzen, die ebenso Salz in Agglomeraten binden können. Interessant fand ich auch das sogenannte „IBTS Greenhouse"-Projekt in Ägypten. IBTS steht für Integrated Biotectural System. Bis die politische Situation 2015 dessen Umsetzung stoppte, sollte es Teil einer Strategie sein, die Wüsten wieder landwirtschaftlich nutzbar zu machen. Mit Anleihen aus der Permakultur und dem alten Wissen der Beduinen wollte man über zeltartige Module von einem bis zehn Hektar Größe neue Wasserkreisläufe initiieren. Meerwasser sollte innerhalb dieses Mikroklimas verdunstet, kondensiert und aufgefangen werden und die Grundlage bilden für Aufforstung und Anbau.

Nach dem gleichen Prinzip hatte bereits vor 20 Jahren der deutsche Erfinder Stephan Augustin sein Lowtech-Gerät Watercone entwickelt. Es besteht aus einer schwarzen Bodenscheibe, etwa so groß wie ein Autoreifen, und einem darüber gestellten durchsichtigen und spitz zulaufenden Kunststoffdach. Das in die Bodenscheibe gegossene Salzwasser verdunstet unter dem Treibhauseffekt, das am Dach herablaufende Kondenswasser sammelt sich in einer rundum laufenden, nach innen gerichteten Wölbung und kann nachher ausgegossen werden. Mit diesem schlichten, günstigen und vor allem tragbaren Design hat es Augustin sogar nach New York in eine Ausstellung des MoMA geschafft.

Die Erfindung dient am ehesten dem Durstlöschen und der Bewässerung kleiner Flächen. Im größeren Stil macht sich das niederländische Start-up Desolenator die Verdunstung zunutze. Ihm ist eine neue Lösung für Meerwasserentsalzung gelungen, deren Energiebedarf ausschließlich von Solarpaneelen gedeckt wird und auch an entlegenen Orten unabhängig von lokalen Stromnetzen funktioniert. Weder schädliche Chemikalien noch Membranen kommen zum Einsatz. Die entstehende Sole wird nicht zurück ins Meer befördert, sondern an Land kristallisiert und nach eigener Aussage in hochwertiges Salz verwandelt, das im Sinne des Kreislaufgedankens industriell genutzt werden kann. Die Grundidee für die dahinterstehende Technologie geht zurück ins Jahr 2010, als der Maschinenbauingenieur William Janssen den Bau des „Ferrari World"-Themenparks in Abu Dhabi beaufsichtigte. Genau dort, in diesem wasserarmen Land, hatte er seinen Heureka-Moment. Ihm waren die Solarthermie-Paneelen auf den Hausdächern aufgefallen, mit denen die Einheimischen ihr Warmwasser erzeugten. Er ging einen Gedanken weiter und fragte sich, ob man nicht auf diese Weise Salzwasser sogar zum Kochen bringen könne, um es zu destillieren, also über Verdunstung Wasser und Salz zu trennen. Janssen recherchierte umgehend, ob diese Methode in Verbindung mit Solarthermie schon existiert, meldete sie 2013 zum Patent an und gründete sein Unternehmen Desolenator. Mit zwei EU-Förderungen im Rücken konnte der Niederländer seine Technologie innerhalb von zehn Jahren ein gutes Stück voranbringen. Gerade an Orten mit dauerhafter Sonneneinstrahlung ist sie gefragt, besonders dort, wo ihm das Licht aufgegangen war, in den Vereinigten Arabischen Emiraten und ihren Anrainerstaaten.

Der kanadische Maschinenbauingenieur Dragan Tutic macht es mit seinem

TRINKWASSER PER WELLENKRAFT

Die Technologie von Oneka setzt auf die Energie der Wellen, um Meerwasser nutzbar zu machen. Schwärme der schwimmenden Entsalzer (verschiedener Größenklassen) sind bis zu fünf Kilometer vor der Küste verankert – in Einzelabständen von 20 bis 50 Metern. Die Bewegung der Wellen drückt das Wasser an Bord durch die Filtermembranen. Anschließend wird die entsalzte Ressource ohne zusätzlichen Energieeinsatz per Schlauch an Land gepumpt. Teil des Geschäftsmodells: Die Nutzer des Wassers zahlen nicht für die Technologie und deren Instandhaltung, sondern nur für das Wasser – „Water as a service" nennt sich das Konzept.

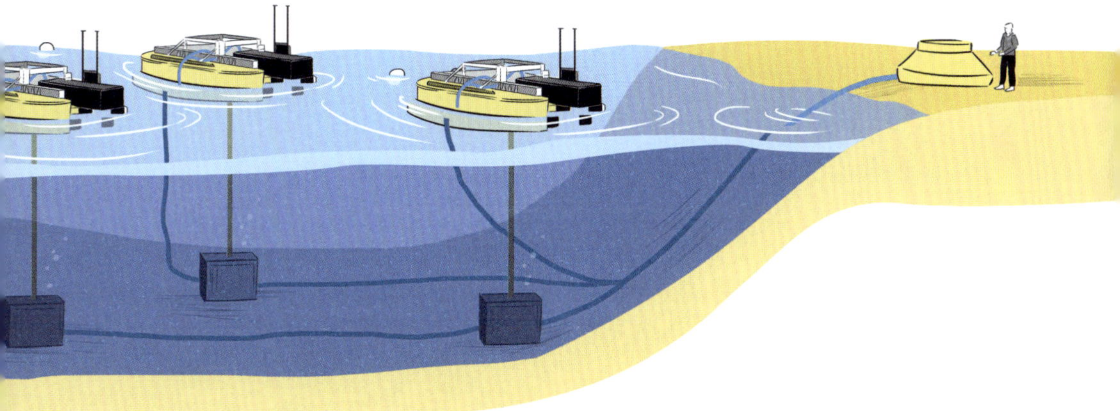

Start-up Oneka Technologies anders. Es setzt den großen, massiven Entsalzungsanlagen an Land kleine, bewegliche, bootartige Anlagen auf See gegenüber, die nicht mal Strom benötigen, lediglich Wellen, die mindestens einen Meter hoch sind. Per Wellenkraft, also rein mechanisch, wird das Wasser angesogen, durch Membranen gepresst und dann über eine Pipeline an Land geführt. Die anfallende Sole wird mit drei Vierteln des Meerwassers, das die Schwimmer angezogen, aber nicht durch die Membran geschickt haben, wieder vermischt und wieder ins Meer abgegeben. Dieses Wasser sei laut Susan Hunt, Chief Innovation Officer des Unternehmens, nur etwa 25 Prozent salziger als das ursprüngliche Meerwasser. Das wäre im Vergleich zu den herkömmlichen Entsalzungsmethoden tatsächlich eine viel geringere Konzentration. Die unterschiedlich großen Module, die wie Bojen im Meerboden verankert sind, können gemeinsam wie in einem Schwarm in einer Entfernung von 200 Metern bis fünf Kilometern vor der Küste treiben und ganze Dörfer, Resorts oder Industrieanlagen versorgen. Der größte Schwimmer namens Iceberg misst acht mal fünf Meter und kann pro Tag bis zu 50 Kubikmeter Trinkwasser verfügbar machen.

Die Diversität der Branche wächst also. Viele der nachhaltigen Alternativen stecken aber noch in den Kinderschuhen, entwickeln sich langsam oder haben mit den Platzhirschen zu kämpfen, die bisher von den Investitionen ihrer Staaten profitierten. Doch auch sie gab es nicht von heute auf morgen. Die Anfänge der heute so breit genutzten Umkehrosmose-Technologie liegen in den 1960er-Jahren, erst 30 Jahre später war sie marktfähig. „Der Wassermarkt ist sehr konservativ", weiß Claus Mertes, Managing Director des Duisburger Desalination Institutes. „Es wird eine Weile dauern, um Nutzer wie Wasserwerke davon zu überzeugen, dass eine neue Technologie ausreichend sicher ist."

ERST GIFTE VERMINDERN, DANN ERSETZEN

Seien wir ehrlich: Unser bisheriges Engagement beim Wasserschutz besteht in den allermeisten Fällen aus Symptombekämpfung. Wir versuchen, die Ströme an Schadstoffen einzudämmen und die Schadstoffe, die es ins Wasser geschafft haben, wieder herauszuholen. Das ist aller Ehren wert, und solange die Schadstoffströme anhalten oder sogar stärker und diverser werden, bleibt uns auch nichts anderes übrig. Um Wasser aber vor weiterem Schaden zu bewahren, müssen wir gleichzeitig über alternative, chemisch völlig unbedenkliche Stoffe nachdenken, die die bisherigen bedenklichen Stoffe ersetzen. Anders gesagt: Wir müssen die Effekte eines Produkts auf seine Umwelt schon bei dessen Geburt mitdenken und das Produktdesign so aufsetzen, dass das Produkt kein Unheil anrichtet – weder bei der Herstellung noch bei der Nutzung noch am Ende seiner Tage.

Damit wären wir in der Kreislaufwirtschaft oder, besser gesagt, noch ein Stück weiter in der Welt des Cradle-to-Cradle-Designs. Diese „Von der Wiege zur Wiege"-

Denke ist den konstruktiven Feedbackschleifen der Natur entlehnt, die kein Ende kennen. Produkte erhalten so quasi ewiges Leben. Das bedeutet, dass wir deren Lebenswege weder linear denken sollten noch als nur zum Kreis gebogene Linien, sondern Produkte wahrnehmen müssen als etwas, das komplett unschädlich ist und sogar förderlich auf seine Umwelt einwirkt. Stellen wir uns das nur vor: Löste sich ein solches Produkt in der Umwelt auf, zerfiele es im Wasser oder am Straßenrand in seine Bestandteile, würden diese sogar als Nährstoffe dienen. Das von Prof. Michael Braungart bereits in den 1990er-Jahren ersonnene Cradle-to-Cradle-Prinzip verspricht genau solche Produkte. Inzwischen gibt es weltweit über 16.000 davon – von Sneakern über Teppichböden bis Kosmetik. Auch das Buch, das Sie gerade in den Händen halten, wurde nach dem Cradle-to-Cradle-Verfahren hergestellt und verzichtet damit beispielsweise auf die sonst giftigen Druckfarben. „Ein Produkt, das giftig ist oder zu Müll wird, ist einfach nur ein schlechtes Produkt", sagt Braungart gern und erklärt, dass in einem Joghurtbecher aus konventionellem Plastik 600 Chemikalien stecken, um ihn leicht, bruchsicher und billig zu machen. „Bei 600 Chemikalien ist aber nichts mehr zu recyceln. Die Verpackung ist purer Müll." Die Lösung liegt hier in Verpackungen aus einem einzigen hochwertigen Monomaterial ohne zusätzliche Additive, das problemlos wiederverwertet werden kann, oder das, wenn es aus den Kreisläufen hinausgeraten sollte, auch in der Natur bei normalen Temperaturen rückstandslos verrottet. Legt man diese hohen Ansprüche zugrunde, muss man klar bekennen: So etwas gibt es bislang noch nicht.

Doch gerade im Reich der Verpackungen passiert da immer mehr. Das eine Start-up hat holzbasiertes Zelluloid als Material entdeckt, das andere Algen. Ein nächstes forscht an einem Material aus bakterieller Herstellung. Andere Start-ups verwenden KI, um das ultimative Material zu finden. Bis das gefunden ist, müssen wir uns mit den unausgegorenen Materialien beschäftigen, die schon jetzt auf den Markt kommen. Gerade bei alternativen Verpackungen ist Vorsicht geboten, denn nicht alles, was etwa als „Bioplastik" für sich wirbt – der Begriff ist nicht geschützt –, ist auch nachhaltig oder eine Entlastung fürs Wasser. Viele vermeintliche Alternativen nutzen trotzdem chemische Zusätze, verrotten zu langsam, werden in Recyclinganlagen nicht als biologisch detektiert und am Ende doch verbrannt. Nur biobasierte und auch biologisch abbaubare Varianten machen Sinn. Vor allem dort, wo Kunststoffe viel zu oft in die Natur übergehen wie Fischernetze ins Meer. Bei diesem Beispiel wird ein weiteres Manko deutlich: Könnten Fischer nicht auf den Gedanken kommen, ihr Arbeitsmaterial nun erst recht in den Ozeanen zu entsorgen, weil es doch abbaubar ist? Mir scheint, dass sich zu nachhaltigen Alternativen immer auch ein nachhaltiges Bewusstsein gesellen muss. Denn jedes noch so großartig hergestellte Produkt hinterlässt klimatische und ökologische Fußabdrücke. Jedes! Vermeidung ist deshalb nach wie vor Regel Nummer eins. Im folgenden Kapitel habe ich auch dazu einige Alltagstipps für Sie.

DIE ZWEI SPHÄREN DES CRADLE-TO-CRADLE-PRINZIPS

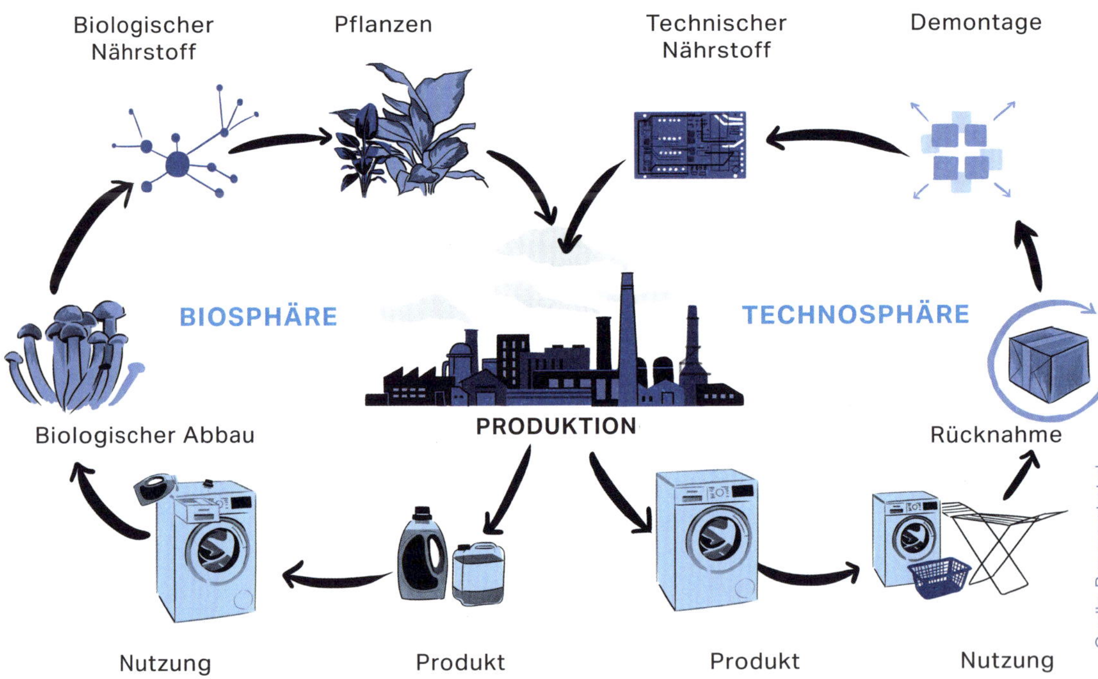

Quelle: Braungart et al.

Cradle to Cradle ist ein Designprinzip, das weder Müll noch Gifte kennt. Danach hergestellte Produkte rotieren über ihren gesamten Lebenszyklus entweder in Biosphäre (für Verbrauchsgüter) oder in der Technosphäre (für Gebrauchsgüter). In unserer Illustration demonstrieren wir das Prinzip anhand des Wäschwaschens. In der Biosphäre geht es ums abbaubare Waschmittel, in der Technosphäre um die wiederverwendbare Waschmaschine.

„EIN PRODUKT, DAS ZU MÜLL WIRD, IST EINFACH NUR EIN *SCHLECHTES* PRODUKT."

WIE

WIR DAS WASSER SCHONEN

UND UNS SELBER SCHÜTZEN

KAPITEL 4

Wir alle hinterlassen Fußabdrücke auf unserem Planeten, manchmal unmittelbar sichtbare wie die Spuren im Sand, aber jeden Tag auch viele unsichtbare, abstrakte. Längst ist der Begriff *Carbon Footprint* Teil unseres Lebens geworden – gewollt oder ungewollt. Für diesen persönlichen CO_2-Fußabdruck sorgen wir, wenn wir konsumieren, verreisen, unseren Hobbys nachgehen oder uns ernähren. Wir können ihn berechnen über Apps oder Websites, und von der praktischen Gelegenheit machen wir auch Gebrauch. Dann schaudert es uns vielleicht manchmal, und wir verändern etwas kurz- oder langfristig. Aber ganz ehrlich: Viel zu oft ertappe ich mich dabei, wie ich relativ schnell in alte Gewohnheiten zurückfalle – Carbon Footprint hin oder her. Trotz der Bemühungen, immer im Sinne der Umwelt zu handeln, sind die Fallstricke permanent um uns herum gespannt. Irreführende Werbung und Marketingmaschinerien lenken unsere Aufmerksamkeit auf bestimmte, besonders klimaneutral und umweltfreundlich scheinende Produkte. Zu oft glauben wir den Informationen im Groß- und Kleingedruckten. Fakt ist aber, dass die vermeintliche Klarheit der Daten bisher viel zu nachlässig durchleuchtet wurde. Erst seit Kurzem kommt Schwung in die Diskussion – auf politischer Ebene, aber auch innerhalb der Unternehmen: Inflationäres Benutzen und Verwässern von Produktkennzeichnungen mit den Begriffen „klimaneutral" und „nachhaltig" werden teils mit rechtlichen Mitteln eingeschränkt. Und auch immer mehr Konsumentinnen und Konsumenten fragen verstärkt nach, weil sie dem grünen Anstrich nicht mehr ungeprüft Glauben schenken. Und wo stehen wir, wenn wir übers Wasser oder Mikroplastik sprechen?

Beim Wasser sprechen wir genauso von einem Fußabdruck. Machen wir uns klar, dass alles, wirklich alles, was wir tun, auch mit Wasser in Verbindung steht, dann sollte doch auch dessen Verwendung gemessen und die Kommunikation darüber eine Rolle spielen. Das Gleiche gilt für Mikroplastik, mit dessen Fußabdruck wir auch den Fußabdruck des Wassers beeinflussen. Dass das alles nicht so einfach ist, sieht man daran, dass vielleicht jeder schon mal von den unterschiedlichen Footprints gehört hat, aber die zugrunde liegenden Datenpakete – gerade beim Mikroplastik – im Verborgenen liegen oder noch nie aufgezeichnet wurden.

Bleiben wir beim Wasser, können wir inzwischen mithilfe digitaler Tools unser Wissen auf die Probe stellen – ähnlich des CO_2-Fußabdrucks. Doch genauso wichtig wie das Bewusstsein für einen persönlichen Water Footprint ist mir das Verständnis dafür, dass zwar jeder von uns etwas fürs Wasser tun kann und auch tun sollte, die ganz großen Stellschrauben für einen effektiveren Wasserschutz jedoch woanders liegen – in der Regulatorik der Politik, in der Transformation der Industrie, in der Modernisierung der Kläranlagen. Aus diesem Grund habe ich genau diese umfangreicheren Lösungen, von denen Sie in Kapitel 3 gelesen haben, diesem Alltagskapitel vorangestellt. Alle Erkenntnisse bisher zeigen uns, dass unserem Wasser viel schneller etwa mit dem Durchsetzen von Grenzwerten für Mikroplastik und anderen Mikroschadstoffen geholfen ist als mit der an Millionen von Haushalten gerichteten Bitte, ihre Textilien einem Fasercheck zu unterziehen und auszumisten. Auch mit der Kontrolle und Nachjustierung von Lieferketten erreichen wir schneller mehr in Sachen Wasser als mit der Frage, woher ich eigentlich meinen wasserintensiv angebauten Reis beziehe.

Ich bin ein großer Fan von *lessons learned,* aber auch von *learning by doing.* Fehler kann und darf man machen. Die Frage ist nur, wie man mit dem Wissen umgeht, nachdem sich der Fehler gezeigt hat. Auch in meinem Team machen wir Fehler, ich denke, das ist ganz normal, erst recht, wenn man neue Dinge erforscht oder Wege einschlägt, die noch nicht ausgelatscht sind. Es braucht eine Fehlerkultur, die jedem die Chance gibt, die Fehleranzahl zu reduzieren. Hierbei hilft nicht nur eigene Reflexion, sondern auch unmittelbare offene Kommunikation mit dem Team. Das Gleiche würde ich mir wünschen, wenn es darum geht, unternehmerische, ökologische und gesellschaftliche Interessen miteinander zu vereinbaren. Wenn klar ist, dass Prozesse umweltschädlich, nicht nachhaltig oder menschenverachtend sind, dann sollten diese Produkte klar gekennzeichnet werden und im besten Fall unmittelbar vom Markt verschwinden. Dafür könnte die Politik den stärksten Hebel betätigen – im besten Fall ohne Grauzonen und Schlupflöcher und 50-jährige Übergangsphasen.

Wenn wir über unternehmerische Verantwortung reden, dürfen wir nicht vergessen, dass es der britische Mineralölkonzern BP gewesen ist, der zwischen 2004 und 2006 als Teil seiner Hunderte Millionen schweren „Beyond Petroleum"-Kampagne den ersten Carbon Footprint Calculator auf den Markt brachte. Von Vertretern des Klimaschutzes wurde dieser Vorstoß als groteske Ablenkung von den eigenen Untaten gewertet. Nach dem Motto: „Fangt ihr mal an, wir kommen dann schon hinterher!" Wie wir heute wissen, waren viele Ankündigungen der fossilen Industrien tatsächlich vorgeschoben, eine wirkliche Transformation nur in die entferntere Zukunft verschoben. Diese Erfahrungen sollten wir auch im Hinterkopf haben, wenn wir übers Wasser reden. Die Politik darf die wasserintensiven und wasserverschmutzenden Branchen nicht aus der Haftung entlassen, während wir Bürgerinnen und Bürger uns daran machen, in unserem Alltag Liter für Liter Wasser zu schützen oder zu sparen.

Dabei haben wir drei Stellschrauben in der Hand, um die es in diesem Kapitel gehen wird. Die erste liegt in unserem Konsum. Die zweite liegt in der Entsorgung der Produkte, die wir konsumiert haben. Die dritte liegt im bewussten Umgang mit dem Wasser selbst. In den begleitenden Illustrationen dieses Kapitels haben wir die Chancen, die im veränderten Konsum stecken, **BRAUN** eingefärbt, die Chancen besserer Entsorgung sind **GELB** unterlegt, die Chancen des Wassersparens und -schützens tragen **BLAU.** Ich bin gespannt, wo Sie sich bereits wiederfinden oder neue Möglichkeiten sehen, mit kleinen Veränderungen Beiträge zum Schutz unseres Wassers zu leisten.

4.1

CHANCE KONSUM

Fast 80 Prozent der Bevölkerung laufen oder fahren hierzulande ein bis vier Mal pro Woche zum Supermarkt und kaufen ein, zwölf Prozent sogar täglich. Wir bringen dann nicht nur unsere Nahrungsmittel nach Hause, sondern auch die dazugehörigen Verpackungen. Deren Menge steigt in Deutschland seit 30 Jahren – mit wenigen Ausnahmen – unaufhörlich. Das liegt daran, dass Verpackungen ihrem Produkt nicht mehr nur Schutz bieten, sondern immer häufiger weitere Funktionen wie Dosierung, Portionierung, Aufbewahrung oder Handhabung erfüllen sollen. Gleichzeitig kaufen wir immer mehr online ein – immer öfter auch Lebensmittel –, was zu einer zusätzlichen Zunahme von Verpackungen führt.

Zu den Besorgungen des täglichen Bedarfs kommen die Produkte, die uns längerfristig begleiten. Laut Statistischem Bundesamt besitzt jeder in Europa Lebende durchschnittlich 10.000 Dinge. Der eine mehr, der andere weniger – je nach Land, Region, Einkommen und sicher auch nach Veranlagung. In den USA sind es sogar etwa 30.000 Teile, die jede Bürgerin und jeder Bürger im Haushalt ansammelt. Das Wenigste davon brauchen wir wirklich, doch alles, was wir gekauft haben, musste hergestellt werden, und wenn wir doch irgendwann mal entrümpeln sollten, landet vieles davon im Müll. Es liegt in der Natur der Sache, dass immer mehr dieser kleinen und großen Besitztümer aus Kunststoffen bestehen, die selbst immer vielfältiger geworden sind. Deren Boom, der seit achtzig Jahren ungebrochen anhält, hatte ich im zweiten Kapitel beschrieben. Billiges Erdöl als Grundstoff konnte Plastik zu einem ebenso billigen Massenmaterial und – versehen mit weiteren chemischen Zusätzen und geformt in abertausende Varianten – zu unserem Alltagshelfer machen. Dosen, Siebe, Bilderrahmen, Kabelstränge, Handyhüllen, Schuhlöffel, Klobrillen, Fußböden, Sitzbezüge, Fußballtrikots, Sneaker, Spielzeuge, gesamte Innenverkleidungen von Autos und und und. Wie oft machen wir uns eigentlich bewusst, dass all diese Dinge mit der Qualität unseres Wassers in Zusammenhang stehen?

Schauen wir etwas genauer auf ein paar populäre Alltagserleichterer aus Kunststoff, die weltweit für Furore sorgen konnten. Das heute riesige Segment der **Plastikdosen** beispielsweise geht auf die berühmte Tupperware zurück, deren Sortiment 1946 in den USA das Licht der Welt erblickte. Die verschließbaren Gefäße galten damals als Wunderschüsseln, weil sie in einer Zeit, in der Kühlschränke noch nicht in jedem Haushalt standen, auf praktische Art und Weise Lebensmittel luftdicht schützen und somit frisch halten konnten. Gigantische Mengen von Imitaten auf der ganzen Welt folgten – angeboten in Supermarkt- oder Einrichtungsketten schon für wenige Cent. Es gibt heute wohl keine Küche, die ohne eine Frischebox aus Kunststoff auskommt. Als Kunststofftypen finden sich vor allem Polypropylen (PP), Polyethylen (PE), Polyethylenterephthalat (PET) oder Polycarbonat (PC) in den Produkten wieder. Nicht zu vernachlässigen sind die teilweise giftigen chemischen Zusätze, darunter Bisphenol A (BPA), die weltweit meistproduzierte Industriechemikalie, die oft mit Weichmachern in Verbindung gebracht wird – aber selbst kein Weichmacher ist. Sie sorgt allerdings dafür, dass Kunststoffprodukte bruchsicher und flexibel bleiben. BPA steht nicht nur unter starkem Verdacht, das Hormonsystem durcheinanderzubringen, die menschliche Entwicklung zu behindern und Verhaltensstörungen hervorzurufen, sondern auch Übergewicht und schwere Krankheiten wie Brustkrebs zu verursachen. Zumindest in Deutschland ist BPA aus Tupperprodukten verbannt, in billigeren Alternativen und Kunststoffverpackungen ist das in vielen Fällen nicht so.

Allein diese Aufzählung potenzieller Nebenwirkungen eines BPA-Konsums lässt aufhorchen. Spannend finde ich, sich einmal die Entwicklung dieses Themas anzuschauen. Im Jahr 2007 hat die Europäische Behörde für Lebensmittelsicherheit (EFSA) den Wert für die tolerierbare tägliche Aufnahmemenge von BPA um das Fünffache auf 50 Mikrogramm je Kilogramm Körpergewicht erhöht. 2015 ruderte die EFSA zurück. Eine Neubewertung führte zur Absenkung des Wertes um mehr als das Zehnfache, nämlich vier Mikrogramm je Kilogramm Körpergewicht. Die Gründe für den anscheinend überfälligen Eingriff lagen in rund 800 Studien, die in der Zwischenzeit veröffentlicht worden waren und darauf hindeuteten, dass schon viel geringere Konzentrationen an Bisphenol A zu gesundheitlichen Beeinträchtigungen führen können. Zwischen 2022 und 2023 wurde die Lage auf Basis neuer Daten bewertet, was zu einer Empfehlung der EFSA führte, den Grenzwert für Bisphenol A noch viel weiter abzusenken – auf tägliche 0,2 Nanogramm pro Kilogramm Körpergewicht. Im Zuge dessen wurden die Forderungen

POLYPROPYLEN, POLYETHYLEN, POLYETHYLENTEREPHTHALAT, POLYCARBONAT, BISPHENOL A

Weiter auf Seite 174 →

DIE KÜCHE

Unser Einkaufsverhalten und die Gewohnheiten bei der Ernährung liefern echte Hebel fürs Wasserschützen.

1. Gut gebrüht Kaffee ist das Lieblingsgetränk der Deutschen. Doch für eine Tasse Kaffee braucht es vorher 140 Liter Wasser. Ist die Herkunftsregion eher trocken, ist das ein großes ökologisches Problem, denn es muss bewässert werden. Sprechen wir über die Kaffeekapseln, wird das Wasser weit mehr in Anspruch genommen. Herstellung und Entsorgung vor allem der Aluminiumvariante belasten die Umwelt sehr.

2. Tierische Einkäufe Für die Bereitstellung von einem Kilogramm Rindfleisch werden rund 15.000 Liter Wasser benötigt. Das meiste geht für das Wachstum der Futterpflanzen drauf. Im Vergleich: Hühnerfleisch braucht nur ungefähr ein Viertel der Wassermenge. In einem Ei stecken rund 200 Liter virtuelles Wasser, in einem Kilogramm Käse auch schon mal 7.000 Liter.

3. Borstige Angelegenheit Partikel aus Plastikbürsten und Schaumstoffschwämmen lösen sich bei jedem Abwaschen. Ein Wechsel auf umweltschonendere Alternativen ist problemlos beim nächsten Einkauf möglich. Denn diese gibt es mittlerweile überall.

4. Weg mit den Dosen! Von Plastikbehältnissen können Chemikalien in die Nahrung übergehen, beim Abwasch auch direkt ins Wasser. Besonders vor älteren Exemplaren sollten wir uns hüten. Beim Plastikfasten ist das Entrümpeln unserer Plastikdosen ein ganz wichtiger Schritt. Ist die Neuanschaffung Kunststoff-frei, liegt der Mehrwert auf der Hand.

5. Biomüll ganz ohne Tüte Die wohl beste Variante für die Zwischenlagerung unseres Biomülls ist ein Metalleimer ohne jede Tüte! Ein Stück Pappe unten rein oder ein wenig Küchenkrepp, fertig. Denn auch die wohlklingenden Alternativen zur Plastiktüte sind nicht optimal. Bioplastik kann Schadstoffe enthalten, zersetzt sich oft zu langsam. Für reißfesteres Papier werden oft Frischfasern verwendet.

6. Pflanzliche Einkäufe Auch in Obst und Gemüse ist virtuelles Wasser versteckt. Um ein Kilogramm Äpfel anbieten zu können, braucht es vorher 700 Liter. Heimische Kartoffeln sind mit 130 Litern pro Kilogramm relativ genügsam. Die gleiche Menge Tomaten kommt mit 110 Litern Wasser aus. Wächst sie in trockenen Regionen, steigt jedoch der Wasserverbrauch. Als Faustregel kann gelten: Wer saisonal, regional und bio einkauft, hinterlässt einen kleineren Wasserfußabdruck!

7. Spüle gegen Spülmaschine Wer gewinnt beim Wassersparen? Klingt komisch, aber wer die Spülmaschine nutzt, verbraucht weniger als beim Spülen per Hand – teilweise bis zu 50 Prozent. Allerdings müssen wir für diesen Vorteil den Eco-Mode der Maschine nutzen. Bei den Spülmaschinen-Tabs sollten wir darauf achten, dass sie keine giftigen Chemikalien wie Benzotriazol enthalten! Auch hier gibt es inzwischen Öko-Alternativen.

8. Schichtwechsel bei Töpfen und Pfannen Dem Wasser und der eigenen Gesundheit zuliebe: PFAS-beschichtetes Kochgeschirr gehört ausrangiert. Auch beim Kochen können wir das Wasser schonen, indem wir mit weniger Wasser kochen und den Deckel nutzen; indem wir das Gemüse auch mal mit Dampf garen; oder indem wir das Kochwasser weiterverwenden – zum Beispiel zum Saucenkochen oder zum Pflanzengießen.

9. Welches Wasser trinken? Was man vielleicht ahnen konnte, bestätigte uns jüngst die Studie der Columbia University: Wasser aus Plastikflaschen kann hochgradig mit unsichtbarem Nanoplastik belastet sein. Zudem steht Wasser, das durch die Anbieter abgepumpt wird, oft in Konkurrenz zu den Wasserbedarfen der Menschen vor Ort. Die Lösung: Hahnwasser! Auf dessen Qualität kann man sich hierzulande verlassen. Das macht auch Filtergeräte überflüssig, die in Hightech-Ausführung mehrere tausend Euro kosten.

→ lauter, Stoffe wie BPA zu verbieten, sollte es sichere Alternativen für deren bisherige Anwendungsbereiche geben.

Aber nicht nur als Zusatz in klassischen Kunststoffprodukten ist BPA zu erwähnen, sondern auch als Chemikalie, die sich etwa in unseren Konserven nachweisen lässt. In der Illustration des Haushaltsraums finden Sie dazu interessante Zahlen, mit denen die Stiftung Warentest Schlagzeilen gemacht hat, als sie herausfand, dass viele Klassiker aus der Konservendose hierzulande hochgradig mit BPA belastet sind. Dass es auch anders geht, zeigt das Beispiel Japan. Hier hat die Industrie auf Warnungen der Gesundheitsbehörde reagiert und bietet seit 20 Jahren BPA-freie Konserven an. In Frankreich gilt seit Januar 2015 ein nationales Verbot für BPA in allen Materialien, die mit Lebensmitteln in Berührung kommen. Und was geschieht auf EU-Ebene? Hier haben die Mitgliedsstaaten im Juni 2024 einem Vorschlag der EU-Kommission zum Verbot von BPA in Materialien mit Lebensmittelkontakt zugestimmt. Demnach darf BPA nach Ablauf einer Übergangsfrist nicht mehr in Lebensmittelverpackungen wie Konservendosen, Trinkflaschen oder Plastikverpackungen verwendet werden. Das Verbot tritt schon Ende 2024 in Kraft. Das klingt nach einem wichtigen Schritt in Richtung Verbraucher- und Umweltschutz. Umweltorganisationen kritisieren allerdings, dass alle potenziell gefährlichen Bisphenole reguliert werden müssten, eben auch diejenigen, die oft als Ersatzstoffe in die Materialien wandern.

Ich beginne mit diesem Beispiel, weil es wichtig ist zu verstehen, dass wir mit dem fortlaufenden Kauf von Alltagshelfern aus Plastik nicht nur die Ökosysteme des Planeten belasten, sondern auch uns selbst. Man kann sich leicht vorstellen, dass es sich bei anderen Chemikalien, die in anderen Alltagshelfern aus Kunststoff enthalten sind, ähnlich verhält wie bei Bisphenol. Sie werden unterschätzt und schädigen uns jeden Tag heimlich, still und leise. Ich finde, dass wir nicht auf die nächsten 800 Studien warten und danach den nächsten Kampf um die notwendigen Regulierungen verfolgen sollten. Jeder und jede von uns wäre gut beraten, für sich und seine bzw. ihre Familie das Vorsorgeprinzip anzuwenden.

Ein Ansatz ist das Plastikfasten, eine Zeit, in der wir Gegenstände aus Kunststoff meiden. Wenn wir merken, dass das klappt – und es klappt! –, verlängern wir das Fasten in den Alltag und entrümpeln den Kunststoffvorrat. Alternativen sind so leicht organisiert. Bleiben wir bei den Frischeboxen, dann gibt es sie aus Holz, Glas oder Stahl. Sie sind zwar etwas teurer, aber im Gebrauch sind sie unverdächtig, und sie halten auch viel länger. Dieses Investment lohnt sich in jeglicher Hinsicht. Bei mir selbst gab es eher wenig Plastik zu entrümpeln. Ich versuche insgesamt wenig anzuhäufen. Die Anzahl an Frischeboxen konnte ich in den vergangenen Jahren maßgeblich reduzieren. Ich brauche sie auch kaum noch, weil ich eigentlich alles innerhalb kurzer Zeit aufesse und bei Lagerung vermehrt auf Edelstahl setze. Vor einiger Zeit habe ich trotzdem mal einen Selbstversuch gemacht und meine Plastikkontakte pro Tag dokumentiert. Ich kam auf 102. Hätte ich die Mehrfachkontakte mitgezählt, wären es weit mehr gewesen. Auf wie viel kommen Sie? Und wie reagiert ein Mediziner wie Prof. Kenner, den wir bereits kennengelernt haben, in seinem Privatleben auf die Plastikbelastung? Bevor es auf Seite 178 weitergeht mit den anderen Alltagshelfern, hier der zweite Teil des Gesprächs mit Lukas Kenner.

„WIR HABEN ALLES AUS DER KÜCHE VERBANNT, WAS *NICHT* AUS HOLZ ODER METALL IST."

Im zweiten Teil unseres Gesprächs berichtet Prof. Kenner von den Stellschrauben im Alltag, um uns vor Plastikeintrag zu schützen.

Herr Prof. Kenner, Ihr Mikroplastikprojekt läuft noch bis 2025. Was können Sie uns dennoch jetzt schon raten? Wie können wir uns am effektivsten schützen?

Wir machen gerade eine interessante Studie an der Uniklinik in Graz mit Prof. Vanessa Stadlbauer-Köllner zum Thema Plastikfasten. Dabei geht es um Vermeidung, Reduktion und Ersatz von Plastikprodukten im Alltag. Die Probanden werden dabei angeleitet, auf welche Dinge sie verzichten sollten wie Plastikverpackungen, Plastikzahnbürsten, Einmalprodukte aus Plastik. Zum anderen sollen sich die Probanden von viel befahrenen Straßen fernhalten, um den Abrieb der Autoreifen zu vermeiden, den sie sonst einatmen. Acht Tage geht das. Vorher und nachher werden Stuhlproben genommen und kontrolliert, wie gut es gelungen ist, die Plastikkontamination zu reduzieren. Die Studie läuft noch, aber ich würde denken, dass so etwas wie ein Plastikfasten eine gute systematische Möglichkeit wäre, gesünder zu leben.

Welche Veränderungen haben Sie persönlich in Ihrem Alltag bereits vorgenommen?

Meine Frau und ich nehmen beim Einkaufen unsere Jutetaschen für Gemüse und Obst mit. Wir vermeiden alle Nahrungsmittel, die am Ende der Nahrungskette sitzen –

„HAT MAN EIN GUT FUNKTIONIERENDES **IMMUNSYSTEM,** KANN DER KÖRPER MIT VIELEN STRESSOREN ZURECHTKOMMEN. DOCH ICH DENKE, *DASS ES DARUM GEHEN MUSS,* DIE ZAHL DER **STRESSOREN** *ZU REDUZIEREN.* DIE *NICHT*GESTRESSTEN **HABEN EINE BESSERE PROGNOSE.**“

also Tiere. Rinder trinken belastetes Wasser, essen kontaminiertes Gras. In deren Fleisch konzentrieren sich natürlich auch die Bestandteile des Plastiks. Aus dem gleichen Grund essen wir keine Fische mehr und keine Muscheln. Da wird mir ganz schlecht, wenn ich die entsprechenden Studien lese. Es ist irre, welche Mengen etwa in Fischen zu finden sind. Das sieht man ja zum Teil mit bloßem Auge.

Wie verhalten Sie sich beim Trinken?

Natürlich trinken wir auch nichts mehr aus Plastikflaschen. Ich habe immer eine Metallflasche bei mir, in die ich Leitungswasser gebe. Wir haben übrigens auch alles aus der Küche verbannt, was nicht aus Holz oder Metall ist. Wir wollen uns möglichst wenig einer potenziellen Gefahr aussetzen.

Wie ist es mit Kunstfasern?

Wir schauen ganz genau auf die Labels unserer Kleidung, suchen die Marken, die ohne Kunststoffe produzieren. Zu Hause haben wir alte Berberteppiche auf dem Boden liegen, die auch unverdächtig sind. Wir sehen zu, dass wir nichts ins Haus lassen, was irgendwie Kunstfasern hat. Das ist ein irrer Eintrag. Wenn man sich anschaut, wie viel Plastik im Hausstaub steckt, fällt einem die Kinnlade runter.

Können Sie den Leserinnen und Lesern aus medizinischer Sicht noch ein Stück Hoffnung mit auf den Weg geben? Kann man zum Beispiel annehmen, dass unsere Selbstheilungskräfte mit den Mikro- und Nanopartikeln klarkommen?

Ich weiß als Krebsforscher, dass wir Menschen auf ein Immunsystem zurückgreifen können, das für die Heilung wesentlich ist. Jeden Tag werden in unserem Körper Milliarden von Zellen gebildet. Man kann davon ausgehen, dass es darunter Millionen mutierte Zellen gibt, die potenzielle Krebszellen sind. Sie werden aber vom Immunsystem vernichtet. Hat man ein gut funktionierendes Immunsystem, kann der Körper mit vielen Stressoren zurechtkommen. Doch ich denke, dass es darum gehen muss, die Zahl der Stressoren zu reduzieren. Der übertriebene Fleischkonsum bedeutet Stress, hochverarbeitete Lebensmittel stressen den Körper genauso, das ständige Online-Sein, die Schlaflosigkeit, der ganze westliche Lebensstil. Er führt dazu, dass wir nicht mehr in uns selber ruhen, sondern getrieben sind. Die Wahrscheinlichkeit, dass wir mit toxischen Substanzen umgehen können, wächst jedoch mit einem stabilen Immunsystem. Wir sehen das in der Krebsforschung, dass die Leute schneller sterben, deren Immunsystem heruntergefahren ist. Das Angstzentrum in unserem Hirn, die Amygdala, sorgt bei Aktivität für ein Dauerfeuer des Hormons Cortisol, was zu einem hohen Cortisol-Level im Blut führt. Cortisol reduziert jedoch die Zahl der Immunzellen. Die Leute leben kürzer, weil das Immunsystem durch Stress und Angst unterdrückt wird. Die Nichtgestressten haben eine bessere Prognose. Ich denke daher, dass wir gut beraten sind, mehr in die Ruhe zu kommen und Zeit in der Natur zu verbringen. Das hilft vielleicht auch dabei, uns wieder als Teil von ihr zu begreifen. Und das wiederum könnte uns bescheidener machen.

Auch die Spuren der berühmten **Teflonpfanne** führen in die USA – zum Chemiekonzern DuPont. Ein Mitarbeiter stieß per Zufall auf außergewöhnliche Fähigkeiten bestimmter Polymere und überlegte sich, wie diese Fähigkeiten unserem Alltag nützlich werden könnten. Sein Arbeitgeber meldete die Erfindung zum Patent an. Auch die mit dieser chemischen Innovation versehenen Alltagshelfer kamen – wie die Tupperdosen – 1946 auf den Markt. Hinter Teflon steht der Polymertyp Polytetrafluorethylen, abgekürzt PTFE, das dem Kochgeschirr diese besonderen Gleiteigenschaften verleiht. Es ist natürlich erst einmal beeindruckend, ein Spiegelei ohne Öl anzubraten und ohne Rückstände aus der Pfanne gleiten zu lassen oder einen Marmorkuchen in Sekundenschnelle aus einer wie geleckt aussehenden Backform zu holen. Aber sowohl bei Kratzern in der Oberfläche als auch bei zu starker Erhitzung ist bereits Vorsicht vor austretenden Chemikalien geboten. Genau aufgrund dieser gefährlichen Gebrauchsspuren haben Teflonpfannen, -töpfe und -backformen eine eher geringe Lebensdauer und müssen bzw. sollten immer wieder ausgetauscht werden. Aber beim Koch- und Backgeschirr blieb es damals nicht.

Neben Teflon eroberten viele andere Substanzen der im zweiten Kapitel bereits beschriebenen PFAS-Verbindungen unsere Haushalte. Kaum ein Raum, in dem keine fluorierten Polymere zu finden sind. Aus wetterbeständiger Funktionskleidung sind sie kaum mehr wegzudenken, im Bad stecken sie in Zahnseide und Shampoo, im Wohnzimmer in Möbelpolitur und Teppichreiniger, in der Küche in Mikrowellen-Popcorntüten oder im Backpapier, auch an der Hauswand. *Überall* finden sich diese Verbindungen – und damit sind wir auch gleich beim Problem. Einmal in der Umwelt, verbleiben sie dort mitunter sehr lange. Sie erinnern sich: PFAS werden nicht umsonst als Ewigkeitschemikalien bezeichnet.

Dabei wird längst nach Ersatz geforscht. So hat das Fraunhofer-Institut für Fertigungstechnik und Angewandte Materialforschung (IFAM) ein Verfahren entdeckt, das sich die Plasmatechnik zunutze macht, um Oberflächen mit ähnlichen, wenn nicht sogar besseren Eigenschaften zu schaffen. „Plasmaschichten sind chemikalienfrei und lassen sich auf nahezu allen Werkstoffen aufbringen", heißt es beim IFAM. Antihaftverhalten sei damit ebenso hinzubekommen wie Gleitfähigkeit und wasserabweisende Fähigkeiten. Bis es dazu kommt oder – wie in Kapitel zwei beschrieben – die gesamte PFAS-Stoffklasse verboten ist, haben wir die Wahl: Nutzen wir die riskanten Alltagshelfer weiter oder verbannen wir sie aus dem Haushalt und entsorgen sie fachgerecht? Vermeidung und Entsorgung wären jedenfalls ein guter Einstieg. Möchten Sie Ihre teflonbeschichteten Back- und Kochwaren loswerden, sollten die nicht einfach in die Tonne wandern, sondern an Wertstoffhöfen abgegeben werden. Und die Alternativen? Ich erinnere mich noch sehr genau an die gusseisernen Pfannen bei meinen Großeltern. Ich konnte die Dinger als Kind kaum heben. Die heutigen Angebote sind da deutlich handlicher. Auch Emaille ist eine unbedenkliche und gut handhabbare Variante. Als ich vor einigen Jahren meine Teflonpfanne ausrangierte, weil sie immer mehr Schadstellen aufwies, haben wir sie bei Wasser 3.0 noch für ein Forschungsprojekt eingesetzt. Abgelöst wurde sie von einer unbeschichteten Aluminiumpfanne.

Von der Küche mal kurz an die frische Luft. Haben Sie einen **Monobloc**

DER BILLIGSTUHL „MONOBLOC“ WURDE ÜBER EINE MILLIARDE MAL VERKAUFT.

im Garten stehen oder auf dem Balkon? Das mit über einer Milliarde verkauften Exemplaren wohl populärste Billigmöbel der Welt bekam 2022 mit dem Dokumentarfilm von Hauke Wendler ein Denkmal gesetzt. Der Anlass: 50 Jahre war es her, dass die Franzosen Henry Massonet und Pierre Paulin auf die Idee kamen, eine Sitzgelegenheit aus Polypropylen per Spritzguss herzustellen. Hierzu wird Granulat erhitzt, verflüssigt, in eine Form gepresst, mit Wasser abgekühlt und der Stuhl der Form entnommen wie ein gebackenes Osterlämmchen. Weniger als eine Minute dauert dieser Vorgang. Sicher, diese Erfindung mag aufgrund ihres günstigen Preises eine soziale Komponente haben. Polypropylen gilt auch als gut recyclingfähig. Aber ich bezweifle, dass die Mehrheit der Monoblocs, die in einem halben Jahrhundert auf der ganzen Welt zerbarsten, wiederverwertet wurde. Seien wir doch mal ehrlich: Das Sitzen auf großstädtischen Balkonen oder in ländlichen Dorfgemeinschaften hat auch vorher funktioniert. Dafür braucht es kein Wegwerfexemplar, das es inzwischen bis in den tiefsten Dschungel und in die entlegenste Arktis geschafft hat, wo der importierte Zivilisationsmüll am Ende nicht selten in Flüssen, Seen und Meeren landet, dort auch seine letzte Ruhestätte findet und zum Mikroplastikproblem wird.

Weiter auf Seite 182 →

DER GARTEN

Wir haben ihn pflegeleicht gestaltet und mit Plastik geflutet – holen wir die Natur zurück!

1. Es lebe der Mulch! Die Mulchsaat, die ich im vorigen Kapitel beschrieben habe, funktioniert genauso in unserem eigenen Garten. Es gilt die Faustregel: Der Boden sollte nie nackt sein! Dafür müssten wir nur mit alten Marotten wie übertriebener Ordentlichkeit brechen. Beete lieben es, ständig von Mulch – aus welchem organischem Material auch immer – bedeckt zu sein. Mulch ist das Beste, was wir Boden, Wasser und Mikroorganismen antun können. Mulch schützt, Mulch speichert, Mulch baut auf. Gilt übrigens auch für die Balkonbepflanzung.

2. Gärtnern ohne Gift 900.000 Kleingärten und 17 Millionen Privatgärten in Deutschland bedeuten auch eine Menge versprühter Pestizide. 4.400 Tonnen sollen es jedes Jahr sein. Umweltorganisationen sind sich einig: In unseren Gärten hat das Zeug nichts zu suchen, zumal sich dessen Nutzung jeder Kontrolle entzieht. Eine nährende wie schützende Alternative ist zum Beispiel selbstgemachte Pflanzenjauche aus eingekochten Ackerschachtelhalmen oder Brennnesselsud gegen Blattläuse. Außerdem hat die Natur für alle sogenannten Schädlinge Angreifer im Sortiment. Sind Gärten vielfältig angelegt, kommen Nützlinge wie Igel, Vögel, Marienkäfer, Florfliegen, Schlupfwespen und Wildbienen ganz automatisch.

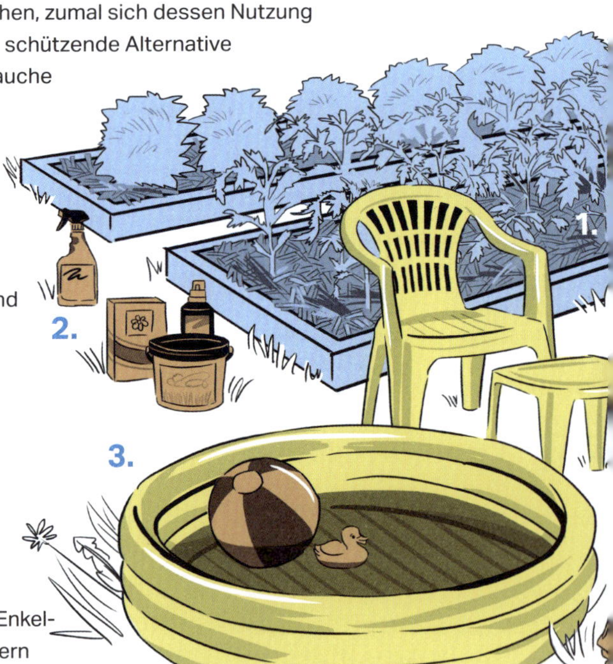

3. Alternative zum Planschen Wenn das Enkelkind nach einem Pool verlangt, sind Großeltern schnell dazu bereit, ein Planschbecken zu kaufen. Meist bestehen die jedoch aus billigstem Plastik, dessen Chemikalien gerade bei Sonneneinstrahlung schnell ins Wasser übergehen – und damit neben dem Garten natürlich auch die Enkel belasten. Und weil es so schön bunt und billig ist, ist schnell der ganze Garten mit Kunststoffen ausgestattet. Nachhaltig ist das alles nicht. Vielleicht begnügt sich der Enkel auch mit einem Rasensprenger. Und Gartenmobiliar aus Holz ist günstig secondhand zu erwerben.

4. Kompost aufbauen Die beste Alternative zur Chemie! Die unterste Schicht des Komposts sollte luftig gebaut sein, damit das bei der Zersetzung entstehende Kohlendioxid entweichen kann. Das gelingt mit Ästen, einer Holzpalette oder Stroh. Der darüber aufgebaute Komposthaufen sollte in nicht zu dicken Schichten angelegt werden. Dabei sollte sich kohlenstoffhaltiges Material (Laub, Grünschnitt) und stickstoffhaltiges Material (Obst- und Gemüsereste) abwechseln. Eingebaute Röhren aus Hühnerdraht sorgen für ausreichend Belüftung. Der Standort sollte im Halbschatten liegen.

5. In Holz gelagert Eine Regentonne aus Kunststoff ist schnell gekauft, aber warum nicht eine aus Holz besorgen? Wo doch Holz auch Frost besser aushält als Plastik! Dafür eignen sich ausrangierte Weinfässer. Sie fassen über 200 Liter und geben keine Chemikalien ab. Und was, wenn Wein aus gespritzten Trauben darin gelagert wurde? Holz wäscht Rückstände schneller aus, es arbeitet sozusagen. Kunststoff hält die Chemikalien hingegen beständig.

6. Anders ist mehr Zum Wohle von Boden, Pflanzen und Wasser sollten wir mit so wenig Plastik hantieren wie möglich. Abdeckvliese zum Schutz der Gemüsebeete sind oft aus feinsten Kunststofffasern. Gazen aus Baumwolle, Schafswolle, Jute oder Hanf tun es ebenso. Auch für die vielen Plastikanzuchttöpfe gibt es inzwischen viele naturbasierte Alternativen.

7. Plastikfreie Erde Sowohl in Blumenerde als auch im Kompost aus dem Baumarkt werden regelmäßig Spuren von Kunststoff entdeckt. Zu einem geringen Prozentsatz ist das sogar erlaubt. Kunststoffe gelangen während der Kompostproduktion in die Erde, meistens über Bioplastik- und Plastiktüten aus Haushalten sowie über Kontaminationen mit Müll von Industrie bis Bioladen. Gerne finden sich auch mal Planen, Zelte und Verpackungen im großen Stil in der Bioabfallverwertung wieder. Komplett umgehen können wir den unerwünschten Kunststoff nur, wenn wir selbst Regie über unseren Kompost führen. Oder wir fragen ganz freundlich beim nächsten Biohof, ob wir etwas Komposterde abkaufen können. Denn dort stellt man die humusreiche Erde wahrscheinlich selber her. Und, ganz wichtig: Vermeiden Sie Torf! Die Biomasse brauchen wir in unseren Mooren. Alternative Substrate beinhalten Bentonit oder Kokosfasern.

→ Gehen wir wieder rein ins Badezimmer und schnappen uns die Flasche mit dem **Haarshampoo.** Wir verwenden es fast täglich, konnten uns an das Ritual des Haarewaschens gewöhnen, haben irgendwann unsere Lieblingsmarke entdeckt, weil sie am besten riecht oder sie der Frisur den besten Halt gibt. Dass mit manchen Shampoos irgendetwas nicht stimmt, haben wir vielleicht auch mal mitbekommen, kurz drüber nachgedacht – und die Veränderung der Politik überlassen. Und tatsächlich, immerhin, ab 17. Oktober 2027 sollen auszuspülende Produkte wie Shampoos oder Duschgele in der EU kein Mikroplastik mehr enthalten dürfen. Dann ist doch alles wunderbar, könnten wir uns jetzt einreden. Aber es ist nicht alles wunderbar. Denn nicht nur der Inhalt hat Auswirkungen auf das Wasser. Problematisch am Haarshampoo sind auch die Plastikflasche, der Plastikdeckel der Plastikflasche, das Plastiketikett der Plastikflasche, der Druck des Plastiketiketts der Plastikflasche und der Klebstoff, mit dem das bedruckte Plastiketikett auf der Plastikflasche hält. Ich betone das so deutlich, um klarzumachen, dass Dinge, die wir als völlig normal und banal ansehen, eigentlich hochkomplex sind, und wir mit dieser Komplexität das gesamte Recyclingsystem vor fast unlösbare Herausforderungen stellen. Ein Plastikprodukt, das viele unterschiedliche chemische Zusatzstoffe und Polymertypen enthält, ist nahezu nicht mehr recyclingfähig. Was bleibt, ist im „Idealfall" seine kontrollierte Verbrennung, im Normalfall landet es auf Deponien oder in der Umwelt.

Natürlich hält die Ökobewegung seit Jahren auch hierbei Alternativen für uns bereit. Wir können Shampoo kaufen, das wie ein Stück Seife aussieht. Wir können uns Shampoo in Unverpacktläden in eine Glasflasche abfüllen. Das hat aber mit dem Austausch von Gewohnheiten zu tun und mit einem neuen Verständnis von Qualität und Luxus. Eine leere Shampooflasche in den Plastikmüll zu werfen, gehört für uns zum Gang der Dinge. Wir sehen diesen Schritt bislang als selbstverständlich an und folgen damit einem Konsummuster, in das wir hineingeboren wurden. Ich nenne es gerne das „Aus den Augen, aus dem Sinn"-Prinzip. All das, was wir nicht mehr unmittelbar wahrnehmen, was uns nicht mehr negativ beeinflusst und uns vielleicht doch zum Verlassen der Komfortzone hätte antreiben können, nehmen wir dankend in Kauf.

Um das Aufwachsen unter diesen Konsummustern zu beschreiben, fällt mir die Fernsehwerbung aus meiner Kindheit ein. „Seit wir Schauma nehmen, fühlt sich dein Haar viel kräftiger an", sagte die Mutter zu ihrer jungen Tochter in den 1980er-Jahren in einem TV-Spot, während sie ihr beim Haarewaschen hilft. „Es kommt eben doch darauf an, dass man das richtige Shampoo nimmt." Und dann stellt sie die Plastikflasche aufs Waschbecken, schraubt sie zu. Großaufnahme aufs Etikett, auf dem eine glückliche Familie zu sehen ist, natürlich eingeschäumt. Heile Welt. Vielleicht erinnert sich die eine oder der andere noch daran.

Mir ist noch sehr präsent, dass auch wir bei uns zu Hause die Schauma-Flasche auf dem Badewannenrand stehen hatten. Die Werbung und die daraus folgende Gewohnheit hatten sich mir so ins Hirn eingebrannt, dass mir eines Tages auffiel, dass irgendetwas fehlte, und ich meine Mutter fragte: „Sag mal, wo ist denn das Schauma hin?" Und meine Mutter erklärte, dass sie es weggeschmissen habe. Der Hintergrund war, dass 1986 das Politikmagazin Monitor darüber berichtet hatte, dass Pflege- und Wohlfühlprodukte wie Shampoos und Badezusätze die Chemikalie Dioxan enthielten

EIN PLASTIKPRODUKT, DAS VIELE *UNTERSCHIEDLICHE* CHEMISCHE ZUSATZSTOFFE UND POLYMERTYPEN ENTHÄLT, IST NAHEZU *NICHT* MEHR RECYCLING-FÄHIG.

und davon die Gefahr ausginge, an Krebs zu erkranken. Die WDR-Sendung hatte damals eine extrem hohe Einschaltquote, was zu einer heftigen Reaktion in der Bevölkerung führte. Die Abverkäufe von Schauma brachen erheblich ein. Das wiederum führte in der Folge zu einem ziemlichen Skandal, denn wie herauskam, holte sich der Hersteller Hilfe in der Politik – was zu in einer beruhigenden Äußerung des Gesundheitsministeriums führte. Die Lage entspannte sich. Trotzdem veränderte der Shampoohersteller nachher die Rezeptur. Die Marke hält sich – bis heute. Dieses Beispiel zeigt so vieles: die starke Verbreitung von (schädlichen) Produkten, die starke Abhängigkeit der Konzerne von ihren (schädlichen) Bestsellern, die Vernetztheit von Industrie und Politik, die Kontrollfunktion der Medien, aber wohl auch das starke Gespür der Bevölkerung, auf etwas verzichten zu müssen, weil es eben schädlich sein könnte. Letzteres würde ich mir gerade heute häufiger wünschen.

Oder erinnern Sie sich noch an den Werbesong des Konkurrenten im besten Abba-Sound: „Schönes Haar ist dir gegeben, lass es leben …". Ein Model wird beim Duschen gefilmt, es wäscht sich die Haare mit einem Shampoo, das cremiger und milder nicht sein kann. Nach dem Föhnen muss es einen Ball fangen, seinen Mann küssen und vor dem Haus einem Gärtner ausweichen, der gerade die Beete wässert. Dabei schwingt die beneidenswerte Frisur selbstverständlich in Zeitlupe. Großaufnahme auf insgesamt fünf Plastikflaschen des bunten Shampoosortiments mit Plastikschraubverschlüssen und Plastiketiketten. „Haare gut, alles gut". So wie ein Conditioner unsere Haare zähmen soll, so wurden wir über derartige Kampagnen auf Produkte konditioniert – inklusive ihrer praktischen Verpackungen. Es ist schwer, aus dieser jahrzehntelangen Konditionierung herauszukommen, weil Aufforderungen zur Veränderung oft als aggressiver Eingriff in die Persönlichkeitsstrukturen wahrgenommen werden. Das muss man erst einmal hinkriegen. Die Werbeabteilungen der Marken haben ganze Arbeit geleistet. Dabei sind Ratschläge, wie ich sie verstehe, gut gemeinte Impulse, auch im Interesse der eigenen Gesundheit einfach mal zu einem anderen Produkt zu wechseln. Ich werde als Nächstes das Festshampoo ausprobieren. Und Sie?

Und wie steht es um unser **Smartphone?** Auch mich begleitet es auf Schritt und Tritt, weil es zu einer Art digitalem Körperteil geworden ist. An den immer spektakulärer werdenden Minicomputern kann man bekanntlich viel kritisieren, aber was um Gottes Willen hat das Ding mit unserem Wasser zu tun? Hier sticht wieder der virtuelle Wasserverbrauch, also der Anteil, der sich in der Herstellung eines Produkts versteckt. Je nach Quelle sind es mal 900 Liter, mal 1.300 Liter Wasser, die ein Hightech-Handy braucht, bis es mal im Laden liegt. Macht man sich zusätzlich bewusst, dass ein Smartphone rund 60 unterschiedliche Stoffe enthält, die alle abgebaut, erzeugt, gereinigt und verbaut werden mussten, erscheint dieser Wasserverbrauch noch relativ gering. Aber ist das tatsächlich alles? 1.300 Liter? Auf so einen Wert kommt in etwa auch die Herstellung eines Brotes. Sie ahnen, wohin ich Sie führen will: Ein Smartphone hat einen weit größeren Wasserverbrauch. Besser gesagt: Die ständige Nutzung eines Smartphones erzeugt ihn. Wie das? Es sind unsere Daten! Die Videos und Fotos und Dokumente, die wir mit unseren Geräten produzieren oder downloaden, werden irgendwo gespeichert. Klar, ein Teil passt aufs Handy. Der Großteil wandert jedoch in die Cloud. Das klingt zwar schön luftig, aber Clouds sind immer größer und immer zahlreicher werdende Rechenzentren. In diese monströsen Anlagen geben wir jeden Tag unsere Daten hinein, dort werden sie gespeichert, und wenn wir übers Smartphone ein Online-Game daddeln und unsere Playlists streamen, dann läuft auch dabei irgendwo eine Servereinheit heiß. Und das ist genau das Stichwort: heiß. Server verbrauchen nicht nur Unmengen Energie, sie benötigen auch Unmengen an Wasser für die Kühlung, zumindest diejenigen, die dafür nicht Luft nutzen. Laut Water Resources Center der Texas Tech University benötigt ein Rechenzentrum mittlerer Größe bis zu sieben Millionen Kubikmeter Wasser im Jahr. Zum Vergleich: Eine deutsche Mittelstadt wie das westfälische Detmold mit 75.000 Einwohnern kam 2022 auf einen Verbrauch von etwas über drei Millionen Kubikmetern Wasser – also ungefähr auf die Hälfte eines mittleren Rechenzentrums. Damit gehen viele Anbieter von Servern und Serverparks lokal und regional in Konkurrenz mit dem Wasserbedarf der Bevölkerung, dem Bewässerungsbedarf der Landwirtschaft und der Wassernutzung der anderen Industriebetriebe – und müssen oft nur unzureichend Rechenschaft über ihren wahren Wasserverbrauch ablegen. Wozu diese extrem durstige Digitalisierung führen dürfte, kann man sich leicht vorstellen, ruft man sich in Erinnerung, dass 2023 bereits 5,4 Milliarden Menschen weltweit Zugang zum Internet hatten und 4,7 Milliarden ein Smartphone benutzten. Die Lösung wäre so einfach: Wenn wir uns und unseren kleinen Wegbegleitern hin und wieder Ruhe gönnen würden, dann hilft das auch dem Wasser.

Wie Sie längst festgestellt haben, befinden wir uns auf einem Rundgang durch die Wohnung. Ich habe die Illustrationen ganz bewusst mit vielen Zahlen zum *virtuellen Wasserverbrauch* versehen, sodass wir diese Art des Verbrauchs einmal verinnerlichen. Ich selbst wurde so richtig auf diesen Begriff während meines Studiums im Seminar *Nachhaltige Chemie* aufmerksam gemacht. Ein Themenbereich war der Herstellungsprozess von Produkten, die teils hohe Wasser- und Energieverbräuche aufwiesen. Wir durften uns damals intensiv mit möglichen Prozessoptimierungen und Neuplanungen auseinandersetzen. Rein hypothetisch einerseits, aber auch sehr aufschlussreich andererseits und echtes Basiswissen für meine heutige Arbeits- und Alltagswelt. Wenn ich einkaufen gehe, denke ich meistens über die Herstellungs- und Transportwege nach, absolute Zahlen zum virtuellen Wasser einzelner Produkte muss ich anschließend noch im Internet recherchieren. Einige Ernährungsgewohnheiten – wie das mit Nuss-Nougat-Creme bestrichene Brot zum Frühstück – habe ich daraufhin geändert. Andere zentrale Rituale halten sich jedoch seit der Kindheit beständig – wie die ausgepresste Zitrusfrucht am Morgen. Aktuell arbeite ich aktiv an der Reduzierung meines Kaffeekonsums, steige immer mal wieder auf Tee um, trinke zu Hause oft gesprudeltes Wasser aus dem Wasserhahn.

Und was ist mit den kleinen Freuden? Ich möchte bei einer der Top-3-Lieblingsfrüchte der Deutschen kurz nachhaken, obwohl ich dagegen allergisch bin: **Erdbeeren.** Sie gibt es heutzutage das ganze Jahr über in unseren Supermärkten. Meist kommen sie aus Spanien, manchmal aus Marokko, Ägypten, Israel oder sogar Neuseeland, und wenn sie ganz offiziell bei uns Saison haben, dann sind sie auch mal auf deutschem Boden gewachsen. Dass diese ständige Verfügbarkeit überhaupt nicht nachhaltig ist, darüber wird aufgrund des immensen CO_2-Fußabdrucks seit

Jahren berichtet. Seltener jedoch wurde die Erdbeere aus der Wasserperspektive heraus betrachtet. Zwischen 200 und 300 Liter Wasser werden je nach Standort benötigt, um ein Kilogramm Erdbeeren großzuziehen. Das klingt vergleichsweise moderat, doch gerade wenn Beeren, Obst oder Gemüse aus sonnigeren Gegenden eingeflogen werden, müssen wir auf die Art des Wassers schauen, das bei der Aufzucht verwendet worden ist. Dabei unterscheiden wir in der Wissenschaft zwischen grünem und blauem Wasser, Sie erinnern sich. **Grünes Wasser** war solches, dass die Natur den angebauten Pflanzen über Niederschläge oder Bodenspeicherung zur Verfügung stellt. Sofern wir in Deutschland keine Dürresommer erleben, begnügen sich Erdbeeren hierzulande mit diesem grünen Wasser aus natürlichen Quellen. Im inzwischen dauertrockenen Spanien hingegen wird fast ausschließlich **blaues Wasser** verwendet, das künstlich auf Felder und in Gewächshäuser verbracht werden muss. Dieses Wasser wird den ohnehin leerlaufenden Grundwasserträgern entnommen, nicht selten über illegal gebohrte Brunnen. Die Heimat der Erdbeeren sagt also sehr viel über ihre ökologische Verträglichkeit aus.

Hinzu kommt der Aspekt des **grauen Wassers** – gerade bei Erdbeeren. Graues Wasser nennen wir das Produktionswasser, das – meist in belasteter Form – in den Boden geht oder über Abwasserrohre in nahe Gewässer abfließt. Das bekommt vor allem die Region Huelva an der südspanischen Küste zu spüren. Vor 30 Jahren begannen Investoren, die traditionelle, auf Oliven, Wein und Getreide ausgerichtete Landwirtschaft zu verdrängen, heute ist Huelva das Erdbeerfeld Europas, in großen Teilen überdeckt von Plastikplanen. 94 Prozent der in Spanien wachsenden Erdbeeren kommen von dort. Rund 326.000 Tonnen werden jährlich geerntet. Allein an den Hauptabnehmer Deutschland gehen gigantische 80.000 Tonnen. Umwelt- und Verbraucherschutzorganisationen finden darin regelmäßig besorgniserregende Mixturen verschiedenster Pestizide. Sie bringen nicht nur örtliche Wasserreserven und Artenvielfalt dem Kollaps immer näher, sondern schädigen die Erntehelfer und am Ende der Kette auch uns.

Ich konnte mir das Drama dort unten ein paar Mal mit eigenen Augen ansehen, und es war wirklich eine schockierende Erfahrung. Ich war nicht in den Erdbeerfeldern, aber auf den Orangenplantagen, den Olivenplantagen und den Tomatenfeldern, die ganz ähnlich funktionieren. Es zeigte sich ein Bild der Zerstörung. Wasserkreisläufe brechen nach und nach zusammen, das Grundwasser wird geplündert. Jeden Tag fahren Tankwagen in die dürren Gebiete, pumpen das Wasser in Auffangbecken, von denen dann die Bewässerung der Felder ausgeht. Der Grund für meinen Besuch war eine Glyphosat-Studie. Damals lag im März eines jeden Jahres über den Zeitraum von zwei Wochen eine Glyphosat-Wolke über den Ackerflächen, nahe am und teilweise im Naturschutzgebiet. Wir wollten wissen: Wie viel Glyphosat wird aus den Hangregionen in die ufernahen Zonen gespült, um das Risiko für Mensch, Tier und das Ökosystem des Mittelmeeres besser einschätzen zu können? Leider fanden wir in jeder einzelnen Wasserprobe Glyphosat-Rückstände! Insgesamt fünfmal führten wir die Beprobungen durch, die Mengen wurden immer mehr, der Boden von Jahr zu Jahr sichtlich kaputter. Im letzten Jahr war alles von Asche überzogen gewesen. Felder hatten gebrannt, viele Olivenhaine waren zerstört worden. Ein trauriger Anblick einer vom Menschen verwüsteten Natur.

4.2

CHANCE ENTSORGUNG

Achten Sie mal bei einem Ihrer nächsten Einkäufe darauf, wie viel von dem, was Sie nach Hause schleppen oder fahren, am Ende zu Müll wird. Damit meine ich die Verpackungen, klar, aber auch die Produkte selbst, denn wie wir alle wissen, vergammelt manches im Kühlschrank, in der Obstschale oder im Brotkasten. Da ich wenig Vorratshaltung betreibe, gibt es bei mir kaum Lagerbestände über den Tag hinaus. Früher hat meine Hündin Chilli sehr gerne die Reste verspeist, wenn es denn mal welche gab. Generell kann ich aber für mich festhalten, dass ich versuche, mehr für den Bauch als für die Tonne zu kochen – auch wenn Besuch kommt.

Laut Statistischem Bundesamt landen jedoch in Deutschland jedes Jahr elf Millionen Tonnen Lebensmittel im Müll. In den Privathaushalten 6,5 Millionen Tonnen, also knapp 60 Prozent davon. Umgerechnet werfen jede Verbraucherin und jeder Verbraucher rund 78 Kilogramm Lebensmittel im Jahr weg. Weltweit sind es knapp 20 Prozent der Lebensmittel, die zwar angebaut und verarbeitet, aber nie gegessen werden. Nicht nur angesichts der globalen Versorgungslage – knapp zehn Prozent der Weltbevölkerung hungern –, sondern auch bei der Betrachtung des für die Nahrungsmittelproduktion erheblichen Bedarfs an Wasser stellt sich die Frage, ob wir uns das zukünftig noch werden leisten können.

Die Krux ist, dass schon vor unserem Einkaufen einiges schiefläuft. Betrachten wir dazu nur mal den Weg der Tiere, die bei uns mit am häufigsten verarbeitet werden – Hühner, Schweine, Rinder. Ich wähle dieses Beispiel, weil eine hohe Zahl von ihnen stirbt, bevor sie überhaupt geschlachtet werden. Allein im stolzen Agrarland Bayern – das ergab 2022 eine Anfrage der Grünen-Fraktion im Landtag ans Umweltministerium – verenden jährlich zwei Millionen Hühner, fast eine Million Schweine und 220.000 Rinder schon vor ihrer geplanten Tötung. Moralisch eine einzige Katastrophe, ökologisch nur schwer verdaubar, vollzieht man den Weg des Tieres nach: Ein **Schwein** wird in deutscher Massentierhaltung geboren; es wird gemästet mit genetisch veränderten und chemisch behandelten Sojabohnen, die in Brasilien wuchsen, und zwar oft auf Flächen, auf denen vorher Regenwald zu finden war; bei uns wird das Futter angereichert, unter anderem mit Medikamenten; die sich während der Mästung ansammelnde Gülle wird auf deutsche Felder verbracht oder exportiert; ungefähr nach einem halben Jahr wiegt das Schwein über 100 Kilogramm und ist damit bereit für den Schlachter. Über die gesamte Strecke – von Brasilien bis Bayern – werden Wasserkreisläufe und Wasserressourcen gestört, geplündert und verseucht. Atmosphärisches Wasser, Bodenwasser, Grundwasser, Oberflächenwasser, nichts ist ausgenommen von den Auswüchsen der Massentierhaltung. Jedes Schwein, das es nicht mal bis zum Schlachter geschafft hat, hat umsonst gelitten. Für jedes vorab verendete Schwein wurde Wasser umsonst geopfert. Sehen Sie es mir nach: Das alles ist kein übertriebener Alarmismus, das ist leider tägliche Realität – unterfüttert mit Daten. Nach einer Studie der Universität Leiden in den Niederlanden von 2023 sterben jedes Jahr weltweit insgesamt 18 Milliarden Nutztiere, ohne gegessen zu werden. Eingerechnet wurde dabei auch das Fleisch, das so billig gewesen ist, dass wir es im Kühlschrank vergessen und irgendwann entsorgen müssen. Schon beim Einkaufen im Supermarkt sollten wir also ans Ende des Produkts denken. Esse ich das wirklich alles? Habe ich vielleicht zu viel in den Wagen gepackt?

WELTWEIT STERBEN JÄHRLICH 18 MILLIARDEN NUTZTIERE, *OHNE* GEGESSEN ZU WERDEN.

Hätten Sie gedacht, dass wir Europäer uns offensichtlich große Sorgen machen, dass Schadstoffe von **Verpackungen** auf die Lebensmittel übergehen? Jedenfalls ist eine repräsentative Umfrage in elf Ländern für eine Studie des Europäischen Verbraucherverbands (BEUC) zu der Erkenntnis gekommen. Zwei Drittel der Menschen äußerten Angst vor den gesundheitlichen Auswirkungen potenziell bedenklicher Chemikalien in Lebensmittelverpackungen. Sogar 90 Prozent der deutschen Befragten würden selbst bei einem geringen Gesundheitsrisiko ein Verbot von Verpackungschemikalien, die in Lebensmittel übergehen könnten, begrüßen. Bei dieser Umfrage ging es nicht ums Wasser, das am Ende des Lebensweges einer Verpackung oft in Mitleidenschaft gezogen wird, sondern um unsere körperliche Unversehrtheit. Ein guter Anfang, wie ich finde! Doch wie sieht der nächste Schritt aus? Sollte diese Sorge nicht reichen, um das eigene Konsum- und Wegwerfverhalten zu überdenken oder im besten Fall zu verändern? Obwohl wir anscheinend ein gutes Gefühl für diese Gefahr entwickelt haben, kaufen wir weiterhin Unmengen verpackter Lebensmittel ein. Der weltweite Markt der Lebensmittelverpackungen wächst und wächst, und wir gehen da einfach weiter mit? Warum? Auch hier ist die Gewohnheit ein Grund – und bestimmt unsere Bequemlichkeit.

Eine Alternative für viele verpackte Produkte bietet die allmählich wachsende Branche der Unverpacktläden. Gibt es bei Ihnen in der Nachbarschaft auch schon einen? Für diejenigen, die noch nie dort waren: Sie gehen mit eigenen Gefäßen hin und füllen sich Nahrungsmittel wie Haferflocken, Nudeln oder Linsen ab, kaufen Milchprodukte in Gläsern oder zapfen sich Ihr Shampoo oder Duschgel. Vielleicht werden Sie dort nicht Ihr gewohntes Produkt antreffen, aber wir sind ja nicht mit Konsumartikeln ein Leben lang unzertrennlich verbunden, oder? Laut einer YouGov-Umfrage sehen tatsächlich 70 Prozent der Deutschen die Unverpacktläden als Zukunftstrend, doch nur fünf Prozent würden sich schon heute als Stammkunde bezeichnen. Schaut man weiter auf die Zahlen, könnten sich über 40 Prozent einen Einkauf dort vorstellen, haben aber noch nie einen Laden betreten. Es gibt auch noch nicht allzu viele. In Deutschland waren es Ende 2023 genau 275 Läden. Viele gehen wieder schnell pleite.

Das Konzept finde ich im Kern gut, weshalb ich aus Neugier in einem **Unverpacktladen** ein paar Besorgungen machte. Es ist in der Tat ein völlig neues Einkaufsgefühl, was aber auch direkt auffällt, sind die hohen Preise. Am Ende zahlte ich viermal mehr als sonst. Allein die Biohaferflocken: Ich esse viel davon, bestimmt bis zu zwei Kilogramm pro Woche. Kaufe ich sie verpackt im Supermarkt, zahle ich 99 Cent pro 500-Gramm-Packung, hier wurden mir für die gleiche Menge 1,79 Euro berechnet. Ich sprach darüber mit der Besitzerin, und die erzählte mir, dass die höheren Preise unter anderem mit der Miete der Lagerräume zu tun haben, in denen die Säcke mit den Lebensmitteln unter ganz bestimmten klimatischen Bedingungen lagern müssen, damit sie nicht schlecht werden. Oft sind auch die Kühlketten ein Thema, genauso wie die Mengen, die von A nach B müssen. Ich hatte das Gefühl, dass es an einigen Stellen noch Einsparpotenziale gibt, die sich unmittelbar auch auf die Preise im Laden auswirken würden – und damit auf die Breitenwirksamkeit. Es wäre ein großer Schritt in Richtung Umwelt- und Ressourcenschutz.

Weiter auf Seite 192 →

DAS BAD

Hier kommen jede Menge Frischwasser und Abwasser zusammen.

1. Kosmetik checken! Streng genommen sollten wir alles, was wir auf unsere Haut geben, auch essen können. Das Fraunhofer-Institut fand jedoch heraus, dass in Deutschland jährlich knapp 47.000 Tonnen gelöste Polymere ins Abwasser gelangen – nicht nur über Wasch- und Putzmittel, sondern eben auch über Kosmetikprodukte! Ökotest forschte und fand Chemikalien u.a. in Fußbalsams, Gesichtsmasken und Sonnencremes. Zugegeben: Es ist schwer, die Zutatenlisten der Produkte zu durchdringen. Vielfach reicht es aus, sich an der Silbe „Poly" zu orientieren. Entdecken Sie sie, können Sie sicher sein, dass Ihrem Produkt Polymere beigemischt wurden. Auch auf Begriffe wie Siloxane und Parabene sollten Sie achten.

2. Zahn um Zahn Was für außen gilt, gilt erst recht für innen. Sind uns Wasser und Gesundheit lieb, sollten wir auf Zahnbürsten wechseln, die keinen Kunststoff enthalten. Die weitverbreiteten Plastikvarianten geben unter der Reibung ständig Kleinstpartikel ab. Reden wir über Zahnpasta, war Kunststoffgranulat als Inhaltsstoff lange weit verbreitet. Nach einer Selbstverpflichtung der Industrie 2014 änderten sich die Rezepturen, doch immer noch werden in Zahnpasten, Pflegegelen oder Mundspülungen gelöste Polymere verwendet. Auch hier die Zutatenliste auf die Poly-Silbe checken! Übrigens: Der Mythos der quadratischen Farbcodes am Ende der Tuben hält sich beständig. Sie sind aber kein Hinweis auf Chemikalienzusätze, sondern für die Produktionsabläufe hilfreich.

3. Und runter damit Die Premiumlösung für die Klospülung wäre Regenwasser. Als Mieter nahezu unmöglich, dies durchzusetzen. Simpelste Chance zur Wasserschonung bieten die Spartasten der Spülung. Klein für klein, groß für groß. Manche Modelle verfügen auch über eine Stopptaste. Experten aus der Wasserwirtschaft mahnen jedoch, es nicht zu übertreiben, da die Exkremente sonst im Kanal nicht abtransportiert werden können. Kleiner Tipp dazu: Der Letzte spült am Abend einmal den gesamten Spülkasteninhalt durch die Leitungen!

4. Hartes Zeug Fest statt flüssig! Wenn wir nach dieser Faustregel gehen, haben wir automatisch weniger Kunststoff im Bad. Außerdem bieten Seifenstücke und Festshampoos eine immer größere Auswahl. Aber schauen wir auch hier auf die Inhaltsstoffe, sonst kommen wir vom Regen in die Traufe.

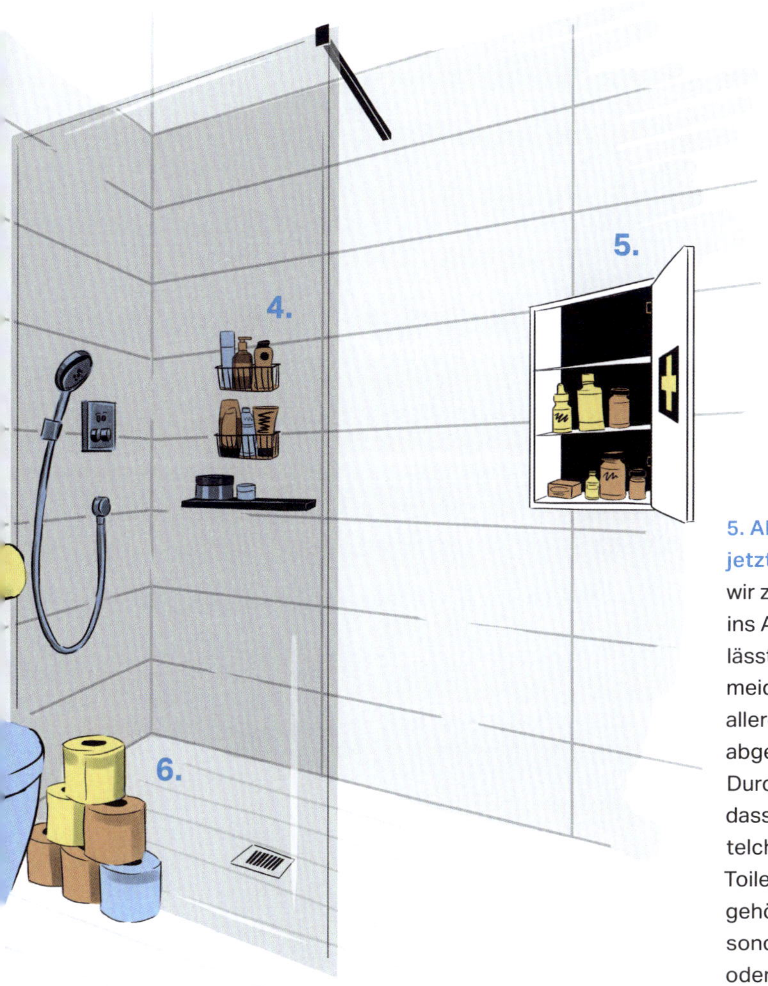

5. Ablaufdatum erreicht – und jetzt? Dass Medikamente, die wir zu uns nehmen (müssen), ins Abwasser übergehen, lässt sich unmöglich vermeiden. Mithelfen können wir allerdings bei der Entsorgung abgelaufener Pharmazeutika. Durch Umfragen wissen wir, dass viele Menschen ihre Mitelchen immer noch über die Toilette entsorgen. Die Pillen gehören jedoch nicht ins Klo – sondern sollten zur Apotheke oder einer Schadstoffsammelstelle gebracht werden.

6. Let's make a wisch! Über 130 Rollen verwendet jeder von uns durchschnittlich pro Jahr. Nicht nur wegen der in konventionellem wie recyceltem Wischpapier enthaltenen Chemikalien bietet sich Bambus als Alternative an. Es ist auch ein sehr schnell wachsender Rohstoff (ein Meter pro Tag!), was zusätzlich die Wälder schont!!

SELBST UNSER TOILETTENPAPIER IST MIT GIFTIGEN FLUORSUBSTANZEN BELASTET.

→ In Unverpacktläden können wir oft auch **Toilettenpapier** kaufen, das dort ohne die riesige Plastikhülle daherkommt, wie wir sie von den Großverpackungen aus dem gewöhnlichen Supermarkt kennen. Toilettenpapier ist übrigens ein gutes Beispiel, um zu veranschaulichen, was wir jeden Tag im Zuge der Entsorgung unserer Exkremente unserem Wasser antun – und auch hier: unserem Körper. Haben Sie zufällig 2023 die Schlagzeilen gelesen, die davon berichteten, dass selbst unser Toilettenpapier mit giftigen PFAS-Chemikalien belastet ist? Die Medien sprangen auf eine Studie der American Chemical Society an, die Toilettenpapier als eine nicht kleine Quelle der PFAS-Belastung unseres Abwassers identifizieren konnte. Die Forschenden schauten sich einerseits gezielt Klopapier an, das in Nord-, Mittel- und Südamerika, Afrika und Westeuropa verkauft wird. Sie untersuchten auch den Klärschlamm in Kläranlagen in den USA. Bei den Screenings fiel besonders eine Substanz ins Auge, weil sie am häufigsten auftauchte: 6:2-Fluortelomerphosphatdiester oder kurz 6:2 diPAP. Diese Verbindung brauchen Sie sich nicht zu merken. Es ist aber wichtig zu wissen, dass die Chemikalie öl-, fett- und wasserabweisende Eigenschaften hat und in der Papierindustrie bei der Verarbeitung von Holz zu Zellstoff genutzt wird. PFAS finden sich somit in Frischpapier und logischerweise auch in Recyclingpapier. Man braucht nicht viel Kombinationsgabe, um darauf zu kommen, dass die giftigen Fluorsubstanzen im Toilettenpapier Krankheiten im Umfeld der Stellen auslösen können, an denen es verwendet wird. Selbst etwas weiter oben – in der Plazenta von Schwangeren – konnte 6:2 diPAP schon nachgewiesen werden.

Welche Konsequenzen habe ich selbst gezogen? Bei mir im Bad liegt nur ungebleichtes und recyceltes Klopapier zum Abrollen bereit. Ich habe mich für diese Variante entschieden, nachdem ich vor einigen Jahren tiefere Einblicke ins Abwasser erhielt. Wenn man weiß, mit was man es da zu tun hat, möchte man am liebsten auf alle Papierarten verzichten – auf Zeitungspapier, Magazinseiten, Servietten, Pappverpackungen und auch Toilettenpapier. Man könnte sagen, dass ich mich bei den Investitionen, die ich hier tätige, für das etwas kleinere Übel entschieden habe, denn PFAS werden auch in meinen Produkten stecken. Selbst Anbieter recht nachhaltig klingender Toilettenpapiermarken gestehen in ihren Produktinformationen ein, dass sie zwar Analytik betreiben und sich an gesetzliche Standards halten, es aber nicht ausgeschlossen werden kann, dass Spuren von PFAS im Klopapier gelandet sein könnten. Wenige Ausreißer aus dem bisherigen System gibt es, aber es braucht eine Weile, bis man sie findet. Man stößt dabei immer wieder auf Bambus als Rohstoff. Doch bevor wir in Jubel ausbrechen und uns – typisch deutsch – massenhaft Toilettenpapier aus Bambus einlagern: Auch diese Variante sollte zuerst gründlich geprüft, getestet, analysiert werden. Ja, Bambus gilt als nachhaltig, wächst schnell, braucht keine Pestizide und benötigt keine gigantischen Wassermengen wie etwa Baumwolle, aber was wird ihm bei der Toilettenpapierproduktion zugesetzt? Hier scheint es noch Aufklärungsbedarf zu geben.

Sie erinnern sich, was die Leute der Beach Cleanups bei ihren Strandsäuberungen am häufigsten gefunden haben? Genau, **Zigarettenkippen.** Sie sind neben Toilettenpapier wahrscheinlich *das* Beispiel für unseren respektlosen Umgang mit dem Wasser. Vielleicht sollte man bei den Kippen sogar von Verachtung sprechen. Denn wirft ein Raucher nach ein paar Minuten den braungelben Filter in eine Pfütze, in einen Bachlauf, ins Meer, schlicht auf den Boden oder zwischen die Bahngleise, dann breiten sich früher oder später rund 7.000 Chemikalien davon aus. Gleichzeitig ist er Quelle von mehr als 15.000 Mikrofasern, die ebenso in die Umwelt übergehen. Eine spanische Studie schätzt, dass jährlich 300.000 Tonnen dieser Fasern die weltweiten Gewässer erreichen. Eine schwedische Studie kam nach Versuchen mit im Wasser heranwachsenden Mückenlarven zu dem Schluss, dass eine große Anzahl aquatischer Lebewesen von dem Gemisch aus Mikroplastik und Mikroschadstoffen geschädigt und – je nach Konzentration – sogar komplett ausgelöscht wird. Darüber hinaus konnte für dieselbe Studie in Göteborg das Verhalten von rund 600 Rauchern beobachtet werden. 80 Prozent von ihnen warfen ihre Kippen auf die Straße, obwohl öffentliche Aschenbecher in der Nähe gewesen wären.

Bei diesen Zeilen komme ich aus dem Kopfschütteln nicht mehr heraus – und habe ein großes **„Why?“** auf der Stirn stehen. Ist es wirklich Faulheit, die mit diesem Verhalten verknüpft ist? Wissenschaftler bemühen sich zwar seit Jahren darum, die Schadstoffe aus den Filtern wiederzugewinnen oder benutzte Zigarettenfilter zu recyceln, indem man sie etwa Ziegelsteinen beimischt. Der Faulheit und Gleichgültigkeit von Raucherinnen und Rauchern hinsichtlich der Entsorgung ihrer Kippen kann man meiner Meinung nach aber nur mit empfindlichen Geldbußen entgegenwirken. Diese werden mittlerweile in Städten und an Stränden vermehrt eingeführt. Schöner wäre es, wenn wir diese ganze Bürokratie nicht bräuchten, weil jeder Rauchende selbst Verantwortung übernimmt und die Kippe einfach zum Mülleimer bringt.

RUND UMS HAUS

Auch das Unterwegssein hat mit Wasser zu tun – ob per Auto, Rad oder Boot.

1. Es lebe das Dach! Begrünte Dächer bieten nicht nur Insekten Habitate und sorgen für Kühleffekte in Hitzephasen, sondern können je nach gewähltem Begrünungssystem auch 20 bis 50 Liter Regenwasser pro Quadratmeter speichern. Das wirkt sich meist auch positiv auf die Entwässerungsgebühren der Gemeinde aus!

2. Richtig baden Die Frage muss man inzwischen stellen: Was ist giftiger, wenn wir baden gehen – wir oder das Wasser? Wir schonen es, wenn wir auf konventionelle chemische Sonnencremes verzichten und uns eher per Baumwollshirt schützen. Auch das zehnte Spaßutensil aus Billigplastik sollten wir im Laden lassen. Bei der Wahl des Badeplatzes sollten wir uns vorher genau über die dortige Wasserqualität informieren. Fehlt die Zeit, hilft die Faustregel, bis zu den Knien ins Wasser zu gehen und zu schauen, ob man noch seine Füße erblickt. Dann wäre zumindest die biologische Qualität okay. Nanoplastik und Mikroschadstoffe hingegen sieht man so nicht. Wir können annehmen, dass wir auch in klarem Wasser kontinuierlich chemischen Risiken ausgesetzt sind. Bei Fließgewässern sind sie wohl geringer als bei stehenden Gewässern.

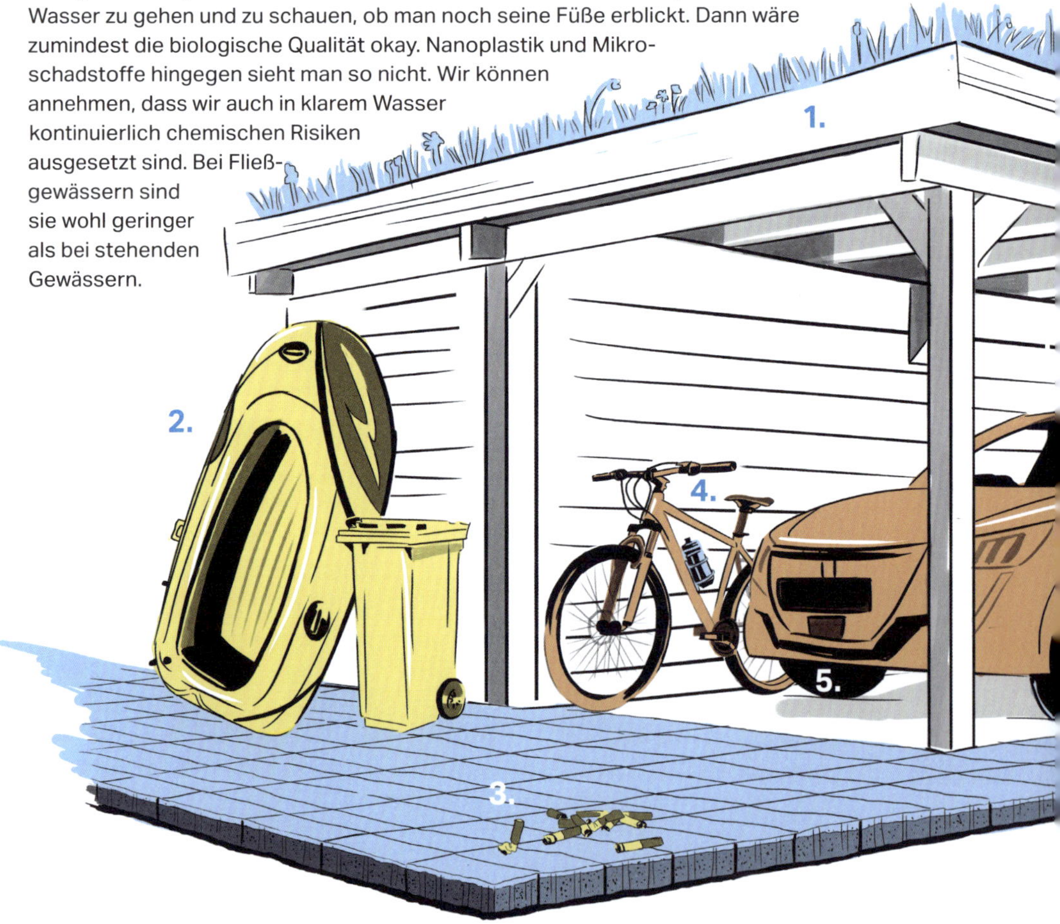

3. Miese Marotte Die Deutschen rauchen immer weniger, trotzdem kamen 2023 jeden Tag 175 Millionen Zigaretten zusammen. Bedeutet knapp 64 Milliarden Zigarettenstummel im Jahr. Weggeworfen belasten sie Wasser hochgradig. Appell an alle, die mit dem Rauchen nicht aufhören wollen: Nutzt doch bitte den Aschenbecher – den gibt es auch in der Mitnahmevariante für die Hosentasche.

4. Unterwegs trinken Woraus soll ich nun beim Sport trinken, wenn ich weiß, dass ich mir über die Kunststoffflasche auch Chemikalien zuführe? Mein Tipp in Ermangelung echter Alternativen: Es ist schon viel getan, wenn wir nicht mehr die Chinaversion für wenige Cent kaufen. Es gibt durchaus Flaschen, die auf Chemikaliencocktails getestet und ökozertifiziert sind. Aber Vorsicht vor irreführender Werbung. Eine Kunststoffflasche kann nicht Mikroplastik-frei sein. Auch zugesetzte Stoffe wie Titandioxid oder Silber können als Nanomaterialien unsere Gesundheit negativ beeinflussen.

5. Reifen schonen Reifenabrieb zählt zu den größten Quellen von Mikroplastik und Mikroschadstoffen. Bis es wirkliche Alternativen zu den aktuellen Gummimischungen gibt, kann es nur darum gehen, den Abrieb zu verringern. Das gelingt durchs Fahr- und Kaufverhalten. Wir könnten: vor allem in Kurven langsamer fahren, insgesamt weniger aggressiv fahren, sanfter beschleunigen, gemächlicher abbremsen, den Reifendruck regelmäßig anpassen, leichtere Autos kaufen – und vor allem weniger mit dem Auto unterwegs sein. Merke: Nur weil Hersteller bei der Produktion das Granulat alter PET-Flaschen wiederverwerten und in die Mischungen einschleusen, sind diese Alternativen nicht umweltschonender.

6. Ihr Auto fährt auch mit Wasser Rund 400.000 Liter virtuelles Wasser stecken in der Produktion eines Autos, und weil es fahren soll, ist auch der Footprint des Treibstoffs interessant: Ein Liter Benzin bedeuten 50 Liter virtuelles Wasser. Diese Zahlen haben wir kaum auf dem Zettel, wenn es um Mobilität geht. Bei der Produktion von E-Autos wird oft der riesige Wasserverbrauch bei der Lithium-Gewinnung diskutiert. Der ist allerdings geringer, als man denkt. Geht man davon aus, dass ein Auto-Akku zehn Kilogramm Lithium benötigt, das über Verdunstung gewonnen wird, liegt der Wasserbedarf zwischen 2.000 und 10.000 Litern. Und noch etwas zur Pflege: Fünf Prozent der Deutschen fahren jede Woche durch die Waschanlage, 13 Prozent jede zweite Woche. Ich selbst fahre einmal im Jahr hindurch.

7. Pflaster drauf Man kann sich trefflich aufregen über versiegelte Flächen in seiner Stadt. Wenn man selber Regie führt wie in der eigenen Einfahrt, können wir's dann aber auch besser machen. Die versickerungsfähigen Rasengitter kennt man schon lange. Inzwischen gibt es jedoch auch Innovationen wie Pflastersteine, die zwar eng gelegt werden können, durch ihre dem Boden nachempfundene, mehrschichtige Beschaffenheit jedoch Wasser aufnehmen und speichern.

4.3

CHANCE WASSERSPAREN UND -SCHÜTZEN

Überall, wo wir Wasser nutzen, können wir auch prinzipiell Wasser sparen oder schützen. Der wichtigste Gedanke, der vor allen Ratschlägen steht, ist der, dieser Ressource zukünftig mehr Wert entgegenzubringen. Ich spreche nicht von dem rein monetären Wert, es geht mir hier um die Wertschätzung, um das Bewusstsein, dass es sich um eine quasi endliche Ressource handelt. Es geht um unser Mindset, unsere Denkweise. Die Selbstverständlichkeit, mit der sauberes, sicheres Wasser bisher aus unseren Leitungen sprudelte, wird bald keine Selbstverständlichkeit mehr sein, wenn wir nicht an den verfügbaren Stellschrauben drehen. Eine falsch angenommene Überverfügbarkeit hat zu dieser hemmungslosen Verschwendung und fortschreitenden Vergiftung geführt. Doch wie können wir unseren Beitrag leisten, ohne alles infrage zu stellen und uns maximal einzuschränken?

Zu unserer Spezies, wie sie sich in den vergangenen Jahrzehnten entwickelt hat, passt, dass wir oft erst an unseren Gewohnheiten arbeiten, wenn es ans Geldsparen geht. So auch beim Umgang mit Wasser. Werden die Wassergebühren angehoben, gibt es zuerst einen Aufschrei, vielleicht eine kleine Meuterei und dann die Akzeptanz des neuen Zustands. Dann werden Maßnahmen gegoogelt, wie man das Geld zusammenhalten könnte. Mit dem Resultat, dass wir uns zum Baumarkt aufmachen, um doch mal in einen Sparduschkopf zu investieren. Das Phänomen ist nicht neu, ein Beispiel findet sich in der jüngsten Vergangenheit. 2022, im Jahr des beginnenden russischen Angriffskriegs gegen die Ukraine und dem damit einhergehenden Strom- und Gasschock, sorgten die Deutschen für den zweitniedrigsten Energieverbrauch seit 1990. Viele Großstädte, darunter Berlin, Hamburg und Köln, vermeldeten auch niedrigere Wasserverbräuche. Und dass, obwohl 2022 eines der heißesten Jahre in Deutschland war. Es geht also, und die meisten wissen offenbar, *wie* es geht.

Weniger populär – weil nicht auf den ersten Blick mit dem Portemonnaie verbunden – ist die Frage, was wir zu Hause tun können, um den Eintrag von Mikroplastik ins Wasser zu verringern. Ich hatte ja bereits davon erzählt, dass Textilien aus Synthetikgarnen eine der Hauptquellen darstellen. Sie lösen sich von unserer Kleidung in der **Waschmaschine** aufgrund mechanischer und chemischer Einflüsse und gehen mit dem Brauchwasser über die Kanalisation in die Kläranlagen, die mit den Massen an Mikrofasern schwer zu kämpfen haben. In 96 Prozent der 42 Millionen Haushalte in Deutschland rotiert eine Waschmaschine. Da kommt einiges zusammen. Im Rahmen eines unserer Forschungsprojekte bei Wasser 3.0 aus dem Bereich Alltagsforschung wollten wir genauer wissen, wie Wassertemperatur, Schleuderzahl und Waschmittel den Textilabrieb beeinflussen und man ihn mit geringem Aufwand und Kosten möglichst effizient verringern kann. Hinsichtlich der Temperatur fanden wir heraus, dass eine **Verringerung von 60 Grad auf 30 Grad** die Faserfreisetzung um 38 Prozent reduziert. Genauso verhält es sich bei der Umdrehungszahl pro Minute. **Reduziert man sie von 1.200 auf 600,** konnte die Faserfreisetzung um 34 Prozent nach unten geschraubt werden. Beim Waschmittel stellten wir fest, dass allein durch dessen Verwendung – egal, ob pulverförmig oder flüssig – eine Verringerung von Mikroplastik von 57 Prozent erreicht werden konnte. Grund ist die schmierende Wirkung des Waschmittels, was die Reibung innerhalb des Stoffes herabsetzt. Wir haben auch berechnet, wie viel Faserfreisetzung mit einer Kombination der Waschfaktoren erreicht werden kann. Waschmittel und kleinere Temperatur bedeuten durchschnittlich 71 Prozent weniger Fasern. Waschmittel und weniger Umdrehungen bedeuten durchschnittlich 77 Prozent weniger Fasern. Wir können also sehr leicht und zugleich mit weniger Energieeinsatz (Geldsparen also auch hier!) das Wasser schonen – und brauchen dafür keine Kunststoff-basierten Filtersysteme oder gar neue Waschmaschinenmodelle.

Damit wären wir beim **Waschmittel** und bei den beliebten Waschmittelzusätzen. Gerade der Absatz der Weichspüler ist ungebrochen gut. Sicher auch aufgrund von Kampagnen mit prominenten Werbefiguren. Als ich vor ein paar Jahren sah, dass auch prominente Spieler des FC Bayern München für Wäscheauffrischer Reklame machten, traute ich meinen Augen nicht. Wieder mal war ich fassungslos, dass niemand – weder aus der Nachhaltigkeitsabteilung noch aus der Vereinsführung oder vonseiten der Mitglieder – ein Veto einlegte. Dass Geld die Welt regiert, wird sich nicht ändern. Das Thema Verantwortung sollte jedoch genauso präsent sein. Verantwortung für Wasser und Umweltschutz gehören unmittelbar mit auf die Agenda. Dass genau diese Aushängeschilder des deutschen Sports einen unfassbar großen positiven Hebel in Sachen Umweltbewusstsein bedienen könnten, ist anscheinend für die Marketingabteilungen nicht sexy genug. Und falls Sie sich nun fragen, wie ich so wasche: Meine Sachen kommen bei 30 oder 40 Grad in die Trommel, im Kurzwaschprogramm, Flüssigwaschmittel mit der Hälfte der empfohlenen Dosierung. Weichspüler verwende ich nicht, weil ich ihn als unnötig empfinde.

Weiter auf Seite 200 →

DER HAUSHALTSRAUM

Putzen, waschen, trocknen, lagern. Überall können wir positiv aufs Wasser einwirken.

1. Wasser zu Wein Bis wir einen Liter Wein auf dem Tisch haben, braucht es 870 Liter Wasser. Das ist zumindest das globale Mittel. Hier gilt wie bei den Erdbeeren: In trockenen Regionen wie Südafrika muss künstlich bewässert werden, der Abdruck blauen Wassers ist also extrem hoch. Wollen wir trotzdem weiter trinken und zugleich Wasser schonen, könnten wir auf heimische Weine zurückgreifen, die (noch) mit dem grünen Wasser des Niederschlags auskommen.

2. Zurück zum Glas In den Vorratskellern der Großeltern standen noch Weckgläser, heute lagern wir dort unten Konserven und Tetrapacks. Doch die Verpackungen werden irgendwann zu Müll und beinhalten teils giftige Chemikalien. Das ergab 2024 ein Check von Stiftung Warentest. Von den 58 untersuchten Lebensmitteln aus Konservendosen – darunter Kokos- und Kondensmilch, Erbsen und Möhren, Tomaten, Eintöpfe, Suppen, Thunfisch – enthielten 51 das hoch bedenkliche Bisphenol.

3. Ehre dem Essig! Dass vier Putzmittel ausreichen, um unsere Wohnräume sauber zu machen, hatte ich ja bereits erzählt. Der Held der Gruppe ist für mich jedoch die Essigessenz! Biologisch leicht abbaubar und im Laden sehr günstig, entfaltet sie ihre Wirkungskraft gegen Fett und Schmutz durch die 15,5 und 25 Prozent Essigsäure. Ich putze mit Essigessenz, verdünne sie vorher mit Wasser. Wer Lust hat, parfümiert sie mit einem ätherischen Öl seiner Wahl. Bei empfindlicheren Flächen wie verchromten Armaturen weiche ich auf Zitronensäure aus. Essigessenz sollte kühl und dunkel gelagert werden und hält viele Jahre.

4. Glasklare Sache Auch Glasherstellung und Glasrecycling erfordern natürlich Wasser. Trotzdem ist das insgesamt schonender, als zur Plastikflasche zu greifen, die immer ein Müll- und Partikelproblem nach sich zieht. Wollen wir unser Altglas zum Container bringen, brauchen wir es übrigens nicht vorher auszuspülen!

5. Perfekt gepinselt Durchs Renovieren von Haus oder Wohnung fallen mit der Zeit viele Farbreste an, die erst aufbewahrt und irgendwann entsorgt werden. Greifen Sie daher – auch zum Wohle der eigenen Gesundheit – zu Farben ohne chemische Zusätze wie Konservierungsstoffe. Schon beim Pinselauswaschen liegen Sie mit Lehm-, Kalk- oder Silikatfarben weit vorn!

6. So geht's richtig rund Rotiert bei Ihnen noch eine richtig alte Waschmaschine, können Sie den Wasserverbrauch am stärksten beeinflussen, indem Sie sich ein neues Gerät anschaffen. Der Unterschied zwischen alt und neu ist immens – gerade im Bereich Effizienz. Hier ist auch Ihr größter Hebel, wenn Sie schon eine neue Maschine haben: Schalten Sie erst dann ein, wenn die Trommel nicht zur Hälfte, nicht zu Dreiviertel, sondern fast voll ist. Und was ist mit dem Trockner, der ja sonst nur beim Energiesparen besprochen wird? Sofern Sie einen Kondenstrockner haben, können Sie das dabei entstehende, leicht seifige Kondenswasser zum Putzen von Bad und Boden verwenden. Ach ja, und bei muffeliger Partykleidung reicht oft das gute alte Lüften!

7. Weniger ist mehr Es wäre extrem viel fürs Wasser getan, wenn wir uns vom Fast-Fashion-Trend verabschiedeten. Das heißt nicht nur, in längeren Rhythmen zu kaufen, sondern auch erdölbasierte Billiggarne wie Polyester zu meiden. Ein bisschen weniger schlecht sind Regeneretgarne wie Viskose oder Lyocell, die chemisch aus nachwachsenden Rohstoffen hergestellt werden. Am besten wären Naturfasern aus Wolle, Baumwolle oder Hanf. Integriert man daraus gefertigte Klamotten ins Capsule-Wardrobe-Prinzip, herrscht heile Welt im Kleiderschrank. Die „Verkapselung" meint die Reduktion auf einige wenige starke Stücke, die so sehr zueinander passen, dass man sie gut miteinander kombinieren kann.

→ Sie können gleich auf Seite 204 weiter über den Einfluss unserer Wasch- und Putzmittel lesen. Weil es hier jedoch so gut passt, möchte ich in einem kurzen Gespräch auf die Vorbildfunktion von Spitzensportlern eingehen – gerade in Sachen Wasser. Mit meiner persönlichen Historie als Torhüterin verfolge ich natürlich den Frauenfußball und konnte auch die ein oder andere heute aktive Athletin kennenlernen. Dazu gehört die deutsche Nationalspielerin Felicitas „Feli" Rauch. Sie stand viele Jahre als Verteidigerin im Kader des VfL Wolfsburg, wechselte 2024 in die USA zu North Carolina Courage und gewann in Paris für Deutschland die olympische Bronzemedaille. Mit ihr habe ich für dieses Buch gesprochen, da sie einerseits den aktuellen Sportbetrieb kennt, andererseits in diesem Jahr ihr Fernstudium im Fach Innovation & Zukunftsforschung abgeschlossen hat und sich sehr für Nachhaltigkeit interessiert.

INTERVIEW MIT FELICITAS RAUCH

„ANFANGEN – AM BESTEN SOFORT!“

Felicitas Rauch über die Herausforderung des Profifußballs, sich von gewohnten Ritualen und Materialien zu lösen – und über die Idee, Spielerinnen und Spieler als Botschafter der Nachhaltigkeit einzusetzen.

Feli, der Spitzensport, speziell der Fußball, ist eine Milliardenbranche mit einer starken Strahlkraft. Gerade beim Wasser könnten Verbände, Klubs, Sportlerinnen und Sportler einiges vorantreiben, was durchaus Vorbildcharakter hätte. Inwieweit ist dieses Thema überhaupt angekommen bei euch?

In erster Linie hinsichtlich der Ernährung. Wir sind natürlich, wie jeder andere Mensch auch, auf die Wasserqualität angewiesen. Viel und richtig zu trinken ist besonders auf der Ebene des Leistungssports essenziell, da das Einfluss auf unsere Leistung nehmen kann. Die richtigen Nährwerte und Mineralien können von Wasser zu Wasser variieren, deshalb versuchen wir, besonders Wasser zu konsumieren, das gute Mineralien wie Magnesium, Calcium, Kalium und Natrium oder auch Eisen aufweist. Ich trinke außerdem ausgleichend zu Hause meistens mit Kohlensäure versetztes, selbst aufgesprudeltes Leitungswasser – einfach auch, um das Kistenschleppen zu umgehen, Flaschen zu vermeiden und Geld zu sparen. Im Rahmen der Nachhaltigkeit spielt Wasser eine eher kleinere Rolle. Beim VfL Wolfsburg bezogen wir eine Marke aus der Region. Bad Harzburger Mineralwasser war unser Sponsor. In der Nationalmannschaft nutzen wir in unseren Unterkünften Wasser aus Glasflaschen. Sind wir im Ausland unterwegs, gibt es jedoch meistens nur Plastikflaschen, da diese vom jeweiligen Hotel oder Klub zur Verfügung gestellt werden. In anderen Ländern wird das Plastikthema immer noch weitaus stiefmütterlicher behandelt.

Na ja, in Deutschland trinken die Sportlerinnen und Sportler am Spielfeldrand auch ausschließlich aus Plastikflaschen. Das ist weder für die Umwelt noch für die Gesundheit gut ...

Glasflaschen am Spielfeldrand halte ich für schwierig. In meiner Freizeit oder bei der Unterbringung im Hotel sind sie bereits fester Bestandteil der eigenen Versorgung. Aber wenn wir spielen oder trainieren, nutzen wir häufig die wiederauffüllbaren Plastikflaschen, die außerdem mit Elektrolyten und Mineralien angereichert werden. Die Flaschen reisen im Equipment mit uns und werden immer wieder verwendet. Glasflaschen könnten bei Trips mit Bussen oder Flugzeugen zu Bruch gehen. Außerdem muss es in Spiel und Training immer schnell gehen mit den Trinkmöglichkeiten, da die Unterbrechungen manchmal nur Sekunden dauern. Die Flaschen werden gequetscht, geworfen, gefangen, landen auf dem Rasen – mit Glasflaschen wäre dieser Umgang nicht möglich. Man müsste immer aufpassen, was bei der Hektik im Spiel- und Trainingsbetrieb einfach nicht umsetzbar ist.

Die Zuschauer sehen, dass Wasser im Fußball omnipräsent ist. Plätze werden gewässert, es gibt inzwischen Trinkpausen bei starker Hitze, und bei den Pressekonferenzen verschwinden die Trainerinnen und Trainer hinter einer langen Reihe von Getränkeflaschen. Wo genau siehst du Ansatzpunkte, um voranzugehen, um auf Bedeutung und auf Schutz des Wassers aufmerksam zu machen?

Es stimmt, der Fußball könnte dafür eine große Marketingplattform bieten. Ein Ansatz wäre in meinen Augen, Unternehmen oder Organisationen, die nachhaltige und positive Ziele verfolgen, zu fördern und etwa auf den Pressekonferenzen zu platzieren. Ich weiß zum Beispiel, dass die Wasser-NGO Viva con Agua aus Hamburg, die ja auch Mineralwasser anbietet, mittlerweile sehr verbreitet ist in diversen Profifußballteams, auch wenn man das nicht immer sieht. Eine weitere Möglichkeit könnte sein, während der Spiele den Getränkeausschank anzupassen oder die Bandenwerbung zu nutzen. Natürlich haben gemeinnützige Organisationen oft nicht die finanzielle Power, um sich ins Marketing von Fußballklubs einzubuchen. Klar ist dann aber auch, dass man auf Werbung für kommerzielle Produkte verzichten müsste, um die Werbeplätze einem Allgemeingut wie Wasser zu übertragen und das kostenfrei. Zum Abfangen finanzieller Einbußen müsste man neue Lösungen finden, ich denke aber, dass das einen geringeren Aufwand bedeutet, wenn man sich als Verein von der Ebene der Klubführung über jeden Mitarbeitenden bis hin zu den Fans ganzheitlich und umfassend zu Umweltschutz bzw. Schutz der lebenswichtigen Ressource Wasser committet. Spielerinnen und Spieler könnten aufgrund solcher Kooperationen auch als Botschafter eingesetzt werden.

Sprechen wir noch über den Sport als Emittent von Mikroplastik. Sportplätze, Sportkleidung, Sportschuhe, Sportgeräte bestehen inzwischen zu einem großen Prozentsatz aus Kunststoffen. Bestandteile davon gehen jeden Tag in riesigen Mengen in die Umwelt über oder belasten die Sportler gesundheitlich. Weltklubs verkaufen pro Jahr jeweils über drei Millionen Trikots. Ist dieser „Tsunami" zu stoppen? Welche Lösungen würden sich aus deiner Sicht anbieten?

Die Klubs leben natürlich von diesen Erlösen und sorgen damit wiederum für Arbeitsplätze. Dies zu stoppen, halte ich für unrealistisch. Und man darf nicht vergessen, dass Produkte wie Trikots und Teile der Ausrüstung für Sportler auch einen relevanten funktionalen Nutzen haben. Sie machen etwa die Schuhe leichter und angenehmer zu tragen auch bei herausfordernden Witterungsbedingungen. Welche Alternativen es dort gibt, die Produkte trotzdem so zu gestalten, dass sie lange halten oder derselben Funktionalität nachkommen, dazu stecke ich zu wenig in der Materie. Ich denke jedoch, schaut man sich an, was alles sonst noch so seitens Materialentwicklung machbar ist, dass bei der Ausrüstung sehr viel Luft nach oben existiert. Klar ist, je schneller wirklich nachhaltige Produkte im Spitzensport akzeptiert und etabliert werden, desto mehr positiven Impact durch Identifikation und Sichtbarkeit kann der Sport, insbesondere der Fußball erzielen.

Für die Trikots gäbe es zum Beispiel längst Alternativgarne, die ohne Kunststoffe auskommen. Die wären dann wahrscheinlich ein wenig teurer, aber gerade für finanziell gut gestellte Klubs wäre es ein Leichtes, hierbei mit Vorbildfunktion voranzugehen.

In meinem Umfeld und auch generell nehme ich jetzt schon wahr, dass die Trikots und andere Marketingprodukte immer teurer werden, damit für viele Menschen nicht mehr erschwinglich sind und weniger gekauft werden. Hier ist also schon ein Rückgang zu bemerken, wenn auch in den meisten Fällen nicht aus Gründen der Nachhaltigkeit. Ich denke, man müsste, um den Kunststofftsunami wirklich zu stoppen, die fehlenden Einnahmen bei den Vereinen durch andere Leistungen ausgleichen. Wenn ein Verein zum Beispiel an einer Stelle Ressourcen spart, könnte das gewonnene Geld in andere Bereiche investiert werden. Hier denke ich an das Thema Kreisläufe schließen. Schafft man es zum Beispiel, mit sinnvollen Maßnahmen Wasser und Energie innerhalb der Vereine zu sparen, hat man auf einer anderen Ebene mehr finanzielle Mittel zur Verfügung, um in sinnvolle gesellschaftstaugliche Maßnahmen zu investieren oder auch zukunftsweisende Innovationen voranzutreiben. Auch Vereine – in allen Ligen, auf allen Kontinenten – können Innovationsträger sein und damit maßgebliche Beiträge zum Umweltschutz liefern. Aus meiner Sicht lohnt sich das Anfangen – und am besten sofort.

Laut Umweltbundesamt verbrauchen wir in Deutschland pro Jahr rund 604.000 Tonnen Waschmittel und rund 251.000 Tonnen Weichspüler. Jedes Gramm davon landet im Abwasser und damit eine Menge teils hochproblematischer Chemikalien. Tenside, Duftstoffe, Phosphonate, Konservierungsstoffe und viele andere Bestandteile sind eine große Herausforderung, nicht nur für die Umwelt, sondern auch für unseren Körper. Die im Labor hergestellten Duftstoffe, die wir über Bettwäsche, Handtücher, T-Shirts, Pullis oder Hosen jeden Tag direkt an uns heranlassen, können zum Beispiel die Haut schädigen oder Allergien auslösen. Die enthaltenen Tenside helfen zwar, Schmutz und Fett zu lösen, sind jedoch ebenso in der Lage, Wasserorganismen umzubringen, viele von ihnen sind schwer abbaubar und sorgen im Zuge ihrer Abbauprozesse für noch schlimmere Zwischenprodukte. Außerdem ist ihre Herkunft oft extrem unappetitlich: Bei manchem Weichspüler wird der typische Kuscheleffekt durch solche Tenside hergestellt, die aus Schlachtabfällen gewonnen werden. Der Talg, der sich so sanft um das Garn legt, besteht also aus toten Tieren. Ein weiterer Grund, warum Weichspüler in meinem Haushalt nicht zu finden sind. Experten des Umweltbundesamts nennen Weichspüler „Produkte mit fragwürdigem Nutzen". Die Redaktion von Ökotest empfiehlt, auf sie zu verzichten und deren Effekt stattdessen mit Essig, Natron oder Waschsoda herzustellen. Aber Vorsicht mit der Dosierung, nicht dass Ihr Kleidungsstück leidet! Man könnte zum Beispiel 30 Milliliter Essig oder Essigessenz ins Weichspülerfach geben. Keine Sorge übrigens vor strengem Essiggeruch, der verfliegt beim Waschen. Wählen Sie Natron und Waschsoda, könnten Sie zwei Teelöffel davon in 100 Milliliter Wasser auflösen.

Und wie sieht es mit den **Putzmitteln** aus? Angeblich haben wir Deutschen durchschnittlich 15 verschiedene zu Hause stehen. Wofür? So viel kann und will man doch gar nicht putzen. Schaut man sich danach um, was Verbraucherzentralen oder Umweltverbände empfehlen, landet man immer wieder bei der Zahl von maximal vier Putzmitteln, die völlig ausreichen sollen: Allesreiniger, Scheuermilch, Essigreiniger, Handspülmittel. Ich wusste von diesen Empfehlungen lange Zeit nichts, aber als ich bei mir nachzählte, kam ich tatsächlich genau auf vier Putzmittel. Niemand braucht Reiniger, die so aggressiv sind, dass auf den Verpackungen vor dem Inhalt gewarnt werden muss. Man kann sich leicht ausrechnen, dass etwas, vor dem man sich schon laut Gefahrenbezeichnung *bei der Verwendung* in Acht nehmen muss, nicht allzu gut zum Wasser sein kann. „Mindestens ein Drittel der Chemikalien, die durchs Waschen und Putzen ins Abwasser gelangen, sind toxisch für Organismen", sagt der Naturschutzbund (NABU).

Dazu gehören im Übrigen auch Polymere, die nicht als mit bloßem Auge erkennbares Mikroplastik daherkommen, sondern in gelöster, gelartiger oder flüssiger Form. Sie sollen bei den geputzten Oberflächen vor allem als Filmbildner bzw. Schmutzabweiser dienen. Diese **Flüssigpolymere** – vielerorts liest man irreführend auch von „flüssigem Mikroplastik" – kommen in der Debatte und der Erforschung anthropogener Gefahrenstoffe viel zu wenig vor. Sie gehören nicht zum Mikroplastik. Gelangen sie in die Umwelt, gehören sie, weil sie in gelöster

„MINDESTENS 1/3 DER CHEMIKALIEN, DIE DURCHS WASCHEN UND PUTZEN INS ABWASSER GELANGEN, SIND TOXISCH FÜR ORGANISMEN.“

NABU

Form vorkommen, per Definition zu den Mikroschadstoffen. Und wir wissen bereits, dass diese Chemikalien nicht so harmlos sind, wie uns die Marketingexperten glauben machen. Auch diese Substanzen können schwerwiegende Folgen für unsere Wassersphäre haben, erst recht, wenn die Konzentrationen ständig zunehmen. Bis wir alle Wissenslücken geschlossen haben, sollte in meinen Augen auch hier das Vorsorgeprinzip gelten.

Bei unseren **Pflege- und Kosmetikartikeln** hat man zwar ein Problem (Mikroplastik) erkannt und gebannt. Die Konsequenz ist jedoch die weit größere Last der flüssigen Folgeverbindungen, die in den meisten Fällen ebenso erdölbasiert sind und in der Umwelt nur langsam abgebaut werden. Bevor die Produkte beim Abschminken oder Auswaschen ins Abwasser gehen, tragen wir sie direkt auf der Haut und in unserem Haar. Kann das gut sein? Zu Ihrer und meiner Beruhigung zwei wichtige Punkte: Es gibt durchaus Produkte, die auf synthetische Polymerzusätze verzichten. Sie riechen vielleicht nicht so verlockend, funktionieren anders, aber genauso gut oder sogar besser und sind für uns Menschen und die Umwelt ungefährlicher. Wie Sie Produkte mit flüssigen Polymeren erkennen, lesen Sie in der Illustration zum Badezimmer. Wir forschen übrigens zurzeit daran, per Agglomeration – Verklumpen, Fixieren, Abtrennen – auch die löslichen Polymere einzufangen. Es funktioniert, so viel kann ich sagen. Aber der Weg bis zur Anwendung dauert, denn wir mussten in diesem untererforschten Bereich bei null anfangen und zuerst mal die analytischen Kontrollstandards festlegen, um die Funktion beschreiben zu können.

Zum bewussten Umgang mit Wasser gehört auch das **Wassertrinken.** Ich bin ein großer Fan unseres Leitungswassers. Der Grund ist einfach: Je mehr Produktionsschritte ein Wasser durchlaufen hat, desto mehr Verunreinigungen sind möglich. Unser Hahnwasser kommt direkt vom Versorger, der es testet, überwacht und für gut befindet. Es kommt nur über die Leitungen zu uns. Erst ab dem Hausanschluss haben wir – oder in meinem Fall der Vermieter – Kontrolle und Verantwortung. Da sind auf dem Papier denkbar wenig Störfaktoren möglich. Trotzdem gibt es welche, die größten liegen wahrscheinlich im Material der Rohre und Dichtungen älterer Bausubstanz. Wir sollten uns jedoch von dem Gedanken befreien, dass wir auf ein völlig einwandfreies Wasser zurückgreifen können. Das ist vielleicht noch in vereinzelten Quellen in Höhenlagen oder in den entlegensten Orten der Welt möglich, aber nicht in einer Großstadt und auch nicht in Dörfern inmitten einer Agrarlandschaft. Zahlreiche Studien belegen das. Eine davon wurde bereits 2017 an der Universität von Minnesota durchgeführt. Neben den Hunderten Leitungswasserproben aus 14 Ländern schauten sich die Forschenden auch Bierproben und Salzproben an. Reden wir hier nur mal über die Ergebnisse zum Leitungswasser: In über 80 Prozent der Proben fand man Nanoplastik. Der höchste Wert wurde mit 61 Partikeln pro Liter in den USA festgestellt, während die vier niedrigsten Werte mit zwei bis drei Partikeln pro Liter allesamt aus Ländern der Europäischen Union kamen. 98 Prozent aller bei der Wasserstudie gefundenen Partikel waren im Übrigen Kunststofffasern mit einer Länge von 0,1 bis fünf Millimetern. Wenn ich mir die vorliegenden Zahlen für Deutschland anschaue, werde ich vorerst an meiner Gewohnheit, meinen Durst mit Hahnwasser zu löschen, festhalten, vor allem, wenn man sich bewusst macht, welche Alternativen dazu existieren.

Dass **Mineralwasser** in Plastikflaschen erheblich mit unsichtbarem Nanoplastik belastet sein kann, habe ich bereits im zweiten Kapitel erwähnt. Aber wussten Sie, dass das wohl auch bei eher unverdächtig erscheinenden Glasflaschen der Fall ist – zumindest manchmal? Darauf deuten jedenfalls Tests der Universität Münster hin, die Wasser mehrerer Flaschen- bzw. Verpackungsarten untersuchte. Die durchschnittlich höchste Belastung wurde bei Mehrwegflaschen aus PET festgestellt, die Glasflaschen landeten auf Platz zwei (die am stärksten belastete wies 302 Partikel pro Liter auf), auf Platz drei kamen Einwegflaschen aus PET, auf Platz vier Getränkekartons. Trotzdem heißt das nicht, dass es überall so ist. Wasser aus Glasflaschen kam auch schon ohne jeden Makel davon. Die Forschenden rätseln selbst, woran so etwas liegen kann, und vermuten die Ursache im Reinigungsprozess der Mehrwegflaschen. Ein weiterer Pluspunkt fürs Leitungswasser, das im direkten Vergleich übrigens viel billiger ist – auch nicht ganz unwichtig.

An dieser Stelle noch ein wichtiger Hinweis: Achten Sie beim Abfüllen des Leitungswassers auf das Gefäß, in das es hineinkommt! Nicht, dass Sie genau über diesen Weg wieder unerwünschte Verunreinigungen ins Wasser eintragen. Das ist leider oft bei **Trinkflaschen** der Fall. Jeder von uns hat wahrscheinlich mehrere von ihnen in den Schubladen, die wir zum Sport, zum Wandern oder in die Schule mitnehmen. Zu Billigpreisen bekommen wir sie hinterhergeworfen, selbst im Profisport wie bei der Tour de France werden sie tausendfach verwendet und leider immer noch von zu vielen Radfahrern in die Natur gepfeffert, obwohl hier bereits empfindlich hohe Strafen oder sogar der Ausschluss vom Rennen drohen. Was die Sportler mit dem Wasser zu sich nehmen, scheint ihnen aber offensichtlich egal zu sein. Laut einer Studie der Uni Kopenhagen fügen wir dem anfangs unbedenklichen Leitungswasser Aberhunderte von Chemikalien hinzu, wenn wir es in bestimmte Plastikflaschen geben. Eine der Aussagen hat auch mit dem Spülen der Flaschen zu tun: Je mehr die Spülmaschine genutzt wird und damit etwa Temperatur und aggressive Spülmittel auf die Trinkflaschen einwirken, desto mehr Schadstoffübertritt findet statt – insbesondere Reaktionen zwischen den Inhalten der Spültabs und den Kunststoffzusätzen der Flaschen sind nicht auszuschließen. Spülwasser wie Trinkwasser sind am Ende die Geschädigten. Das Phänomen des Übertritts von Substanzen von einem Medium ins andere wird oft auch als Leaching bezeichnet. Es handelt sich um einen Auslaugungs- oder Extraktionsprozess. Das Lösungsmittel ist Wasser, der Trägerstoff ist das Kunststoffprodukt mit der Vielzahl an zugesetzten Chemikalien.

Auch hierzu haben wir geforscht. Was wir nach einer Studie mit neuen Radflaschen sagen können: Zumindest die Mikroplastikfreisetzung sinkt bei jedem Spülvorgang. Ob und wann die Werte wieder steigen, steht und fällt mit der Beanspruchung der Flasche. Nach drei Spülgängen konnten wir nur noch sehr geringe Mikroplastikfrachten beobachten. Schaut man sich an, was die Trinkflaschen im Sport alles aushalten müssen – sie sollten, wie Feli Rauch erklärte, zum Beispiel quetschbar sein, um Wasser schnell herauspressen zu können –, liegt die Annahme auf der Hand, dass thermische, physikalische Belastung oder UV-Strahlung den Abbauprozess von Kunststoffen unterstützen und demnach vermutlich mit der Zeit wieder mehr Mikroplastik entsteht. Völlig klar ist auch, dass die Eigenschaften meistens nur mit Weichmacherzusätzen erreicht werden können. Manchmal finden sich in den quetschbaren Exemplaren auch anorganische Materialien wie Titandioxid oder Silber, die offensichtlich in den Flaschen verarbeitet wurden – oftmals als Nanomaterialien. Sie sollen unter anderem antimikrobielle Eigenschaften liefern, das Wasser hygienischer und damit genießbarer machen. Potenzielle Abriebpartikel aus solchen Materialverbindungen sind jedoch nicht minder gefährlich im Direktkontakt mit dem Menschen. Die während der Nutzungsdauer entstehenden Kleinstpartikel können erst Jahre später negativen Einfluss auf die Gesundheit haben. Bisher fehlen die vergleichenden Daten zu den Migrationseigenschaften dieser Partikel. Wichtig wäre zukünftig, dass jedes Unternehmen, das behauptet, in seine Kunststoffflasche abgefüllte Getränke seien Mikroplastik-frei, es erst beweisen muss – und das in unabhängigen Laboren mit Prüfprotokollen. Gleiches gilt natürlich auch für Chemikalienzusätze und Nanomaterialien. Es geht schließlich um unsere Gesundheit.

Ich habe mich als passionierte Rennradfahrerin damit abgefunden, dass es nicht die perfekte Trinkflasche gibt. Die unbedenklichste Variante aus Glas halte ich wie die Nationalspielerin Felicitas Rauch zumindest für Sportzwecke für unpraktisch. Ich trinke seit mehr als fünf Jahren aus der gleichen Kunststoffflasche, für die ich ein bisschen tiefer in die Tasche gegriffen habe. Ich spüle sie mit Leitungswasser aus, lasse sie an der Luft trocknen. Einen weiteren Rat zu Sportflaschen finden Sie in der Illustration in der Nähe des Fahrrads auf Seite 194.

Ich könnte Sie noch länger mitnehmen durch den Alltag und unsere Berührungspunkte mit dem Wasser. Doch es wird genügen, zwei Worte zu verinnerlichen. Wo wir auch einkaufen, was wir auch essen, wie weit wir auch gehen, fahren, paddeln oder schwimmen, am Ende gilt immer und überall nach Heraklit:

„PANTA RHEI!“ – ALLES FLIEßT!

Jeder einzelne Teil unseres Lebens ist eng mit dem Wasser verknüpft. Mehr noch: Jeder Teil konnte nur erschaffen werden, weil es Wasser gibt. Wir selbst bestehen – je nach Individuum – zu 50 bis 75 Prozent aus Wasser. Wir alle sind Wasserwesen. Damit ist uns die Aufgabe in die Wiege gelegt, uns um das Wasser zu kümmern. In unserem ureigenen Interesse. Wir sollten das endlich erkennen, in Zeiten, in denen unsere Quelle des Lebens immer stärker unter Druck gerät.

Mein Leben brachte mich über wundersame Wege in eine Situation, in der ich dem Wasser helfen kann – und helfen will. Und das genau jetzt. Es sind viele kleine Momente, die Hochs und Tiefs, das Vor und Zurück, die mich zu der werden ließen, die ich heute bin. Geschäftsführerin eines gemeinnützigen Unternehmens. Team-Kapitänin. Innovatorin. Wasserbotschafterin. Sportlerin. Hundefreundin. Ozeanliebhaberin. **Mensch.** Ich mag es, wenn man Entscheidungen trifft, dafür einsteht und sich nicht wie ein Fähnlein im Wind permanent um die Ansichten anderer dreht. Ich mag es, morgens in den Spiegel zu schauen und lediglich festzustellen, dass man älter wird, aber nicht die eigenen Werte mit Füßen tritt. Was zählt, sind Unabhängigkeit, Mut und Menschlichkeit.

Und was bleibt? Viel Dankbarkeit, die Erinnerungen an die kleinen und großen Heureka-Momente und die vielen wunderbaren Menschen, die mich bis hierher begleitet haben, weiterhin unbändige Neugierde – und natürlich der hoffnungsvolle Blick in die Zukunft. Denn:

EIN WEG ENTSTEHT, WENN MAN IHN GEHT.

Adelman, Brenda: „Concerns about Direct Potable Reuse". Environmental Health Perspectives, 123 (6), 1.6.2015 (doi: 10.1289/ehp.1509914)

Aigner, Susanne: „Fast Fashion – globale Umweltverschmutzung durch Altkleiderberge". In: telepolis.de, 9.6.2022

Albat, Daniela: „Massenweise Schadstoffe in Alltagsplastik". In: scinexx.de, 17.9.2019

Albrecht-Fuhrmann, Sarah: „Das Dilemma mit dem Plastik: 348 Millionen Tonnen Plastik pro Jahr weltweit produziert, die Hälfte davon wird zu Abfall". In: de.statista.com, 11.12.2019

Angelakis, Andreas N.: „Desalination: From Ancient to Present and Future". Water, 13 (16), 16.8.2021 (https://doi.org/10.3390/w13162222)

Attenborough, David: „David Attenborough COP26 Climate Summit Glasgow Speech Transcript". In: rev.com, 1.11.2021

Baensch-Baltruschat, Beate et al.: „Tyre and road wear particles - A calculation of generation, transport and release to water and soil with special regard to German roads". Science of The Total Environment, Volume 752, 15.1.2021 (https://doi.org/10.1016/j.scitotenv.2020.141939)

Barbarino, Antonia: „Alternativen zu Weichspüler: Zwei Hausmittel sind umweltfreundlicher und günstiger". In: chip.de, 10.3.2024

Barbosa da Costa, Neila et al.: „Resistance, resilience, and functional redundancy of freshwater bacterioplankton communities facing a gradient of agricultural stressors in a mesocosm experiment". Molecular Ecology, Volume 30, Issue 19, October 2021 (DOI: doi: 10.1111/mec.16100)

Bayerisches Landesamt für Umwelt (Hrsg.): „Abschlussbericht: Geschlossener Wasserkreislauf in der Industrie – Abwasserfreie Industrieproduktion". Augsburg, 5/2022

Bau, Matthias: „80.000 Liter Wasser für eine Batterie? Behauptungen über Ökobilanz von Elektroautos sind populär, greifen aber zu kurz". In: correctiv.de 14.10.2021

Beier, Heike: „Kosmetik: Das Problem mit den flüssigen Kunststoffen". In: oekotest.de, 16.9.2020

Belzagui, Francisco et al.: „Cigarette butts as a microfiber source with a microplastic level of concern". Science of The Total Environment, Volume 762, 25.3.2021 (https://doi.org/10.1016/j.scitotenv.2020.144165)

Bertling, Jürgen et al.: „Mikroplastik und synthetische Polymere in Kosmetikprodukten sowie Wasch-, Putz- und Reinigungsmitteln". Endbericht. Fraunhofer-Institut für Umwelt-, Sicherheits- und Energietechnik UMSICHT (Hrsg.), Oberhausen, 9/2018

Bertling, Jürgen et al.: „Kunststoffe in der Umwelt: Mikro- und Makroplastik." Kurzfassung der Konsortialstudie. Fraunhofer-Institut für Umwelt-, Sicherheits- und Energietechnik UMSICHT (Hrsg.), Oberhausen, 6/2018

Biberdorf, Kate: „The man who discovered the Great Pacific Garbage Patch is still trying to stop ocean pollution". In: kcur.org, 3.5.2023

Binter, Anne-Claire: „Air pollution, white matter microstructure, and brain volumes: Periods of susceptibility from pregnancy to preadolescence". In: Environmental Pollution Volume 313, 2022. (10.1016/j.envpol.2022.120109)

Bleiker, Carla: „Wie Mikroplastik in unseren Körper kommt". In: dw.com, 29.3.2022

Brack, Werner et al.: „Mapping chemical footprints of organic micropollutants in European streams". In: Environment International, Januar 2024. (https://doi.org/10.1016/j.envint.2023.108371)

Bradley, James: „Radioactive waste, baby bottles and Spam: the deep ocean has become a dumping ground". In: The Guardian, 12.3.2024

Brändlin, Anne-Sophie: „EU verbietet Mikroplastik in vielen Produkten". In: dw.com, 17.10.2023

Bräse, Veronica: „Umweltkiller Reifenabrieb". In: ardalpha.de, 23.3.2022

Bröker, Stefan: „Verursacher in die Pflicht nehmen – DWA begrüßt Erweiterte Herstellerverantwortung der Kommunalabwasserrichtlinie". In: de.dwa.de, 9.3.2023

Broom, Douglas: „Pharmaceuticals are present in almost all the world's rivers, study finds". In: weforum.org, 17.2.2022

Brown, Erina et al.: „The potential for a plastic recycling facility to release microplastic pollution and possible filtration remediation effectiveness". In: Journal of Hazardous Materials Advances, Volume 10, 2023

Bryce, Emma: „‚We can't carry on': the godfather of microplastics on how to stop them". In: The Guardian, 15.11.2023

BUND (Hrsg.): „Erfolge im Kampf gegen Mikroplastik und andere Kunststoffe". In: bund.net, 8/2019

BUND (Hrsg.): Hormongift aus der Konserve – Lebensmittel mit Bisphenol A belastet". In: bund.net, 4/2024

Bundesinstitut für Risikobewertung (Hrsg.): BfR-Verbrauchermonitor 02/2023, Berlin 2023

Bureau Européen des Unions de Consommateurs (Hrsg.): „Unwrapped – What consumers say about safe and sustainable food packaging. Findings of an eleven-country consumer survey". Brüssel, 4/2023

California Water Environment Association (Hrsg.): „Water Board Moves Forward with DPR Expert Panel". In: cwea.org, abgerufen am 16.7.2024

Carstens, Peter: „Detox-Kur für Europa: EU-Kommission will Tausende Chemikalien verbieten". In: geo.de, 26.4.2022

Carstens, Peter: „Studie: Chemieproduktion sprengt planetare Grenzen". In: Geo, 20.1.2022

Carstens, Peter: „Rätselhaftes Lachssterben: Autoreifen vergiften ganze Fischpopulationen". In: Geo, 8.12.2020

Castan, Stephanie et al.: „Uptake, metabolism and accumulation of tire wear particle-derived compounds in lettuce". In: Environmental Science & Technology, Environmental Science & Technology, 57, 1, 2023

Chem Trust (Hrsg.): „Von BPA bis BPZ: eine toxische Buchstabensuppe?". In: chemtrust.org, 3/2018

Clayton, Freddy: „Why Namibia's 1960s sewage purifying plant is a beacon of hope for the US water crisis". In: nature.com, 8.12.2023

Clayton, Freddy: „This city turns sewage into drinking water in 24 hours. The concept is catching on". In: positive.news, 30.8.2023

Connor, Richard; Coates, David: „The United Nations world water development report 2021: valuing water". World Water Assessment Programme (WWAP) der UNESCO, Perugia 2021

Crowther, Thomas W. et al.: „The global tree restoration potential". Science, Vol 365, Issue 6448, 5.7.2019 (DOI: 10.1126/science.aax08)

Dagorn, Gary et al.: „Forever pollution: Explore the map of Europe's PFAS contamination". In: lemonde.fr, 17.2.2024

Denchak, Melissa (Natural Resources Defense Council): „Water Pollution: Everything You Need to Know". In: nrdc.org, 11.1.2023

Detloff, Kim Cornelius: „Plastikmüll und seine Folgen". In: nabu.de, 7/2022

Dischinger, Ulrich et al.: „Endocrine Disruptors: Focus on the Adrenal Cortex". In: Hormone and Metabolic Research, Volume 56, 2024

dpa: „Abwasser als Antibiotikaresistenz-Hotspot". In: Pharmazeutische Zeitung, 9.1.2023

Dwivedi, Anil Kumar: „Researches in Water Pollution: a Review".
In: International Research Journal of Natural and Applied Sciences Vol. 4, Issue 1, 2017

Ellison, D. et al.: „Upwind forests: managing moisture recycling for nature-based resilience". Unasylva 70, 2019

epd: „Entwässerte Moore klimaschädlicher als Flugverkehr". In: evangelisch.de, 11.1.2023

European Parliament (Hrsg.): „New EU rules to improve urban wastewater treatment and reuse". In: europarl.europa.eu, 10.4.2024

European Parliament (Hrsg.): „Reducing pollution in EU groundwater and surface waters". In: europarl.europa.eu, 12.9.2023

European Parliament (Hrsg.): „Endokrine Disruptoren & Glyphosat: Gesundheit der Bürger muss vorgehen". In: europarl.europa.eu, 12.10.2017

European Environment Agency (Hrsg.): „European climate risk assessment Executive summary". Kopenhagen, 2024

Eyl-Mazzaga, Marc-Antoine et al.: „The Geopolitics of Seawater Desalination". In: Études de l'Ifri, 9/2022

Faber, Annegret: „UFZ-Studie – Kein Badespaß: Starke Chemikalienbelastung in deutschen Flüssen". In: mdr.de, 6.4.2024

Fischer, Lars: „Warum Heidelbergs Trinkwasser blau war". In: spektrum.de, 25.3.2019

Fleischmann, Maria: „How Much Do Our Wardrobes Cost to the Environment?". In: worldbank.org, 23.9.2019

Fleming, Amy: „'They're in the air, drinking water, dust, food …' How to reduce your exposure to microplastics". In: The Guardian, 10.7.2023

Fleury, Jean-Baptiste et al.: „Microplastics destabilize lipid membranes by mechanical stretching". PNAS, Volume 118, Nr. 31, 2021 (https://doi.org/10.1073/pnas.210461011)

Fraunhofer Institut für Grenzflächen und Bioverfahrenstechnik (Hrsg.): „Wasserreinigung: Prozesswasseraufbereitung, Grundwasserreinigung, Abwasser- und Schlammbehandlung". In: igb.fraunhofer.de, abgerufen am 10.7.2024

Frinhani Nunes, Roberta: „An overview on surfactants as pollutants ofconcern: Occurrence, impacts and persulfate-based remediation technologies". Chemosphere, Volume 300, August 2022 (https://doi.org/10.1016/j.chemosphere.2022.134507)

Gabbatiss, Josh: „Massive restoration of world's forests would cancel out a decade of CO_2 emissions, analysis suggests". In: independent.co.uk, 16.2.2019

Gendries, Siegfried: „Rechenzentren und Wasser: Was Datennutzung mit Wasserkonflikten zu tun hat". In: lebensraumwasser.com, 24.4.2023

Gendries, Siegfried: „Mikroplastik auf deutschen Straßen. Was die Kanalisation beim Reifenabrieb leisten muss." In: lebensraumwasser.com, 5.5.2021

Gesamtverband der Versicherer (Hrsg.): „Versiegelungsstudie: Ludwigshafen ist die am stärksten versiegelte Stadt in Deutschland". In: gdv.de, 3.5.2023

Gies, Erica: „Slaking the World's Thirst with Seawater Dumps Toxic Brine in Oceans". In: Scientific American, 7.2.2019

Goergen, Roman: „Mit Hochdruck gegen den Wassermangel". In: spektrum.de, 16.11.2022

Gray, Alex: „Around 90% of all river-borne plastic that ends up in the ocean comes from just 10 rivers". In: weforum.org, 8.6.2018

Grefe, Christiane; Sontheimer, Michael: „Es grünt so grün… – Wie Verbraucher und Industrie auf die Verunsicherung durch die Inflation der Umweltskandale reagieren". In: Die Zeit, 19/1988

Großmann, Isabell et al.: „Plastic in the air?! - Spider webs as spatial and temporal mirror for microplastics including tire wear particles in urban air". In: Science of The Total Environment, Volume 832, 1.8.2022 (https://doi.org/10.1016/j.scitotenv.2022.155008)

Haahr, Thomas: „Parlament: Ja zur Renaturierung von 20% der Land- und Meeresflächen der EU". Pressemitteilung des EU-Parlaments vom 27.2.2024

Hagen, Ulrike: „Ewige Chemikalien in Toilettenpapier: Studie bestätigt Gesundheitsgefahr". merkur.de, 7.3.2023

Hanack, Peter: „Wasserverlust vermeiden". In: fr.de, 18.3.2024

Hann, Simon et al.: „Investigating options for reducing releases in the aquatic environment of microplastics emitted by (but not intentionally added in) products". Final Report for DG Environment of the European Commission. Enomia; ICF (Hrsg.), 23.2.2018

Heal, Alexandra: „The illusion of a trillion trees". In: Financial Times, 12.4.2023

Heinrich-Böll-Stiftung; BUND et al. (Hrsg.): „Bodenatlas 2024 – Daten und Fakten über eine lebenswichtige Resource". 1/2024

Heinrich-Böll-Stiftung; BUND et al. (Hrsg.): „Pestizidatlas 2022 – Daten und Fakten zu Giften in der Landwirtschaft". 1/2022

Heinrich-Böll-Stiftung; BUND (Hrsg.): „Plastikatlas 2019 – Daten und Fakten über eine Welt voller Kunststoff". 6/2019

Hébert, Marie-Pier: „Widespread agrochemicals differentially affect zooplankton biomass and community structure". Ecological Applications, Volume 31, Issue 7, 10/2021 (https://doi.org/10.1002/eap.2423)

Hildebrandt, Lars et al.: „Comparison and uncertainty evaluation of two centrifugal separators for microplastic sampling". In: Journal of Hazardous Materials, Volume 414, 2021

Hoekstra, Arjen Y.: „The Water Footprint of Modern Consumer Society". Milton Park, 2013

Holthaus, Marina: „Der Teufel trägt Plastik: 5 häufige Schadstoffe in Kosmetik". In: undgretel.com, 8.4.2021

Hosea, Leana; Salvidge, Rachel: „Rapidly rising levels of TFA ‚forever chemical' alarm experts". In: The Guardian, 1.5.2024

Hu, Chelin Jamie et al.: „Microplastic presence in dog and human testis and its potential association with sperm count and weights of testis and epididymis". Toxicological Sciences, kfae060, 15.5.2024 (https://doi.org/10.1093/toxsci/kfae060)

Hurtzig, Julia: „Erste Kläranlage mit vierter Reinigungsstufe in Betrieb". In: landwirtschaft.hessen.de, 14.7.2023

Hussein, Shahadat: „Reconciling industrialization and environmental protection for sustainable development in Bangladesh: The textile and apparel industry case". European Journal of Sustainable Development Research, 8, 2024 (https://doi.org/10.29333/ejosdr/13923)

Idem, Oliver: „Spanien baut für 300 Millionen Euro die Meerwasserentsalzung aus". In: gtai.de, 12.9.2022

Janson, Matthias: „Unverpackt-Läden haben noch Luft nach oben". In: statista.de, 16.2.2024

Jasechko, Scott et al.: „Global aquifers dominated by fossil groundwaters but wells vulnerable to modern contamination". Nature Geoscience, Volume 10, 6/2017 (https://doi.org/10.1038/ngeo2943)

Jeffries, Nick; Fall, Tansy: „The power of water". In: ellenmacarthurfoundation.org, 3.8.2020

Joeres, Annika et al.: „Wassermangel: Konsum der Landwirtschaft offenbar massiv unterschätzt". In: correctiv.org, 2023

Jones, Benji: „Oops, cleaning the Great Pacific Garbage Patch was probably a bad idea". In: vox.com, 4.5.2022

Jones, Edward: „The state of desalination and brine production: A global outlook". In: Science of The Total Environment, Volume 657, 20.3.2019, (https://doi.org/10.1016/j.scitotenv.2018.12.076)

Jungmichel, Norbert (Sustain Consulting GmbH) et al.: „Vorstudie zur Schaffung von skalierbaren Wertschöpfungsketten für die Nutzung von Paludi-Biomasse". Im Auftrag für die Initiative toMOORow. Hamburg, 10/2023

Kenner, Lukas et al.: „Microplastics role in cell migration and distribution during cancer cell division". In: Chemosphere Volume 353, 2024 (https://doi.org/10.1016/j.chemosphere.2024.141463)

Kenner, Lukas et al.: „Micro- and Nanoplastics Breach the Blood–Brain Barrier (BBB): Biomolecular Corona's Role Revealed". In: Nanomaterials 2023, (https://doi.org/10.3390/nano13081404)

Klaura, Juliane et el.: „Animal lives embodied in food loss and waste". Sustainable Production and Consumption, Volume 43, 12/2023 (https://doi.org/10.1016/j.spc.2023.11.004)

Knops, Laura: „Richtig putzen: Zehn Tipps für eine gesundheitsfreundliche Putz-Routine". In: merkur.de, 15.6.2023

Kölling, Martin: „Wassermangel stellt Asiens Chipstandorte vor große Herausforderungen". In: heise.de, 13.7.2023

Korduan, Janine: „Bio-Plastik weckt falsche Hoffnungen". In: bund.net, abgerufen am 15.7.2024

Kosuth, Mary et al.: „Anthropogenic contamination of tap water, beer, and sea salt". In: PLoS ONE 13(4), 11.4.2018 (https://doi.org/10.1371/journal.pone.0194970)

Kraft, Benedikt: „C2C bedeutet, den menschlichen Fußabdruck zu feiern – Interview mit Prof. Dr. Michael Braungart". In: dbz.de, 1/2021

Kropac, Kerstin: „Kläranlagen müssen Abwasser künftig besser reinigen". In: apotheken-umschau.de, 23.4.2024

Lang, Patrick: „64-kWh-Akku so übel wie Rindfleisch“. In: auto-motor-sport.de, 5.12.2019

Latham, Katherine: „The floating desalination machines powered by the waves“. In: bbc.com, 6.11.2023

Lehner, Karin: „Krebs: Warum trifft es so viele Junge?“. In: Kronen Zeitung, 14.4.2024

Lemcke, Anja et al.: „Schweizer Supermärkte sind wieder voll mit spanischen Erdbeeren. Doch den Bauern könnte bald das Wasser ausgehen“. In: Neue Zürcher Zeitung, 29.3.2024

Leslie, Heather A.: „Discovery and quantification of plastic particle pollution in human blood“. Environment International, Volume 163, 2022 (https://doi.org/10.1016/j.envint.2022.107199)

Lin L. et al.: „Effects of Water Pollution on Human Health and Disease Heterogeneity: A Review“. In: Frontiers in Environmental Science, 2022

Lohmann, Dieter: „Ein Superhighway aus Plastikmüll“. In: scinexx.de, 19.3.2010

Lutterotti, Nicola von: „Mikroplastik ist überall, auch in der Halsschlagader – dort geht er mit einem erhöhten Infarktrisiko einher“. In: Neue Zürcher Zeitung, 19.4.2024

Marfella, Raffaele et al.: „Microplastics and Nanoplastics in Atheromas and Cardiovascular Events“. The New England Journal of Medicine 2024; Volume 390, Nr. 10, 6.3.2024 (DOI: 10.1056/NEJMoa2309822)

Mertens, Martha (BUND-AK Gentechnik): „Umweltwirkungen von Glyphosat“. In: nabu.de, 31.10.2011

Meßmann, Hanna: „Ist Bioplastik Greenwashing oder die Lösung für unser Müllproblem?“. In: swr.de, 24.11.2022

Meyer, Miriam: „Gefahr im Trinkwasser: Studie zeigt Schattenseite von Kunststoff-Recycling“. In: watson.de, 11.5.2023

Morgenschweis, Gerd: „Wasser und Wein – ein neues Konfliktthema? Zum Wasserbedarf von Weinbau in Zeiten des Klimawandels“. In: blog-der-repubik.de, 22.6.2021

Muys, Bart et al.: „Welche Rolle spielen die Wälder im Wasserkreislauf?“. In: efi.int, 11.11.2022

Nabu (Hrsg.): Gut geputzt – Wasser verschmutzt – Tipps für Umweltschutz beim Waschen und Putzen“. 1. Auflage, Berlin, 2018

Nasir, Muhammad Salman et al.: „Innovative technologies for removal of micro plastic: A review of recent advances“. In: Heliyon, Volume 10, Issue 4, 10.2.2024

Nawroth, Georg (Hrsg.) et al.: „Roadmap Agroforstwirtschaft – Bäume als Bereicherung für landwirtschaftliche Flächen in Deutschland“. Fraunhofer-Institut für Arbeitswirtschaft und Organisation. Stuttgart, 2019

Nava, V., Chandra, S., Aherne, J. et al.: „Plastic debris in lakes and reservoirs.“ In: Nature 619, 2023. (https://doi.org/10.1038/s41586-023-06168-4)

Niedersächsischer Landesbetrieb für Wasserwirtschaft, Küsten- und Naturschutz (Hrsg.): „Mikroplastik in ausgewählten Kläranlagen des Oldenburgisch- Ostfriesischen Wasserverbandes (OOWV) in Niedersachsen – Abschlussbericht“. Helgoland, 8.10.2014

Niedersächsischer Landesbetrieb für Wasserwirtschaft, Küsten- und Naturschutz (Hrsg.): „Pilotstudie bringt neue Erkenntnisse über Mikroplastik im Abwasser“. In: nlwkn.niedersachen.de, 30.10.2014

N.N.: „20 Prozent der Kühe und Schweine verenden vor Schlachtung“. In: zeit.de, 4.6.2022

N.N.: „Aldi und Red Bull klauen der Bevölkerung das Trinkwasser". rf-news.de, 26.1.2023

N.N.: „Auch uraltes Grundwasser ist belastet". In: science.ORF.at/APA, 25.4.2017

N.N.: „Bis zu 27.000 Liter Wasser pro Kilo: Diese Lebensmittel verbrauchen am meisten Wasser in der Herstellung". In: warenvergleich.de, 3.5.2018

N.N.: „Chemie-Cocktail des Alltags: Sorgt er für verzögerte Sprachentwicklung?". In: mdr.de, 14.3.2022

N.N.: „Die Entwicklung der Abwasserreinigung". In: ruhrverband.de, abgerufen am 15.7.2024

N.N.: „Dramatische Warnung vor Vermüllung der Ozeane mit Plastik". In: dw.de, 8.2.2022

N.N.: „Durchschnittlicher Wasserverbrauch & Kosten im Haushalt". In: co2online.de, 14.5.2024

N.N.: „EU braucht dreizehn Jahre, um gefährliche Chemikalien zu verbieten". In: bund.net, 28.7.2022

N.N.: „Experte: Deutschland hat in 20 Jahren so viel Wasser verloren, wie in den Bodensee passt". In: mdr.de, 4.8.2022

N.N.: „Giftiger Reifenstaub: Die schlimmste Form der Mikroplastikverschmutzung?". In: euronews.com, 3.10.2023

N.N.: „Hamburger Startup Pydro: Dem Wasser auf der Spur". In: hamburg-business.com, 25.10.2021

N.N.: „Herbizid tötet Kaulquappen". In: spektrum.de, 6.4.2005

N.N.: „Lebensmittelabfälle in Deutschland: Aktuelle Zahlen zur Höhe der Lebensmittelabfälle nach Sektoren". In: bmel.de, 21.6.2023

N.N.: „Mangroven – Lebenskünstler auf salzigem Grund". In: lighthouse-foundation.org, abgerufen am 16.7.2024

N.N.: „Mikroplastik in der Elbe". In: hereon.de, 10.3.2021

N.N.: „PFAS in Feuerlöschschäumen – kommt jetzt das Totalverbot?". In: de-brandschutz-informationsportal.tuvsud.com, 28.5.2024

N.N.: „PFAS: Wo sind die Chemikalien enthalten?". In: ndr.de, 6.6.2023

N.N.: „Spanien setzt auf umstrittene Meerwasserentsalzung". In: weather.com, 30.5.2023

N.N.: „The Big Interview: Professor Richard Thompson". In: plymouth.ac.uk, abgerufen am 25.5.2024

N.N.: „Umweltfreundlich putzen mit Essig". In: ndr.de, 26.7.2023

N.N.: „Unverpackt-Läden: Viel Potenzial, aber kaum Stammkunden". sz.de, 11.12.2023

N.N.: „Verpackung – Markt für Lebensmittelverpackungen". In: fortunebusinessinsights.com, 13.5.2024

N.N.: „Windhoek: From Wastewater to potable Water". In: veolia.com, abgerufen am 16.7.2024

N.N.: „Wasser: zu viele Arzneirückstände enthalten". In: rbb.de, 3.4.2023

N.N.: „Wie das Kunststoffzeitalter unsere Hormone beeinträchtigt". In: analytik.news, 28.3.2024

Ocean Conservancy; International Coastal Cleanup (Hrsg.): „Sea The Change – 2023 Report". In: oceanconservancy.org, 2024

Parvin, Fahmida et al.: „Risk assessment of microplastic pollution in urban lakes and peripheral

Rivers of Dhaka, Bangladesh". In: Journal of Hazardous Materials Advances, Volume 8, 2022

Pilz, Sarah et al.: „Wo PFAS überall Deutschland verschmutzen". In: tagesschau.de, 23.2.2023

Podbregar, Nadja: „Die Schattenseite der Entsalzung". In: scinexx.de, 16.1.2019

Pomrehn, Wolfgang: „Vom Wald zum Wasserkreislauf: Aufforstungsstrategien gegen den Klimawandel". In: telepolis.de, 17.1.2024

Porkka, M., Virkki, V., Wang-Erlandsson, L. et al.: „Notable shifts beyond pre-industrial streamflow and soil moisture conditions transgress the planetary boundary for freshwater change". Nature Water 2, 2024. (https://doi.org/10.1038/s44221-024-00208-7)

Prescher, André et al.: „Die Hälfte der Moore in der EU gelten als zerstört". In: boell.de, 10.1.2023

Qian, Naixin et al.: „Rapid single-particle chemical imaging of nanoplastics by SRS microscopy". In: PNAS Volume 121, 2024 (https://doi.org/10.1073/pnas.2300582121)

Rahmstorf, Stefan: „Können Bäume das Klima retten?". In: spektrum.de, 16.7.2019

Rath, Iris: „Trinkwasser: Konzerne befeuern drohende Wasserknappheit". Berlin, 20.1.2023

Reinhard, Rebecca: „Pestizid-Belastungen – Der aufwendige Trinkwasser-Schutz". In: tagesschau.de, 28.6.2021

Relyea, Rick: „The Impact of Insecticides and Herbicides on the Biodiversity and Productivity of Aquatic Communities". In: Ecological Applications, Volume 15, Issue 2, 2005

Rockström, Johan et al.: „A planetary boundary for green water". Nature Review Earth & Environment 3, 2022 (https://doi.org/10.1038/s43017-022-00287-86/2022)

Robbins, Jim: „Road Hazard: Evidence Mounts on Toxic Pollution from Tires". In: e360.yale.edu, 19.9.2023

Rynek, Robby et al.: „Hotspots of Floating Plastic Particles across the North Pacific Ocean. In: Environ. Sci. Technol. 2024, 58, 9, 4302-4313, 23.2.2024. (https://doi.org/10.1021/acs.est.3c05039)

Sakib, Najmus: „Dhaka's ailing sewage system threatens human and environmental health". In: news.mongabay.com, 30.11.2022

Schattauer, Göran: „Morade Leitungen. Deutschlands Wasser-GAU – wenn eine Milliarde Euro einfach im Boden versickert". In: focus.de, 9.8.2023

Schmidt, Thomas et al.: „Lebensmittelabfälle in Deutschland". Thünen Report 71, Braunschweig, 2019

Schneider, Andreas; Schröer López, Sarah: „Die Hälfte der großen Seen weltweit schrumpft". In: wdr.de, 19.5.2023

Schuhen, Katrin; Sturm, Michael: „Mikroplastik: Hotspot Waschmaschine?!". In: laborpraxis.vogel.de, 27.9.2023

Schuhen, Katrin et al.: „Long-Term Monitoring of Microplastics in a German Municipal Wastewater Treatment Plant". In: Microplastics, Volume 3/3, 2024 (doi.org/10.3390/microplastics3030031)

Schymanski, Dorena et al.: „Analysis of microplastics in water by micro-Raman spectroscopy: Release of plastic particles from different packaging into mineral water". Water Research, Volume 129, 1.2.2018 (https://doi.org/10.1016/j.watres.2017.11.011)

Shiklomanov, L.A.: „World Freshwater Resources". In: Gleick, P.H. et a.: „Water in Crisis: A Guide to World's Freshwater Resources", 13-24, Oxford University Press, New York, 1993

Song, Shanshan et al.: „Mangrove reforestation provides greater blue carbon benefit than afforestation for mitigating global climate change". In: nature communications Volume 14, 756, 2023 (https://doi.org/10.1038/s41467-023-36477-1)

Staal, Arie et al.: „Targeted rainfall enhancement as an objective of forestation". Global Change Biology, Volume 30, Issue 1, 10.1.2024 (https://doi.org/10.1111/gcb.17096)

Statistisches Bundesamt (Hrsg.): „85 % der Wassernutzung in der Wirtschaft dienten 2019 der Kühlung von Anlagen". In: destatis.de, 23.8.2022

Tartler, Jens: „Tesla-Akkus – Wenn elf Avocados umweltschädlicher als eine E-Auto-Batterie sind". In: tagesspiegel.de, 4.12.2019

Techniker Krankenkasse (Hrsg.): „Gesundheitsreport 2023". Hamburg, 2023

Tekman, Mine B. et al.: „Impacts of plastic pollution in the oceans on marine species, biodiversity and ecosystems". WWF Germany, Berlin, 2022

Thompson, Jake T. et al.: „Per- and Polyfluoroalkyl Substances in Toilet Paper and the Impact on Wastewater Systems". Environmental Science & Technology Letters, Volume 10, 3, 1.3.2023 (https://doi.org/10.1021/acs.estlett.3c00094)

Tian, Zheynu et al.: „A ubiquitous tire rubber-derived chemical induces acute mortality in coho salmon". Science, Volume 371, Issue 6525, 3.12.2020 (DOI: 10.1126/science.abd695)

Tiemeyer, Bärbel et al.: „Ackerbau auf Moorböden: Subventionen für Klimakiller". In: boell.de, 10.1.2023

Tisler, Selina et al.: „Non-target screening for the identification of migrating compounds from reusable plastic bottles into drinking water". Journal of Hazardous Materials, Volume 429, 5.5.2022 (https://doi.org/10.1016/j.jhazmat.2022.128331)

Tozer, Lilly: „Water pollution ‚timebomb' threatens global health". In: nature.com, 18.7.2023

Tribukait, Julika: „Was Garnelen mit dem Weltmangroventag zu tun haben". In: wwf.de, 26.7.2017

Trunk, Urska et al.: „Synthetics Anonymous: fashion brands' addiction to fossil fuels". In: changingmarkets.org, 2021

Tucker, Danielle Torrent: „Stanford researchers develop a better way to detect underground water leaks". In: news.stanford.edu, 27.2.2020

Tügel, Hanne: „Meer - Salz = Hoffnung". In: Geo, 6/2012

Uckschies, Thomas: „Abriss der Geschichte der Abwasserreinigung". In: „Feinrechen in der Abwasserreinigung. Wasser: Ökologie und Bewirtschaftung". Springer Vieweg, Wiesbaden, 2017

Ulland, Jan: „EU-weit drohen über 110 Milliarden Euro Kosten durch Arzneimittel, Pflanzenschutzmittel und Biozide". In: bdew.de, 26.9.2017

Umweltbundesamt (Hrsg.): „Öffentliche Abwasserentsorgung". In: umweltbundesamt.de, 31.1.2023

Umweltbundesamt (Hrsg.): „Verpackungsabfälle". In: umweltbundesamt.de, 28.3.2024

UNESCO World Water Assessment Programme Programme Office for Global Water Assessment Division of Water Sciences (Hrsg.): „Wasser für Wohlstand und Frieden – Weltwasserbericht der Vereinten Nationen 2024". 3/2024

Valo, Martine: „Seawater desalination booms despite environmental cost". In: lemonde.fr, 16.6.2023

Venghaus, Daniel et al.: „Tire Wear Monitoring Approach for Hotspot Identification in Road Deposited Sediments from a Metropolitan City in Germany". Sustainability 2023, Volume 15, 5.8.2023 (https://doi.org/10.3390/su151512029)

Verbraucherzentrale (Hrsg.): „Schadstoffe im Essen: von der Verpackung ins Lebensmittel". In: verbraucherzentrale.de, 26.1.2024

Verbraucherzentrale Nordrhein-Westfalen (Hrsg.): „Wie viel Chemie im Haushalt muss sein?". 3. Auflage, Düsseldorf, 2017

Völker, Johannes et al.: „Adipogenic Activity of Chemicals Used in Plastic Consumer Products". In: Environmental Science & Technology, Volume 56, Issue 4, 26.1.2022

Vogt, Julia: „Industriewasser billiger als Trinkwasser". In: mdr.de, 14.7.2023

Water Footprint Network (Hrsg.): „Virtual Water Trade". In: waterfootprint.org, abgerufen am 10.7.2024

Westram, Heike; Beil, Leander: „Virtuelles Wasser fließt in Warenströmen". In: ardalpha.de, 6.6.2023

Widmann, Esther: „Lyocell, Milchfaser und Ananasleder: Neue Textilfasern werben mit Nachhaltigkeit. Ihre Versprechen halten können die wenigsten". In: nzz.ch, 29.8.2023

Wiesinger, Helene et al.: „Deep Dive into Plastic Monomers, Additives, and Processing Aids". Environ. Sci. Technol. 2021, 55, 13, 21.6.2021 (https://doi.org/10.1021/acs.est.1c00976)

Wilken, Ralph: „Fluorfrei in die Zukunft – PFAS-freie Alternativen bei PFAS-Verbot in der EU". In: ifam.fraunhofer.de, 11/2023

Wilkinson, John L. et al.: „Pharmaceutical pollution of the world's rivers". In: PNAS Volume 119, 2022 (https://doi.org/10.1073/pnas.211394711)

World Economic Forum, Ellen MacArthur Foundation and McKinsey & Company (Hrsg.): „The New Plastics Economy — Rethinking the future of plastics". Chicago, 2016

Wu, Jun Wei: „A Study Of Silica Gel Adsorption Desalination System". School of Mechanical Engineering, University of Adelaide, Australia, 2012

WWF (Hrsg.): „Mangroven: Alleskönner in Gefahr". In: wwf.de, 11.4.2022

Zantke, Michael: „Abwasseraufbereitung: Produzenten sollen mindestens 80 Prozent zahlen". In: daz.online, 15.4.2024

Zimmermann, Lisa et al.: „Benchmarking the in Vitro Toxicity and Chemical Composition of Plastic Consumer Products". Environ. Sci. Technol. 2019, 53, 19, 11467-11477, 5.8.2019 (https://doi.org/10.1021/acs.est.9b02293)

Weitere Informationen und neues Wissen finden Sie auf wasserdreinull.de.

ZUSAMMEN FÜRS WASSER

Das ist das Buchteam

Katrin Schuhen feiert mit diesem Buch – nach vielen wissenschaftlichen Veröffentlichungen – Premiere als Sachbuchautorin. Nach ihrer Promotion in Chemie 2007 arbeitete sie in Medizintechnik und Polymerindustrie. Im Rahmen einer Juniorprofessur für Organische und Ökologische Chemie baute sie ihre eigene Forschungsgruppe auf. In dieser Zeit gelang ihr ihre wegweisende Erfindung zur nachhaltigen Wasserreinigung, die Grundlage ihres 2020 gegründeten gemeinnützigen Green-Tech-Startups Wasser 3.0 wurde. Vor allem dem Mikroplastik hat sie damit den Kampf angesagt. Neben vielen Auszeichnungen für ihre Innovation wurde Katrin Schuhen 2023 vom Euclid Network als eine der TOP-100-Frauen in Sozialunternehmen ausgezeichnet.

Martin Häusler begleitete das Buch als Projektmanager. Nach dem Studium der Publizistik, Geografie und Soziologie sowie Anstellungen in großen deutschen Verlagen machte er sich 2009 selbstständig. Seitdem schreibt und konzipiert er hauptsächlich Bücher, die mithelfen sollen, die Welt zu einem besseren Ort zu machen. Für sein Debüt „Die wahren Visionäre unserer Zeit" besuchte er weltweit Vordenker, 2024 veröffentlichte er „Unsere entscheidenden Jahre" über die Plünderung unseres Planeten. Zwischenzeitlich leitete Häusler das Nachhaltigkeitsmagazin der KfW Bankengruppe.

Romina Rosa hat dieses Buch illustriert. Ihre Masterarbeit im Fach Informationsdesign beschäftigte sich mit den Abgründen des menschlichen Konsums und der damit verbundenen Ausbeutung der Tierwelt. Mehrfach wurde sie dafür ausgezeichnet, weitere Designpreise folgten. Seit 2021 ist Rosa Dozentin für „Zeichnen und konzeptionelles Darstellen" an der Hochschule Würzburg. Ihre Illustrationen zieren zahlreiche naturwissenschaftliche Sachbücher, Kochbücher und Romane, Cover von Musikalben und Hoteltapeten.

Till Schaffarczyk, der das Buch als Art Director verantwortete und alle Inhalte inszenierte, hat einmal als Kirchenmaler begonnen. 13 Jahre lang war er Art Director einer internationalen Werbeagentur in Frankfurt. Bisher konnte er über 100 nationale und internationale Auszeichnungen gewinnen, unter anderem viermal den weltweit wichtigsten Kreativpreis, den Cannes-Löwen. Er ist Mitglied im Art Directors Club Deutschland. Viele seiner jüngeren Buchprojekte wurden ebenfalls national und international ausgezeichnet.

Sebastian Heck sorgte unter anderem für das Covermotiv. Mit Schwerpunkten von authentischer Reportagefotografie bis hin zur Inszenierung von Firmen, Produkten und Marken arbeitet er seit 2006 als Freelancer. Persönlich wie stilistisch beeinflusst wurde der ausgebildete Fotograf von der Skate- und Hip-Hop-Kultur der Neunziger. Den ersten Kontakt mit der Arbeit von Katrin Schuhen hatte Heck bereits vor etwa zehn Jahren, als er die Anfänge ihres Kampfes gegen Mikroplastik dokumentierte.

DANKSAGUNGEN

OHNE EUCH –

Dieses Buch ist für mich eine große Erinnerungsbibliothek. Es ließ mich viele wunderbare, schöne, traurige, einschneidende Erinnerungen gedanklich erneut durchleben und erinnerte mich einmal mehr an die wunderbaren Menschen, mit denen ich diese Momente teilen darf und durfte.

Meinen Eltern danke ich dafür, dass sie mir die Zeit, den Raum und die Möglichkeiten gegeben haben, viele Dinge auszuprobieren, zu lernen und zu verstehen. Sie haben mich in meiner persönlichen Entwicklung von der ersten Sekunde an immer unterstützt. Resümierend kann ich festhalten: Ihr habt nicht so viel falsch gemacht, auch wenn ich hin und wieder anderer Meinung war. ;-)

Meinen Großeltern danke ich für eine schöne und immer noch in meinen Erinnerungen sehr präsente Jugendzeit. Fest im Herzen verankert bleiben Traktor fahren, Kühe melken, die Wünschelrute übers Feld tragen, Käse-Sahne-Torten kreieren, gemeinsam Fußball spielen, Fürst-Pückler-Eis essen, Nachhilfe beim Häkeln und vieles mehr. Alle vier waren in ihrer Art unterschiedlich, jeder und jede einzelne war eine unfassbare Quelle an Lebenserfahrung, die sie in Zeiten ohne Handy und Internet in vielen Gesprächen weitergeben konnten. Danke für die Zeit mit euch und die vielen Bilder in meinem Kopf.

Viele Menschen sagten früher, dass mein Bruder und ich sehr unterschiedlich gewesen seien, doch in den letzten Jahren zeigte sich immer mehr, wie ähnlich wir uns doch waren. In der Sache, digitale Bildung in den Schulunterricht und an Schulen zu etablieren, interaktive Lehr- und Lernformate zu entwickeln und sich

UN-MÖGLICH

nicht mit dem Status quo der Bildungspolitik zufriedenzugeben, waren wir auf einer Wellenlänge. Er war einer meiner Mentoren, kannte den „Elfenbeinturm Universität" viel länger als ich, hat viele meiner Erlebnisse durch eine andere Brille analysiert und dadurch meinen Blickwinkel erweitert. Es hat einige Projektanträge gedauert, bis wir unsere Vision von nachhaltiger Bildung zum Thema „Wasser ohne Mikroplastik" für eine Förderung platzieren konnten. Leider konnten wir das Projekt nicht mehr gemeinsam beenden, doch das in dieser Zeit Entstandene wird immer einen großen Teil von Michael beinhalten. Danke dir, Bruderherz, für die gemeinsame Zeit! Du fehlst.

Und dann gibt es noch die Freunde. Die, die seit über 25 Jahren nicht mehr aus meinem Leben wegzudenken sind. Die, die wissen, wie man sich in bestimmten Situationen fühlt, mit denen man schweigen und stundenlang sinnvoll und sinnbefreit reden kann. Die, die einfach so unterstützen und helfen, Räume für Neues schaffen, Rückzugsorte bieten, Quelle der Inspiration sind. Die Gespräche mit euch sind die Basis neuer Gedanken und Ideen, und sie liefern auf unfassbar tolle Weise neue Energie. Wenn ihr das lest, wisst ihr, dass ihr gemeint seid. Danke für euch!

Meiner langjährigen Begleiterin, meiner Labradorhündin Chilli, danke ich für elfeinhalb Jahre gemeinsamer Zeit. Sie hat bis zuletzt alle Hochs und Tiefs der vergangenen Jahre mit mir gemeistert und mich immer ertragen, mich aufgebaut, abgelenkt und gezeigt, wie wichtig es ist, abzuschalten. Ohne dich wäre ich sicherlich einige Male anders gelaufen. Für immer in meinem Herzen.